本书是山东省初中物理特级教师工作坊、日照名……
江名师工作室阶段性成果。

初中物理教学策略创新

郭宝江　著

吉林大学出版社

·长　春·

图书在版编目（CIP）数据

初中物理教学策略创新 / 郭宝江著 . -- 长春：吉
林大学出版社，2022.10
ISBN 978-7-5768-0793-6

Ⅰ．①初… Ⅱ．①郭… Ⅲ．①中学物理课－教学研究
－初中 Ⅳ．① G633.72

中国版本图书馆 CIP 数据核字 (2022) 第 191901 号

书　　名　初中物理教学策略创新
　　　　　　CHUZHONG WULI JIAOXUE CELÜE CHUANGXIN

作　　者　郭宝江 著
策划编辑　赵黎黎
责任编辑　赵黎黎
责任校对　刘佳
装帧设计　新梦渡
出版发行　吉林大学出版社
社　　址　长春市人民大街 4059 号
邮政编码　130021
发行电话　0431-89580028/29/21
网　　址　http://www.jlup.com.cn
电子邮箱　jldxcbs@sina.com
印　　刷　武汉鑫佳捷印务有限公司
开　　本　787mm×1092mm　　1/16
印　　张　14
字　　数　200 千字
版　　次　2022 年 10 月　第 1 版
印　　次　2023 年 1 月　第 1 次
书　　号　ISBN 978-7-5768-0793-6
定　　价　78.00 元

序

建设教育强国是中华民族伟大复兴的基础工程。习近平总书记指出，必须把教育事业放在优先位置，深化教育改革，加快教育现代化，办好人民满意的教育。他还强调，新时代新形势，改革开放和社会主义现代化建设、促进人的全面发展和社会全面进步对教育和学习提出了更高的要求。在国家持续推进素质教育的背景下，以核心素养为纲的新课标对义务教育课程教学提出了新要求、新挑战，这种要求和挑战不是碎片化的改变与调整，而是对育人体系和育人方式系统性、整体性的创新和改革。在此基础上，处于变革中的物理教育不仅在课程设计、教材建设、教学实施、考试评价等方方面面都要变化，与之相配套的基础研究、师资培养等也要拓展升级。

"良木更需深雨露，善禾端自力耕耘。"郭宝江老师作为多年从事初中物理教学和研究的全国优秀教师和山东省特级教师，同时也是山东省初中物理特级教师工作坊的核心成员，对初中物理教育的发展变革有着独到的见解。他编著的《初中物理教学策略创新》一书，按照理论基础、思维模式、课程设计、教学过程、策略创新等思路整体设计，具有很强的系统性、科学性和时代性。该书主要有两大特色：一是将初中物理教学从知识本位转向素养本位，并积极探寻把知识转化为素养的机制和原理，根据初中物理核心素养要求重新进行课程设计、重构教学过程、实施教学改革等，使教学过程真正成为核心素养养成的过程，做到了初中物理教学策略创新；二是实现了从以教为主走向以学为主的转变，提出了"活动引领、问题导学"策略，着重创设问题情境，增加实践类教学活动，将科学观念、思维方法等渗透于真实情境下的问题解决之中，从而发展学生的物理学科核心素养，建立起学习中心课堂。

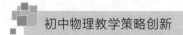
　　《义务教育课程方案和课程标准（2022 年版）》已经正式颁布，本书的理念和内容与新课标要求契合，对落实新课标具有较高的借鉴意义。希望本书能够得到老师们的厚爱，并从中真正受益。

　　（李高建，二级教授，现工作于泰山学院教师教育研究院，被评为国家"万人计划"教学名师、全国模范教师、首届山东省教书育人楷模、山东省教学名师、山东省高校十大优秀教师等荣誉称号，享受国务院政府特殊津贴。）

前言

初中物理学科是学生进行物理学习的第一阶段，学生正是在这一阶段的学习中对物理学科形成体系化、系统化、科学化的认知。随着我国教学发展的不断完善，开始要求教师在教学过程中着重培养学生的学习兴趣。因此，初中物理教师不能继续沿用以往的教学模式，必然要对初中物理学科教学策略进行更新与改良，只有这样才能够有效地发展初中物理教学。

好的教学策略可以让教学工作事半功倍，特别是对于初中物理教学而言，初中物理是初中阶段难度相对较大的学科，教师们更要采取正确的教学策略，将侧重点从教师的"教"转移到学生的"学"上来，更好地调动学生的学习积极性和学习兴趣，从而达到更佳的教学效果。在新课改背景下，初中物理教师要善于采取有效的教学策略，提高学生在物理学习中的主动性，让学生对物理学习产生浓厚的兴趣，这样不但可以保障学生的物理学习质量，而且有利于提高初中物理教学工作开展的有效性。

鉴于此，笔者撰写了《初中物理教学策略创新》一书，在内容编排上共设置六章，分别为：理论基础、思维模式、课程设计、教学过程、策略创新、"活动引领、问题导学"策略。

本书有以下两方面的特色：

第一，结构清晰。本书从物理教学的特点、课程类型、教学技能等基本理论知识出发，从多个方面和角度对初中物理教学及其策略进行探讨，以增进读者对相关知识的了解。

第二，实用性强。本书的专业内容在不同程度上通过鲜活的实例进行了补充说明，理论联系实际，并以此为基础进一步加深对初中物理教学策略的实践研究，力求对初中物理教师提供有效的借鉴。

　　笔者在撰写本书的过程中，得到了许多专家学者的帮助和指导，在此表示诚挚的谢意。由于笔者水平有限，加之时间仓促，书中所涉及的内容难免有疏漏之处，希望各位读者多提宝贵意见，以便笔者进一步修改，使之更加完善。

郭宝江

2022.4

目录 ▌

第一章　理论基础

义务教育物理课程是一门以实验为基础的自然科学课程，旨在落实立德树人根本任务、培养学生的物理核心素养，为学生的终身发展奠定基础，促进人类科学事业的传承和社会的发展。课程教学作为课程实施的主阵地，要以"学生为中心""活动为载体""问题为导向"，激发学习兴趣，培养认知能力，促进思维发展增强创新意识，确保实现学生的全面发展。

初中物理是学生学习物理知识过程中奠定基础的一个重要阶段，因此，对初中物理的教学要引起足够的重视。对物理教学的理论认知，有利于促进物理教学的更好发展。本章重点探讨物理教学及其特点、物理教学的课程类型、物理教学的基本技能。

第一节　物理教学及其特点

一、物理教学的基础认知

伴随着教育改革的逐步深化，物理教学也发生了相应的变化。基于物理学科特点及教学现状进行研究，对指导物理教学未来的改进与发展有着积极意义。对于物理教学的认知，可以从以下几方面着手：

（一）物理学习的动机

教学效果的好坏，一定程度上受到学生的学习动机影响。具备一定的学习动机，学习兴趣与热情才会浓厚。兴趣是最好的老师，在兴趣的作用下，学习效果与教学效果都是最为理想的。从学习理论来分析动机，动机是学生引发学习行为的主观原因。从动机产生的因素来看，学习动机分为内在和外在两种形式。从内在动机来看，它使学生主动开展学习；从外在动机来看，主要是受外部刺激而产生的学习行为。

对于学生群体而言，每一个学生都有自身的特点，是独立的个体。受多种因素的影响，学生的学习能力水平参差不齐，对于不同层次水平的学生而言，一般成绩较好的学生，其内在动机所占比重都较大。由此，不然看出，动机与学生的学习能力有着直接的关系，内在动机更容易推动学习行为的生成。所以，作为物理教师，要重视内在动机的作用，积极引导学生进行自主有效的学习，通过强化内在动机，以提高学生的学习兴趣。

（二）物理学习的主动性

一般而言，物理教师都能够认识到学习主动性的重要性，因而也会有意识地在物理课堂教学中开展"以学生为中心"的教学活动，而课堂讨论是最为常见的形式，它能够有效地引导学生在讨论的过程中，锻炼自主探究的思维及意识，然而，这些只是理论上的效果。事实上，在讨论教学中，很多讨论只是一种形式化的活动，学生并未真正投入其中，也并未在讨论中进行深入思考。而当学生真正有意向思考时，才会呈现对某一问题探究的强烈欲望，在探究欲望的驱动下，学习才是主动的。从实践上来看，物理教师的实验演示可以激发学生的学习兴趣。所以，要达到促使学生学习主动性的目的，物理教师需要丰富课堂教学形式，以调动学生学习的积极性，通过有效性的提高来推动学生物理思维的能动性。

（三）物理的批判思维

物理学的任务之一便是要培养学生尊重客观规律，尊重科学的思想意识。从物理教学实践来看，批判精神是物理学习必不可少的。学生对于具体的物理实验及问题，一般都会主动进行实事求是的记录，对于实际数据与标准之间出现的不一致性，也会对出现误差的原因进行积极的探究。而他们对于教师在教学中所出现的错误知识点，一般都不会进行质疑，换言之，对于教师，学生没有表现出强烈的批判意识。这主要是由于受传统教育思想中教师权威的影响，导致大部分学生对老师存有敬畏的心理。因此，在物理教学中，教师要有意识地激发学生的自我批判意识，形成反思习惯，从批判意识出发，来培养学生的物理批判思维，进而引导学生开展批判性的学习，以促进学习有效性的提升。

（四）物理知识的迁移

知识的迁移是学习的基本要求，也是学习能力的一种体现。物理学习尤其要重视知识的迁移。知识的迁移及其相关性是物理学习的重要方式，知识与理论之间的相关性，理论与问题之间的关联都是形成其物理体系的重要知识点。由此，物理教师需要强化学生学习知识的迁移能力，如果学生欠缺对于物理知识与实际物理问题之间的关联性的认识，自然也就无法有效地利用物理知识去解决实际的物理应用问题。

二、物理教学的主要特点

一方面，作为一种教学活动，物理教学具备一般教学活动的基本特征；另一方面，基于物理学科自身的特色及教学目的，物理教学又有其特殊性。总而言之，物理教学的特点主要体现在以下几方面。

（一）以观察和实验为前提

物理是一门科学性和实践性都较强的学科，科学性源于实验，实验离不开观察，因而，观察和实验成为物理教学的基本特征，在物理学的形成和发展中发挥着重要作用。物理研究中的观察和实验方法，影响并制约着物理教学过程。观察和实验，是学生透过物理现象获得感性认知的前提，它为学生培养物理思维、实现从感性认识到理性认识的飞跃提供了必要的手段，有助于学生对物理知识的建构。观察和实验是物理教学的基础，教师要有意识地利用它们来组织教学，激发学生学习物理的兴趣。通过这种方式，有助于锻炼学生的观察、思考及动手操作能力，这也是学生思维能力及实验能力提升的基本途径和重要手段。[1]

---

[1]　朱铁成.物理课程与教学研究 [M].杭州：浙江大学出版社，2008：36–46.

初中物理教学要对学生的观察能力及实验能力进行培养，学生要了解实验目的和条件、制订实验方案、尝试选择实验方法及所需要的实验装置和器材、考虑实验的变量及控制方法；学生要动手做好实验并重视收集实验数据，要充分体现学生自主性；与此同时，物理教师要做好演示实验，指导并鼓励学生多做课外小实验，提高动手能力；学以致用，以实现知识的有效迁移和转化，激发学生的探究欲望。

（二）以物理概念和规律为中心

物理概念和规律是物理学科的核心，是物理学习的根基。因此，必须重视物理概念和规律的教学，并将其视为教学的核心。物理概念和规律是物理知识体系的支撑，理解并掌握物理概念和规律，才能够形成对物理学的正确认知，实现全方位物理图像的生成，以及物理知识的系统化学习，促进知识的迁移，并缩小知识间的差距，所以，概念和规律对物理教学至关重要。由于概念和规律的形成是建立在科学的观察和实验的基础之上的，是对物理现象的客观反应，是人的抽象思维的产物，因而，以概念和规律为中心的物理教学，对于学生其他能力的培养和提升具有重要意义。

（三）以辩证唯物主义思想为指导

在日常生活中，辩证唯物主义思想随处可见，物理教学也体现着辩证唯物主义思想，这种思想引导着物理教学的过程和方向。辩证唯物主义思想是科学的思想观和意识，影响着人们的思维方式，同时，对人们世界观、人生观的形成和发展起着重要作用。因此，在物理教学中，坚持辩证唯物主义思想尤为重要，对于揭示和阐述物理概念、物理规律的内涵和外延，探索物理的本质有着非常大的促进作用。物理教学充满了辩证唯物主义思想，学生在接受知识的过程中，也伴随着辩证唯物主义世界观和方法论的熏陶。学生受到熏陶的程度，不仅受辩证唯物主义思想在知识结构中隐含程度的影响（不同知识结构隐含唯物辩证主义程度不同，即使是同一知识结构，其隐含唯物辩证主义程度也不同），而且还受组织和传授知识方法的影响。

（四）以数学方法为重要手段

任何学科都不是孤立存在的，与其他学科间有着密切的联系。物理学注重逻辑思维，其与数学的联系不言而喻。数学方法在物理教学中的运用，所展现的优势包括：一是高度概括性，能够将复杂的物理概念和规律，用极具概括性的语言表述出来，便于学生的理解；二是简捷而又严密的逻辑思维方式，有助于促进物理思维的形成；三是作为计算工具所表现出的严密性、逻辑性和可操作性等特点，在物理理论的建立、发展和应用等方面更显示出巨大的作用。

总而言之，数学方法和数学思维在物理教学中的运用，有助于学生的学习方法和思维向着物理方法和物理思维的过渡，从而在分析和解决物理问题时，自觉地将其与数学的思维和方法结合起来，做到二者间的相互转化：一方面，将物理问题转化为数学问题，用数学思维和方法解决物理问题；另一方面，从数学表达式中深刻领悟其中的物理内涵。这样才能达到对物理知识更加深刻的理解，学生分析和处理物理问题的能力也才能有所提升。

（五）重视发展学生情感、态度与价值观

教学的终极目标在于培养全面发展的人才，因而教学的过程应该是围绕这一目标而展开的，可看作为培养学生全面、和谐、健康发展的过程。教学不仅是知识的积累及能力提升的过程，具体到物理教学，其教学意义也不能仅是为了指导学生学习物理基础知识，培养学生物理思维与创新能力，还应该在物理教学中，面向学生，融入情感教育，促使学生心与智的和谐发展。

物理学渗透着科学精神与思想品质，物理学习能够磨炼学生意志、促进学生学习态度与价值观的养成，帮助和促进不同层次的学生在获得知识的同时，人文精神与品质也要得以充实。基于这一点，物理教师就应该面向全体学生，关注学生的实际发展，立足于学生的未来，从思想、情感和道德品质等方面展开物理教学，为学生终身发展奠定了基础。

（六）注重培养学生对社会的责任感

物理学是一门人文与科学并重的学科，因而教学的开展应注重将人文精神与科学精神并举，关注人与自然、社会的协调发展。因而，物理教学在渗透人文精神与学科素养的同时，还需要加强物理学与科学技术、社会的联系，以提升学生对物理学科的认知，明确物理学在科学技术发展中所发挥的作用，从而增强学生的社会责任感，树立正确的价值观，具体可从以下两方面着手。

（1）充分发挥现代技术的优势，通过多种渠道，获取丰富的物理教学资源。物理教师应根据教学需要和学生能力水平，尽可能选择学生感兴趣的，与生活实际相关的案例，以此丰富并充实物理课程内容。由于课堂时间有限，在内容的安排上，就需要教师精选、精讲，根据实际教学需要，科学合理地安排教学过程，尤其需要在教学中突出学生的主体性，让学生通过自主学习，或阅读教科书或补充材料，收集与物理相关的信息，在合作探究过程中，在有限的时间内最大限度地获得更多的知识。

（2）坚持课堂内外相结合的教学原则，积极推动社会实践的开展。由于物理学是一门科学性和实践性都很强的学科，与实际生活联系也较为密切，因而，物理教学的开展不应该仅关注书本知识的学习，而应该将课堂教学延伸至课外，将书本知识与生活实际相结合，通过开展多种形式的实践活动，让学生走出课堂、走入社会，从生活实际中感悟物理知识及原理，从而激发学生学习物理的兴趣。

三、物理教学的创新分析

针对物理课堂教学存在的一系列问题，为促进学生的个性发展、物理思维及运用能力的提升，物理教学模式的创新，主要包括以下几方面。

（一）积极转变物理教学理念

物理教学要适应现代教育发展的要求，必须以先进的科学教育理念为指导。教育理念的转变，是教育改革的前提和基础。人类社会是发展变化的，任何事物也都处于变化之中，因此，要适应社会发展就是要与时俱进。教育也理应如此，教育要适应时代发展的要求，势必先从理念上转变，以现代教育理念取代传统教育理念。因此，物理教学也应该首先从理念上转变，在先进教育理念的指导下，进行教学模式的创新。

现代教育强调的学生的主体性，探究式教学能够最大限度地发挥学生的主体性和能动性，让学生在自主学习与探究中，展开物理学习。这对于调动学生学习的积极性、自觉主动地融入物理教学中，让学生在合作与探究中，激发思维的能动性和创新意识，对于培养学生的独立学习、思考解决问题的能力具有积极的促进作用。

另外，合作精神也是现代人才所必备的一种精神品质和能力，物理教学也应该注重对学生合作精神的培养。探究式教学的特点之一便是引导学生通过对话与讨论的形式参与教学，取长补短，发挥自身优势，在讨论中与他人进行合作与交流，以发现问题、解决问题，在互助中共同成长进步。

（二）构建良好新型的师生关系

随着信息社会的发展，教师不再是知识的唯一拥有者，学生获取知识与信息的渠道更加多样化，电视、网络、新媒体等都可以成为他们获取信息的来源。面对社会变革所带来的一系列机遇与挑战，教师必须保持清醒的认识，在思想上跟上时代的步伐，自觉主动地应对挑战。

教师需要调整态度，重新审视自己能力和工作方式，为建立一种新型的师生关系而努力。这种新型师生关系，应建立在师生间地位平等的基础上，所呈现的师生关系更像是合作伙伴，在互助、交流中共同进步。作为教师，要关注学生的成长，及时了解学生的心理和需求，努力走进学生的世界，获得他们的信任，并与他们成为朋友。只有这样，才能了解学生的真实想法，与他们开展平等的对话，达成相互理解。只有了解学生，才能做到因材施教，才能调动学生内在学习动力，促使不同层次水平的学生都能够取得学习的进步。

此外，教师要平等地对待每一个学生，对于成绩不理想的学生，要给予更多的关注，一方面，提供学习的"依靠点"，为其成绩的提升搭好支架，通过循序渐进的方式让他们体验到成功的喜悦；另一方面，挖掘学生身上的闪光点，鼓励学生树立学习物理的信心。

教育是一门学问，教育的艺术不在于传授本领，而在于对学生的启发。教师要了解学生知识的掌握情况，分析问题的所在，进行查漏补缺的引导，以避免同类错误的产生。教师还应该多留意成绩变化大的学生，对于学生的进步，应及时表扬；而对于退步的学生，在及时指出他们问题的同时，更应该发现他们身上的闪光点，这样做到照顾学生的情绪，也能充分调动学生学习物理的各类积极因素，促进学生全面协调发展。

（三）树立"以学生为中心"教学观

"以学生为中心"是现代教育理念所倡导的。在教育过程中树立"以学生为中心"的教学观，可以更好地促进学生的全面发展。"以学生为中心"，其出发点在于人，具体到教学活动，便是为了学生的发展。"以学生为中心"，把"人"的自然属性、社会属性和精神属性结合了起来，以满足人的生存、安全、发展和完善的需要为出发点和落脚点。所以，"以学生为中心"的教育思想就是从学生个体的实际出发，围绕学生的需求及个性特征开展教学活动，以学生的发展为终极价值取向。总而言之，树立"以学生为中心"的教育思想，就必须充分认识到"人"的价值，进而在课堂教学中，关注学生、尊重学生、创设平等的、互助交流的教学情境，体现民主平等的师生关系，为促进学生的全面健康发展而努力。

（四）增强对学生的学法指导

随着知识的不断加深及学生学习任务的加重，教师对知识的讲解，由最初的大而全转变为精讲典型，学生要适应这种节奏的变化，就必须掌握学习的要领。物理教师应该加强对学生学法的指导，促使其掌握物理学习的方法、技巧。再者，"学而不思则罔"，还要引导学生在学习中勤思考、善发问，鼓励学生在学中思、在思中学。最后，"思则清，辩则明"，要注重活动设计中问题导学的设计，通过"问题串"的设计，引导学生思考，激活学生思维。总而言之，在物理教学中，教师要善于渗透各种物理学法。

第二节　物理教学的课程类型

一、物理课程类型划分的必要性

对于物理课程的划分，主要是通过具体的教学任务而进行的。掌握物理课程的类型，有助于教师把握每节课的教学任务，对于本节课在整个教学体系中的地位和作用有一个清晰的认知，从而保证教学的系统性。这对于学生的学习同样具有一定的促进作用。因而，物理课程类型的正确划分是很有必要的。

（1）作为一门学科，理论知识的传授是基础。而基于物理学科的科学性，实验课也是必不可少的，能够锻炼学生的动手能力和思维能力。此外，物理课的类型还应该包括以巩固知识为目的的复习课；以检查学生知识技能为目的的检查课等。

（2）对于一节课而言，往往并不是单纯地以一种类型为主，而是多种类型的综合。尤其是对于初中阶段的学生而言，教学任务较高中简单，学生的有意注意时间有限，这个时候就适合在一堂课中，集中完成几项教学的任务。通交叉教学的方式，不仅能够完成既定的教学任务，还能最大限度地使学生保持学习的积极性与热情，提高教学的效果。综合型的教学并不仅限于低年级阶段的学生，对于中高年级，也可以根据教学的实践情况合理安排。

（3）根据物理学的特点，掌握物理课的结构及教学顺序。课的结构即构成一堂课的各组成部分及相互间的顺序与时间安排。由此可以看出，课的结构并不是固定不变的，而是同课的类型有着直接的关系。不仅如此，即使是同一类型的课，在不同的时间，面对不同的群体，也会产生不同的结构。不同的教学结构也会形成不同的教学顺序，对于物理课而言，其一般的教学顺序包含以下方面。

第一，组织教学。教学的组织，是开展教学活动的前提。对于任何类型的课而言，教学组织都是必不可少的一个环节，其目的在于让学生尽快从课前松弛的状态进入紧张的学习情境之中，让学生从生理和心理上做好听课的准备。组织教学的内容和方法都不是固定的，针对自身习惯和实际情况，灵活选择。一般而言，组织教学，先需要创造一个适合学习的氛围，课堂和课外最大的不同便在于课堂应该安静而有秩序，组织教学便是要维持这种环境和秩序，这样才便于学生快速进入上课的状态。此外，组织教学除体现在上课伊始，教师通过目光的扫视对班级基本情况的了解，检查出勤和书籍文具的准备情况外，还可以通过教师自身涵养与人格魅力等达到最好的课堂组织教学的效果。

第二，检查复习。检查复习的目的有两个：一是巩固已学知识，强化记忆，加深理解；二是为正式教学做好铺垫，诊断学生的学习基础和能力，以便确定本节课的学习策略。这也是检查复习承上启下作用的体现。通过检查，一方面，督促学生及时复习已学知识；另一方面，培养学生养成对课业的责任感。检查复习的内容并不局限于上一课时的教学内容。对于教师而言，一般会选择与所讲新知识有联系，以便于顺利导入新课。检查复习的方法是多样化的，教师应该结合学生的特点及教学需要，合理选择，如口头问答、书面测试等。

第三，讲授新教材。一般而言，教材是知识的载体，当前，学校教学活动的开展都是以教材为基础的。讲授新教材，即是向学生讲授新知识，这是课堂教学的重点，一般的原理、概念、规律等，都需要在课堂上向学生讲授。对教材新知识的讲解，需要掌握一定的方法和技巧，这样才能调动学生的积极性，激发其学习的欲望。通常教师可以在新课讲授前，让学生明白所要学习的教材内容的意义和作用，以便于学生的认可并接受。在讲授过程中，合理预设教学活动，通过"师友互助、小组合作"等形式让学生参与活动设计、实验探究、成果展示、应用分析等环节，保证知识的紧密性、突出重点、难易得当，同时根据内容即学生的特点，辅以恰当的教学方法，通过问题导学，层层递进、步步为营、前后关联，从而促进学生思维能动性的开发。

第四，巩固新教材。巩固新教材一般是在讲授新课知识点之后随即进行的。一般通过复述、提问、练习等方式进行，一方面，是对所讲内容进行适当的延伸或补充，帮助教师了解学生对知识的掌握情况；另一方面，能够加深学生对当堂所学内容的印象与理解，实现知识的内化，从而掌握运用新知识解决问题的要领，为下一环节的练习奠定基础。

第五，布置课外作业。其目的除了巩固知识外，还在于培养学生独立学习的能力和习惯。课外作业的布置要遵循科学性和合理性原则。作业的内容要丰富多样，既能体现所学知识，也要保证难易适度，以对学生的能力起到一定的促进作用。作业不可贪多偏难，而应该根据学生的特点和能力适当调整，以保证完成的时间和效率。

二、初中物理课程的常见类型

对课程类型的掌握有助于教学活动的有效开展。因而，在物理教学中，教师熟悉基本的物理课程类型很有必要。在我国长期的教学实践中，班级授课一直都有各科教学的主要形式。组成班级的学生年龄是相仿的，认知水平也相近，人数也控制在一定的范围内。班级授课的内容，一般是以教材为基础，围绕教学大纲和教学计划所设定的内容，按照一个学期划分为若干个小的单元，并在规定时间内完成。物理学是一门特殊的学科，物理教学目标的完成既受物理教学内容的质量、深浅程度、知识的关联性影响，又受学生原有经验、知识水平和心理品质因素的限制。因此，在物理教学的各环节，对物理某一知识点的掌握需要经历一系列过程，从感知物理现象到认识物理状态，从对物理状态的观察中，分析其变化的条件；在此基础上建立相应的物理观念或模型，进而寻找并总结规律，掌握运用规律来解决实际问题的技能。这就要求在不同的阶段，应该遵循因材施教的原则，由此，就会造成教学程序不一的现象。①

然而，在具体的物理课堂教学实践中，不同的课型在教学程序和时间分配上是可以灵活变动的。具体需要根据教学的内容状况和教学对象的实际，只有这样才能保证理想的教学效果的达成。根据教学任务的不同，可将物理课分为以下类型：

（一）物理单一课

所谓单一课，是指一个课时内只完成一项教学任务。单一课是教学中较为常见的一种课型。

1. 物理新授课

物理新授课是以讲授新知识为主。对于物理概念的初步建立、物理规律的了解，乃至运用规律解决物理实际问题的能力、方法、技巧等都需要通过新授课的形式开展。物理教师在进行新授课的教学时，必须做好充足的准备，制订明确的教学目标，围绕目标选择合适的教学方法，这样才能保证教学任务的有效完成。例如，对新的物理概念的教学需要创设情境，以引导学生通过观察新的物理现象，联系已有的概念，抽象出新的物理本质，明确新的内涵和外延，进而得出结论，掌握新的物理研究方法。

---

① 杨成. 初中物理教学实践 [M]. 沈阳：东北大学出版社，2015：36-41.

2. 物理实验课

物理实验课主要是对物理概念、规律的知识建构，通过实验的方法更深刻。实验课，即是以实验为主的课型。物理实验课一般是在教师的指导下，由学生运用已有的知识独立完成仪器操作的教学形式。实验课的目的在于锻炼学生的思维和操作能力。通过独立实验，能够促进学生科学探索精神的养成。在我国当前的物理教学实践中，实验课一般通过两种形式开展：一是学生分组实验；二是讲与练同时进行，即所谓的边讲边实验。传统的物理实验教学，通常都是学生在教师的指导下进行，学生严格按照教师的步骤进行。教师对学生的这种过多干预，会影响学生的思维及能动性的发挥。物理教师应该鼓励并引导学生在理解实验原理的基础上，围绕实验主题，发挥思维的能动性，大胆创新，勇于探索。通过这种方式来培养学生实验精神和实验能力，进而增强其独立分析和解决实际问题的能力。此外，物理实验教学的形式，也应该尽可能多样化。物理教师在进行实验课的教学时，要结合教学的需要和学校的条件，选择合适的实验课形式，以最大限度地为学生创造实验及科学探索的机会。

边讲边实验是物理教学中教学效果比较好的方式之一。在物理课堂教学中，学生一边听老师讲与实验相关的理论及知识，一边在老师的指导下进行实验操作。通过抽象知识与具体实验的结合，在观察物理现象的基础上，领悟物理概念或导出规律，学生对知识的理解更加深刻。这一教学形式，符合现代教育理念对学生主体地位的要求。边讲边实验对教师能力提出了较高的要求，作为教师，需要做好充足的准备。

首先，在边讲边实验的教学之前，教师要明确实验教学目标及任务，将实验内容、原理及方法、步骤、操作注意事项等，立足于学生实际，转换成启发性的问题，以引导学生思考。并同讲解、讨论、动手操作紧密结合起来，使学生每做一步实验都围绕实验目标、实验任务，并自行讨论探索。其次，教师需要设计引导学生实验的一系列问题，这些问题的设置必须与学生实际相结合，能够激发学生的兴趣，对学生的思维有较好的启发作用，同时，还要能调动学生动手操作的积极性。此外，教师还应该考虑到突发问题的应对措施。再次，实验仪器的准备要充分，检查仪器的质量与安全性，教师还应该善于利用身边的资源，鼓励学生发挥思维的创造性和能动性，自制简易仪器。既锻炼了学生的思维，也满足了学生的成就感，学生用自制仪器进行实验，积极性更高，效果也就更理想。最后，教师需要根据学生的情况，选择合适的教学方法，对学生进行科学的引导和帮助。

任何形式的实验课的开展，一般都包含以下三个阶段：

（1）准备阶段。充足的准备是进行实验的前提，能够保证实验的顺利进行。实验前准备不充分，势必影响实验的有效性。所以，准备工作必不可少。对于学生而言，准备阶段需要做好的事情包括：明确实验目的和要求，掌握基本的实验原理，了解实验仪器的性能及操作规范，熟悉实验装置结构。基于此，应提出实验方法，设计实验步骤和实施措施，制订讨论提纲。

（2）操作阶段。操作阶段是实验的核心环节，实验操作步骤的准确性与否，与实验效果有着最为直接的影响。实验操作阶段的主要任务是通过实验的进行来获取实验数据，并观察实验现象，在现象的变化中探索规律，从而提高实验水平。在学生进行实验操作的阶段，教师不应该过多地干预，但必须通过巡视，一方面，发现学生在实验操作中的失误，进行适当的指导，使其及时改正；另一方面，对于学生在实验中的创造性行为及时提出表扬。

（3）总结阶段。总结阶段是实验的最后阶段，是对实验现象和结果的总结。一般而言，总结阶段的开展，既可以围绕学生在实验中的表现，主要是对创造性的表现进行总结，也可以是学生自发地对实验现象和结果的分析和讨论。例如，分析实验成功或失败的原因，讨论是否还能设计其他实验方式来完成同一实验任务，等等。

一般而言，教学效果与学生的兴趣有着直接的关系，兴趣浓厚，学生学习的积极性就强，能动性的发挥也就更充分，所以，调动学生学习兴趣是关键。实验教学的优势就在于，能够激发学生的好奇心和探索欲。物理教应该给予学生充分的实验机会，尽可能多地为学生创造动手、动脑的机会。

3.　物理练习课

练习的目的在于学以致用，这也是学习的终极目标所在，因此，练习课对于物理教学极为重要。基于对所学知识的练习，一方面，具有巩固知识的必要；

另一方面，有助于培养学生知识迁移能力，将理论知识的学习转化为运用知识解决实际问题的能力。物理练习课的开展，能够巩固学生的物理知识，训练学生的物理技能，掌握解决物理问题的思维和方法。

4. 物理复习课

复习课，是对前一阶段所学知识的巩固。依据心理学家艾宾浩斯（H. Ebbinghaus）的遗忘曲线理论，适时地复习能够缓解遗忘。因而，复习课的开展，便是针对学习过程中的遗忘现象所采取的一种教学形式。通过复习，加深学生对所学知识的记忆，深化对物理概念、定律的理解，对所学内容进行前后联系，建立知识间的联系链。

针对遗忘规律，所开展的复习课一般可分为两大类，即平时复习和阶段复习。平时复习可贯穿物理教学的一般过程中，不局限于固定的时间和场合。只要是物理教学，都可以引导学生进行知识的巩固与复习。作为物理教师，可根据物理教学的特点及学生的实际情况，制订科学合理的复习计划，灵活选择复习的内容和方式。例如，可以讲授新课的时候，引导学生回忆与新课内容相关的旧知识，达到温故而知新的效果。

阶段复习可在一个单元、学期中或学期末任何一环节进行，也可以综合进行。不同的阶段，教师要根据教学的内容和任务要求，以及学生的学习情况，有针对性地选择复习的内容，以照顾到不同水平层次的学生。阶段复习可选择在一个单元学习之后，或是一个学期的期中、期末，根据学生及教学的实际情况，组织一节至数节课用于物理知识的复习。

在复习教学的过程中，应该注重对重要物理概念、定律的强化，培养学生知识迁移、解决实际物理问题的能力，以及物理学习方法的掌握。从而增强学生对所复习内容的理解，以形成对知识结构的新的认知。无论是哪个阶段的复习形式，都应该遵循循序渐进的原则。

在知识体系中，物理教师先要引导学生根据构成知识体系的各部分在整体结构中的地位，给予不同程度的巩固和强化，以达到吸收和内化的目的。在此基础上，还需要培养学生如何应用物理工具（物理模型、实验设备等），掌握物理工具的使用方法。判断复习课的效果可借助以下问题来衡量，即物理基本概念、规律是否理解并掌握；是否形成了知识间的内在联系；知识的整体结构是否形成；等等。如果这些都实现了，学生的物理学习方法与能力也将会得到提升。

5. 参观教学课

当前我国学校教育的主要形式是课堂教学，但课堂教学的时间和空间都是有限的，加之日复一日固定化的教学模式，学生很容易产生精神疲劳。参观教学能够带给学生焕然一新的教学体验。参观教学，又称为现场教学，它是课堂教学的补充和延续，是教学理论与实践相结合的主要形式。对于初中阶段的物理教学参观而言，其一般都会安排在某一部分内容的学习之后，一方面，能够强化学生对物理知识实用性的认知，加强学生对知识与实际的联系，拉近物理与生活的距离，便于激发学生的学习动机和兴趣；另一方面，通过在实践中的运用，达到巩固知识，加深对知识的理解，进而促进知识的迁移与运用。

为了提高教学参观的效果，教学参观的对象是关键。参观对象的选择要符合学生的学习水平和认知能力，既要能够激发学生的参观热情，还要便于学生直观地看到体现相应物理现象、定律、原理的各装置和部件。除此之外，还要充分做好教学参观的准备：一是教师要提前做好功课，了解参观对象的基本情况，以及就相关事项进行了解、分析和研究；二是要与参观对象方就相关问题达成一致，尤其是要与技术负责人充分协作，实现物理教学内容与参观对象的协调，在技术术语与物理术语间建立联系，为教学参观减少阻力；三是制订参观计划，考虑好讨论方案，选定教学程序和实施措施。

（二）物理综合课

与物理单一课相对的是物理综合课，它与单一课的不同之处在于综合课是在一节课内同时进行多项任务的教学。这种课型一般适合于教学内容相对简单、不需要花费一节课就能完成的情况，或者根据教学的需求，需要同时进行几项教学内容的学习、同化、强化、活化的任务。从学习者的角度来看，如果学习者年纪较小，注意力很难长时间集中于一个目标上，这个时候通过不断转换教学内容，就能够很好地刺激学生的意识，以维持注意力的集中，收到较好的教学效果。

因此，在安排物理综合课的教学时，先要从学生的角度出发，了解学生的心理需求和学习状态，进而再根据教学内容，合理选择教学内容的搭配，以保证教学内容最大限度地符合学生的学习规律。如根据学生的思维发展状况，决定是采用回顾经验提出问题激发学习矛盾，还是通过对物理现象的观察，分析归纳物理规律等。

第三节　物理教学的基本技能

伴随着时代的发展与变革，教学技能也发生了根本性的变化，教学技能在过去一直被视为单纯的教学能力，而现如今，现代教育理念下的教学技能的概念延伸了，向着以心理学为依据的现代教学技能发展。教学是一个复杂的过程，也可以将其视为构成并影响教学活动的一系列要素所形成的一个复杂系统。这一系统，既是知识表征系统与教学操作系统的整合，也是以教学操作知识为基础的心智技能与动作技能的统一。无论哪种技能，都包含着陈述性与程序性知识两个方面，且存在着由陈述性知识向程序性知识的转换。

一、物理教学技能及形成

（一）物理教学技能的认知

教学技能，与教师的教学行为有着直接的关系。对教学技能的划分，从某一角度而言，也可以是对教学行为的划分，即将课堂教学行为分解为各个部分、各个方面，逐一认识它们的属性，还可以将分解后的各个方面联系起来，从普遍性的内容中抓住主要部分，从教学现象到发现教学本质。教学技能，有基本技能和综合技能之分，基本技能包括语言技能、提问技能、讲解及演示、板书技能；综合技能包括课前导入、课堂组织、评价技能等。对教学技能的划分，其意义如下：

（1）通过对教学技能的划分，能够加深教师对教学活动的理解，便于教师清晰地认识课堂行为的各部分、各环节的操作性及相应的要求，以及技能提升的方向。由此可见，教学技能的划分不仅有助于改进师资培训，提高教师的综合素养，更有利于课堂教学效果的提升。在传统的教学模式的束缚下，我们对于课堂教学的认识都局限于教条式的教学原则，以及抽象的教学方法上，故而无法很好地用于指导教学实践，对教学技能无改进作用。

（2）对教学技能的划分，有助于强化教学技能培训的针对性，使得教学技能的培训更加有科学性和艺术性。对于课堂教学而言，教学技能不仅是科学的，更是艺术的，如教学技能中的语言技能，语言本身就是一门艺术，只有掌握了这门艺术，才能让课堂讲课变得生动，也只有生动的课堂，才能调动学生学习的积极性和学习的兴趣与热情。

教学是科学性和艺术性的统一，但教学的前提离不开基本技能的掌握，只有建立在一定的基础技能之上，才能够实现质的提升，这就需要对教学行为进行分析，对教学技能进行总体的把握。这样，便于在技能的训练中，遵循由浅入深、由易到难原则，这也符合人类学习的基本原理。通过这种集中、有序的训练方式，就完全有可能促使教师以微观目标的渐进来获得复杂的教学技能。由此可见，科学、恰当的教学行为的分类，对于教学技能的培养与提升起着至关重要的作用。

（3）科学的教学技能及行为的分类，便于对教学过程作定量的观察分析。教学技能贯穿于课堂教学的整个过程，过去人们对于教学的评价，往往依赖于主观感受、经验，这种评价方式受主观因素的影响较大，评价很难做到客观、准确，评价结果的有效性及真实性都存在较大的疑虑，因而也很难发挥出评价的应有价值。而对教学行为进行科学、恰当的划分后，对于课堂教学评价的内容便有了参考的依据，不同的教学行为对应着相应的评价。这种在定性分析的同时兼顾定量性的精确评价，与此同时，再借助先进的评价手段，如计算机统计分析技术，使得教学评价更加科学化，教师教学技能的培训也从经验型的师徒传授式走向科学化、规范化、系统化之路。

技能可视为一种知识和能力的统一体，一般而言，技能是指人们依据一定的规则和程序，具备操作相应技术的能力。技能的形成，同时受到个体生理和心理活动的影响，以及在生理和心理的共同作用下，依据一定的规则或程序，在反复练习的基础上所形成的，通过人的外在的比较固定的活动方式表现出来。由此可以看出，技能的提升与后天的努力是分不开的。

（二）物理教学技能的形成

物理课堂教学技能的形成，同时也意味着知识的获得与巩固。教学技能的形成必须以一定的知识积累为前提，衡量教学技能具备与否的关键在于，学习者头脑中是否形成教学技能的图式。对于物理课堂教学技能的形成，可归纳为以下阶段：

1. 操作技能的形成

（1）动作的认知阶段。教学技能有操作技能和心智技能两种，无论哪种技能方式的学习，认知都是学习的基础。任何学习都需要经历认知的阶段。认知的过程，是学习者基于物理概念及原理而建立起来的，对物理教学任务的操作活动的定向映像。在这一阶段，教学技能的学习者，可根据自身实际来自由选择所要学习的某一种教学技能，与此同时，学习者还需要掌握与之相关的知识，并在观摩、示范的基础上，了解专家学者在具体的教学活动中所展现的教学技能，如动作和言语活动的操作程序、教学活动的具体执行方式及动作之间的联系等。简言之，认知阶段的主要任务是明白物理教学需要"做什么"和"怎样做"的问题。

（2）动作的分解模仿阶段。模仿是获取技能的有效途径之一，认知源于模仿。教学技能不是单一的，而是复杂多样的，故而可通过分解的方式将技能细化和具体化。对复杂的技能进行梳理，将其分解为多项技能，或是将某一项技能再通过分解，使其细化为若干个单项动作。所以，在教学技能的养成上，学习者对教学技能的认知是前提，在此基础上，通过分解和模仿，学习者便能够逐步掌握一定的分解动作，使已形成的操作技能得到检验巩固、校正，并进一步充实。

（3）动作的联系整合阶段。动作的整合，简单而言，就是将分解的各要素联系起来，使其构成一个有机整体。在这一阶段，动作被分解为若干动作的同一操作技能，需要在遵循一定的教学规律的基础上，组合起来。换言之，各分解动作之间通过相互协调，才能实现教学技能的有机组合。如此，便形成连贯而协调的操作程序，并固定下来。

（4）动作的熟练阶段。进入动作的熟练阶段，教学技能的学习者已具备连贯且协调的操作程序，在反复练习的基础上，这一操作程序趋于成熟。在此阶段，学习者的教学行为无须刻意设计，而成为一种自然流露的本能。此时的教学技能已逐步由脑的低级中枢来控制。这一特性，在教学经验丰富的教师身上体现得淋漓尽致。这类教师在实验演示或板书时，得心应手，为便于学生的理解，能够思路清晰、准确地对每一个环节进行简单明确的解说，而且能够根据学生的反应进行及时调整。

2. 心理技能的形成

（1）原型定向阶段。每一个行业都有其特定的职业技能，这个技能体现的是这个行业的职业定向。职业定向是职业技能形成的基础。具体到物理教学技能，其职业定向便是通过对这一专业的师范生进行多种形式的专业思想教育，使其理解物理教师的职责和使命，并通过不断地教学实践，逐步巩固专业知识及提升职业素养。与此同时，还应该对物理教学任务有一定的了解，并初步建立物理教学技能的结构模式的图示，掌握不同技能的特点和作用、教学活动的具体执行方式等，为接下来的物理教学提供内部控制条件，为教学活动本身和结果定向。

（2）模仿操作阶段。模仿操作阶段是物理教学心智活动方式进入具体执行过程的开始。在模仿操作阶段，学习者先要回忆物理教学技能的相关图示和已有的定向映象，在对各种相关教学技能有一定认知的基础上，按照各自不同的结构要求，选择合适的教学内容，所选内容可以是教学案例或是与之为参考。接着便进入教案编写的环节，撰写教案，便是对物理教学过程的设计，需要将教学所要涉及的动作，进行恰当的设计演练。当然，教案对教学活动的设计与动作的演练，是一种心理活动。演练之后，便需要将这种建立在头脑中的一系列教学程序呈现出来，并付诸实践。通常，处于这一阶段的学习者，在这一环节的执行上，一般都是需要在指导教师的指导示范下进行的。指导老师的指导，主要采取的是语言和操作提示相结合的方式，换言之，我们通常所熟悉的言传身教。由于这一阶段属于心智活动，所以需要借助想象和图表等来进行模仿。作为指导教师，不仅自身需要具备专业的素养及较强的教学技能，同时，还需要结合学习者的实际，在其熟悉动作的基础上，用言语引导学生组织动作的执行。

（3）有意识的言语阶段。在有意识的言语阶段的智力活动，离开了动作的客体或其替代物，而逐步转向头脑内部，教学技能的学习者通过自己的言语指导而进行智力活动，通常表现为在进行教学练习的同时，伴随着语言的配合。在这一阶段的初期教学训练中，出声的外部言语活动较多，但随着训练的次数增多，外部言语活动逐步向不出声的外部言语活动过渡，如从刚开始练习时的振振有词到最后默想某一教学过程。这一活动水平的出现，标志着学习者的活动已开始向智力活动水平转化。

综上所述，可以看出教学技能的形成是一个阶段性的过程，每一个阶段都有自己的特征和任务，各阶段之间相互联系、互为影响，对教学整体功能的发挥有着不可替代的重要作用。需要指出的是，自动化阶段不是自然而然形成的过程，也不是一劳永逸的，需要学习者在教学实践中不断总结与完善，才能达到提升。

二、物理教学技能的分类

教学技能被视为教师的教学行为方式，在教学活动中，教学方式有操作性的，也有心智性的，不同的教学活动可以采取不同的行为方式，当然，也可以两种方式同时存在，以综合的形式共同完成教学任务。物理学是一门特殊的学科，它更多地倾向于科学知识与原理的探索，基于物理学科的性质，可将物理教学技能分为两类：一类为物理操作技能，即物理教学活动的开展，以及教学任务的完成，需要借助实验工具进行操作，如物理教师在实验演示中，对实验器材的组装、调整，以及实验操作中规范性问题的明确解说，乃至对实验数据的获取，实验结果的准确性把握等一系列操作活动。另一类为物理心智技能，即完成物理教学任务的心智活动方式。心理活动即与人的内部心理有一定的关系，是借助内部言语进行的认知活动，包括感知记忆思维和想象等心理成分。[①]

对于物理教学而言，物理概念和规律是物理教学的重要组成部分，因而对这一部分内容的教学是需要引起教师格外关注的。如何让学生理解概念、规律，如何选择最贴切、最规范的，最能够引起学生学习兴趣、最易于被学生接受的表达方式等，都是对教师心智技能的考验。无论是操作技能还是心智技能，都是可以通过后天的锻炼和培养来增强的，而二者在具体的形成过程中，又有各自的特点，主要表现在以下几个方面：

（1）操作技能与心智技能，其存在形式不一致，操作技能为外显性的活动方式，而心智技能体现在内在，是借助于内部言语来完成的，其执行依赖于一定的心理和思维，主体的变化具有很强的内隐性，不借助特殊的专业性的仪器设备，一般很难凭借经验或感觉从外部直接观测到。

（2）物理操作技能与心智技能，在性质上具有差异性，物理操作技能具有客观性，其活动的对象是多样的，但都是客观存在的，既可以是物质性的客体，也可以是个体的肌肉；心智技能则与之相对，具有观念性，是一种抽象的事物，因而其活动直接对象不是客观存在的、具有物质形式的客体本身，而是这种客体在人们头脑里的主观映象。

（3）物理操作技能具有非简约性，就动作的结构而言，操作技能的每个动作都必须做到逐一实践，既不能跳跃，也不能简化或是合并，而应该是一种完整性的过程。相抵于操作技能的非简约性，物理心智技能就具有减缩性的特性，它对于动作的完整性没有严格的要求，其动作成分是可以合并、省略和简化的。

---

① 杨成. 初中物理教学实践 [M]. 沈阳：东北大学出版社，2015：19-35.

第二章　思维模式

初中阶段是学生第一次接触物理，学习物理的初步阶段，要想让学生更好地理解初中物理知识，教师教学的思维模式至关重要。鉴于此，本章重点探讨物理的观念教学、物理教学模式及其类型、物理教学的科学思维培养。

第一节　物理的观念教学

一、物理观念的教学意义

物理观念是对客观世界认识的结果，是人类在与客观世界的相互作用中形成的，是人类主观能动性的反映与体现。人的主观能动性的发挥过程，也是人的思维、认识与实践交替的循环往复的过程。物理观念对物理教学的重要意义主要表现在以下几方面。

（一）提升学生的物理应用能力

在获取知识、掌握方法、提升技能的过程中，学生头脑中逐步积累和形成了基本的物理认识观，以及以此为基础内化而成的对自然现象的解释、实际问题的物理解决能力，即为物理观念。

（二）激发学生的基本物理思维

思维能够对人的认识和能力产生能动的作用。物理思维是人脑对客观物理事物（包括物理对象、物理过程、物理现象、物理事实）的本质属性、内部规律和事物间相互联系进行抽象的描写，形成间接的、概括的和能动的反应。思维形式有形象和抽象之分，对于物理思维而言，它是思维的具体化，因而同样具有这两种思维形式。形象思维建立在可感知的事物之上，如感觉、记忆、图形、空间、想象等，而抽象思维是较高级别的思维形式，依赖于人的认知和能力，如分析、综合、演绎、归纳、推理等。

物理观念教学，就是要在教学中注重对学生物理思维的培养。根据初中物理的学科特点，物理思维包括意识、方法和能力三个方面。其中，物理意识是指，在物理学习与生活中，对于所遇到的现象和问题，能够有意识地从物理学的视角，自觉主动地运用物理学知识去分析和解决事情。物理方法即解决物理现象和问题的方法。物理方法分为显性和隐性，常见的控制变量法、转化法、模型法、极限法、数学分析法等属于显性物理方法。

物理概念教学中，为了更直观地反映某一物理现象或规律，通常会建立理想化的模型。这种模型，往往在实际的物理过程或情境下，注重主要矛盾，而忽略次要因素，如物理中对匀速运动的研究。小车在笔直的公路上匀速行驶，可视其做匀速直线运动。然而，匀速运动是一种理想的状态，笔直的公路也是理想状态，小车在运动中还受空气、地面摩擦力的影响，建立匀速运动模型，便是忽略了这些客观因素的作用，以及它们对小车作用力的微小变化差异。同样道理，分析滑轮组时忽略绳重和轮轴间的摩擦，这也是一种理想化模型处理。

除学习中常见的显性法外，物理学习中还会形成内隐的思维方式。如对液化、凝华等物态变化现象，学生的思维路径是先分析物质初态、相应条件、吸放热过程及物质末态，依照这样的思维路径进行相关现象的解释。这就是隐性的思维方法，即思维习惯，这种思维方法的培养可通过设计问题情境来实现。教学中设计"雪融化"的情境，可通过投影再现。启发学生提出问题如下：①雪是什么状态，水是什么状态？②什么时候融化？③融化时吸放热情况？通过问题导学，引导学生从情境到概念，从规律到应用，从观察到思维，形成了较好的物理思维激发过程。

思维能力是学生分析物理和解决问题的基本能力，一般而言，思维能力表现在学生能够从定性和定量两个方面，采用多种方法，进行分析推理、归纳总结、得出结论、反馈评估、结论应用及拓展创新的系列过程。在此过程中，创新是思维能力的特殊要求，也是现代社会人才所必备的能力。物理教师在实施物理教学的过程中，要有意识地培养学生独立思考的习惯，鼓励其敢于质疑的精神，促使其在提出问题、分析问题的过程中，获得能力的提升与创新思维的发展。[①]

（三）提高学生的实验探究能力

在物理教学过程中，实验教学具有广泛的普及度和应用率，是构成科学探究的重要内容，同时也是学生物理观念素养培养的重要途径。提出问题、猜想与假设、制订计划与设计实验，进行实验与收集数据、分析与论证、评估、交流与合作是构成实验探究的七个基本要素。在对物理现象进行仔细观察，并提出问题后，学生需要进行进一步的假设与联想，完成探究方案的设计，与此同时，要选择与实验探究方案相吻合的实验器材来开展实验，并做好实验数据的记录、证据的收集，通过分析图像、表格等实验信息得出最终的结论。最后，还要对比实验结论和物理现象，对所涉及的探究方案进行反思评价，找出其中合理、科学的内容和有所欠缺的部分并予以改正，教师要在探究过程中提供必要的指导。学生在今后成长与发展中可能会遇到物理问题以外的实际问题，而学生一旦具备了物理思维方式，就可以在面临实际问题时对问题做出正确的表述和理解，从而进行猜想预测，并设计方案进行实践来获得解决办法，这也就实现了物理学科发展学生物理观念素养的价值。

（四）培养学生的科学态度与精神

传授给学生科学的知识、训练学生的技能，这是初中物理课程的重要内容，在此基础上，它还承载着培养学生学习兴趣、科学精神、科学态度、创新意识及探究能力等素养的功能。而构成学生物理观念素养的重要内容，当然离不开学生应对物理问题时的科学态度与精神。具体来讲，科学态度与精神是涵盖科学服务人类的使命感和责任感、物理好奇心与求知欲、实事求是与敢于质疑的态度、保护环境和促进可持续发展的意识在内的综合素养。尽管通过短时间学习，学生可以掌握物理知识和技能，但却无法树立起科学态度与精神。在教学过程中，

---

① 周伟波，潘仕恒.以体验式教学促进物理观念的构建[J].课程.教材.教法，2021，41（6）：110-115.

教师可以有机结合教学内容和物理学史中的名人传记、历史典故、传统文化等素材，从而在思想层面影响学生文化素养、爱国主义、科学精神的培养，与此同时，为了使学生树立正确的科学观与价值观，在教学素材的选择上，可以在现有素材的基础上，增加当今科技发展给人类生产和生活所带来的改变等内容。

二、基于物理观念培养的单元教学

培养物理观念主要包括两个维度的内容：一是掌握物理知识；二是物理知识向稳定、系统的物理知识结构转化的过程，这个过程对学生能力素养的形成具有重要作用。通过结构化认识学科，可以使学科中概念、规律的本质联系在学生头脑中形成清晰明确的认识，使学生拥有较大的自主权和主动性来调动结构中的相关知识以有效解决相应的问题。以单元整体教学的形式向学生教授结构化的单元知识，还可以有机融合学生已有的认知结构和系统的知识结构，从而对学习者掌握知识的关联性与整体性提供保障，与物理观念的培养目标相契合。基于物理观念的单元教学流程主要包括以下几个方面：

（一）把握物理观念，科学制订单元教学目标

作为一个中观层面的目标，单元教学目标对课时目标的实现具有重要的统领和指导作用。通过解读物理课程标准，明确教材内容所涉及的物理观念及其基本要求，可以简单明了地列出一个单元主题下的教学目标。物理观念目标的梳理依据是"基本物理知识—物理核心概念—物理观念"的逻辑顺序。学生的认知状况是单元教学设计的出发点，所以，若想在教学活动中凸显学生主体的原则，则需要对学生的学习情况进行准确把握，如学生的实验技能、观念、物理思想以及物理方法方面的发展水平、现有的与单元内容相关的知识的发展水平及相关知识的前概念。

（二）紧扣物理观念，凸显单元知识结构规划

在遵循结构性原则的基础上，整体规划单元教学还应当以实现物理观念发展的最终目标为中心。

（1）充分发挥物理观念在学习物理知识方面的统领作用。若想实现单元教学设计在促进学习者物理观念形成方面的重要作用，则需要高屋建瓴地进行

课堂设计。层次性是物理观念形成的主要特征，所以，"基本物理知识—物理核心概念—物理观念"路径将成为建构物理观念的逻辑依据，其中，物理思想、物理方法、基本物理规律和基本物理概念是构成物理基本知识的重要内容。在物理观念的统领作用下学习物理知识，实现了学习关注点的转移，即由关注学习者掌握物理知识的结果过渡到关注学习者掌握物理知识的过程，在生成体验知识的过程中，学习者也获得了物理研究的方法和思想，从而使自身的知识结构更系统，当这一目标达成时，对于学习者而言，物理观念的抽象性也得到了一定程度的弱化，如此一来，经过提炼和升华过程，物理观念最终得以形成。

（2）以物理观念为基础，完成结构性知识框架的建构。以物理观念为基础来完成知识框架的构建，主要方式有两种：一是以概念规律的内在逻辑为出发点；二是以物理观念的形成路径为出发点。物理规律与物理观念之间存在密切关联，知识框架的形成有赖于教师对单元核心知识的梳理，知识框架的构建要紧紧围绕核心知识的网络中心进行，同时，若想对物理学科的本质进行更深层次的反映，则需要提升知识框架的凝练程度，只有这样，才能对学习者物理观念的形成发挥重要的促进作用。

（三）依据物理观念，合理设计单元任务问题

问题驱动和任务驱动双线并行的模式是实现单元整体教学目标的重要内容，以任务驱动教学法来推动学生知识构建的自主性，就是建立起任务与知识目标之间的联系，使教学设计以任务为载体，其设计过程主要包括以下环节：首先明确单元教学目标，而后以构建物理观念和单元知识结构的流程为依据，对单元知识学习的核心活动进行划分，接着就是对核心活动的细化，细化过程要结合学生由感性到理性的学习心理变化过程和物理知识的形成过程。作为单元整体教学的关键环节，任务设计的过程要特别强调任务之间的关联性和结构性，与此同时，要在设计任务的过程中强调可操作性和难度梯度。

课时任务的呈现方式主要表现为问题，它是学生与教学任务之间相互沟通的重要媒介。与此同时，提出问题的过程也就是课时任务的呈现过程，更是物理研究思考方法的显化过程，在这个过程中，学生往往可以掌握问题提取的方式、问题表征的方式、问题分解的形式和问题解决的方式，同时使学生应用所

学知识来解决陌生情境中的现实问题的能力得到锻炼。以整体为出发点，采用问题设计和活动设计双线并行的方式，以学生核心素养为中心层层递进，从而使单元知识结构得到进一步凸显，更进一步促进学生头脑中关于单元内容知识链的形成。

（四）显化物理观念，科学设计单元学习活动

设计学习活动的目的在于引导学生树立物理观念，因此，要以问题与活动为依据，对物理知识所蕴含的物理观念进行显化。实现教学内容向动态行为转化的关键在于学习活动，同时学习活动也是教学内容得以进行的主要载体，是学习者获得物理思维能力的发展、物理思想方法的掌握与物理观念形成的重要途径。探究性原则和情境性原则是设计单元教学活动的出发点，要突出强调教师的主导作用和学生的主体地位，以学生的全面发展为中心进行拓展。以培养物理观念为基础来设计单元教学活动，要以真实或近乎真实的情境作为出发点，使学生对提取与解决物理问题的过程能够发生在一个真实性和开放性的情境中。同时，学习者亲身的活动经验对核心的物理知识或物理观念具有直接影响力，只有亲身经历对活动探究的过程和解决问题的思考过程，才能促进学生物理观念的构建，并在解决问题的过程中对同学间的交流讨论予以鼓励。

第二节 物理教学模式及其类型

一、自主学习教学模式

自主学习模式强调在教师指导下学生的主动学习，如自学（学生自主操作实验、自主阅读物理课本等）、互相讨论等学习方式。

从操作层面来讲，该模式主要包括以下程序：

第一，设置疑问，激发学生的学习兴趣。激发学生的学习兴趣是开展物理教学的重要条件，为此教师可以通过设置疑问来唤起学生的好奇心，如开展生动有趣的演示实验，或让学生进行简单的实验，或是对物理学史进行生动讲述，或是将学生日常生活中常见的物理现象"搬"到课堂上等。

第二，在教师指导下，学生开展自主学习。学生充分利用教师分发的自学提纲和实验器材独立完成教材的阅读工作，并开展相关的物理实验，对实验现象进行观察。

第三，合作讨论，相互答辩。即在教师的组织下，全班学生要充分利用教材中的重难点，并结合自学中的问题，以及一些普遍性问题进行合作讨论和相互答辩，从而加深理解、强化记忆。

第四，启发释疑。通过教师的精讲，学生要能够对知识之间的内在联系或区别进行精准把握，要能够具体化抽象概念，甚至可以开展演示实验以对概念的揭示进行有效补充。

第五，教师指导，客观总结。在这个环节中，教师需要进行有效指导，以使学生在理解物理概念、公式和定律等内容上更深入。

具体来讲，构成自主学习模式目标的内容主要包括：①该模式的主要目标在于使学生具备一定的自学能力，如通过实验观察、自主探究、认真思考来对问题进行分析和解决的能力，对物理教材的阅读和理解能力；②以引导学生良好自学习惯的养成为目标，对学生基本自学方法的掌握进行有效培养；③对学生的知识整合能力和语言表达能力进行培养；④使学生的物理学习积极性和自主性得到有效激发。

二、合作探究教学模式

在教师的指导下，学生针对研究课题提出假设，并综合应用已掌握的物理知识来设计实验探究方案、验证假设的正确与否，并完成对物理规律的归纳总结或物理概念的抽象化，最终增长知识、发展能力的教学模式，即为指导—探索模式。

从操作层面来讲，该模式主要包括以下程序：

第一，研究课题的提出。教师提出研究课题要遵循两个原则：一是与教学内容相符；二是确保难度得当，只有这样，对于学生而言才有研讨价值，才能唤起学生对新问题的探索欲望。

第二，猜想与假设的提出，实验方案的设计。猜想与假设的提出要基于学生已有的物理知识和生活经验，教师在进行有效引导时，要鼓励学生的大胆创新、勇于质疑，要鼓励学生和小组内同学或全班同学合作探究，共同完成实验方案的设计。

第三，实验探究，总结规律。实验探究通常以小组的形式展开，教师要充分发挥引导价值，在获取实验数据之后，学生还需要综合分析、推理与判断实验现象和数据等的合理性，从而判断假设的正确与否，得出最终的实验结论。

第四，应用知识，扩展巩固。即在新情境下，学生要对得出的物理概念、物理规律进行合理运用，并能够对物理现象进行合理解释，对物理习题能够准确作答，从而将知识与具体情境相结合，以巩固和进一步扩展获得的新知识。

具体来讲，构成合作探究模式目标的内容主要包括：①其核心目标主要表现为对学生创新精神和发散思维能力的培养；②学生物理学习兴趣的提高；③对学生掌握的基本思维方法进行培养；④对学生物理问题科学研究方法的掌握情况进行培养；⑤对学生的观察力、动手实践能力、勇于探索的超强意志力、严谨的科学态度的培养，以及团队协作、合作探究、良好学术研究态度和社会风气的营造。

三、目标导学教学模式

目标导学教学模式是制订与物理课程标准的内容和要求相吻合的一种具体化的教学目标，在这个目标的重要导向作用下，在教学过程中综合运用多种教学方法和客观合理的教学评价，以获取最有效的教学反馈信息，并及时调整教学方法以实现教学目标的教学模式。

从操作层面来讲，该教学模式主要包括以下程序：

第一，诊断补偿。这一环节的工作目的在于夯实学生对新知识的学习基础，为此可以用事先设置的诊断性测试题在正式开讲之前进行目标的诊断检查，并补偿检查出的知识缺陷。

第二，目标展示。在进行正式的物理课程学习之前，学生可率先阅读教师事先印好的教学目标，为教学活动的展开提供极大的便利。

第三，围绕目标中心开展教学活动。教师采用何种物理教学方法（如讨论、读书、集中、组合讲授等）来实现教学目标，应该以学校现有的实验设备状况、教师的个人专长、学生的实际情况及教学时间等作为主要依据。

第四，诊断反馈。反馈信息的获取，主要可通过让学生完成教师预先准备的以教学目标为核心的形成性测试题的方式来实现。

第五，调整教学方法，促进目标实现。教学情况反馈会为教师调整教学方法提供客观依据，从而及时有效地以谈话、师生讨论、重新讲解等方式进行补救和矫正。

具体来讲，目标导学教学模式的内容主要包括：①以提高学生学习兴趣为目标，有助于学生物理学习信心的进一步强化；②以提高学生学习能力为目标，有助于学生对学习方法的掌握；③以实现教学质量大面积提高为目标，有助于满足物理教学大纲对大多数同学学习的基本要求。

四、单元整体课程

单元整体课程是指借助于单元知识结构图表把握知识的整体，在明确的学习目标统领下对单元的学习内容和活动进行系统规划、整合设计，通过系统提炼巩固所学物理知识、实验技能、发展能力，最终达到实现"学生的全面发展"。

单元整体课程的操作程序包括：第一，画图讲解。教师引领学生形成本章知识的思维导图，提炼统领单元的"大概念"，厘清单元知识的逻辑联系，引导学生从整体上来认识知识，以加深理解，使所学过的物理知识系统化，形成知识结构。第二，按图复习。按图复习环节，教师结合"大概念"，设计"大活动"，提出"大问题"。学生根据图表，对照教材和做过的作业，可向教师提出疑难问题，教师当堂解答。如若课堂上时间不足，也便于学生课后对照图表，继续复习巩固。第三，重难点突破。创设代表本单元核心概念的情境任务，通过"活动引领，问题导学"，形成大项目，解决大问题，突破大概念，最终达到解决物理问题、探究科学规律，激活创新思维的新课程改革目的。第四，提问答疑。提问答疑是程序的最后一个环节，教师把事先印好的测试题及其答案分发给学生，学生就没有弄清楚的测试题向教师提问，或是通过复习发现一些新问题，教师予以解答，对共性问题，教师可再次进行讲解，从而完成教学中的"查漏补缺"，使复习工作落到实处。

教师按图讲解，要比单纯的语言讲授复习传递的信息量大得多，当然学生接受的信息量也越多。在复习时，采用单元整体教学，以整体传递信息，老师不仅能引导学生复习、巩固各个知识点，还能帮助他们弄清单元中各个部分内容间的关系，使学生形成一个整体知识结构，这样，他们才能在实践中灵活运用所学的知识，更好地解决问题。把精练测试卷移植到物理复习中来，将有助于全体学生从"题海"中解脱出来，在愉快的情绪状态下巩固复习所学的知识、实验技能等，有利于提高复习效率。

单元整体课程的目标为：①帮助学生巩固、加深所学的物理知识、实验技能等。②培养学生系统学习的能力和前后联系的学习素养。③提升学生学以致用、讲练结合的学习方法，将物理规律与生活情境融合在测试答题中。④培养学生稳定的注意力。在教学过程中，只有使学生把注意力集中到学习上，不做与学习无关的事，教学效果才会好。在测试答题中，学生的注意力被引向测试题目，注意力高度集中，有效地培养学生的注意力。⑤发展他们的语言表达能力。语言是人们交流思想的工具。物理和其他各门学科一样，有自己的专业术语，物理教学中，教师有责任培养学生运用物理语言表达思想的能力。掌握、发展语言能力不但是获得物理知识的必要条件，而且也是发展思维能力的必要前提。培养学生的语言能力是发展学生智力的重要手段，在物理教学中要给予充分的重视。通过学生有条理地组织语言答题竞赛，使他们的语言能力得到发展。⑥培养学生迅速简化物理问题推理和运算过程的能力。

第三节　物理教学的科学思维培养

在物理学习过程中，需要加强学生对物理知识的吸收、内化，让学生对物理知识和物理学本质，形成客观的认识，并形成正确的物理观。物理教学的过程，是引导学生科学探究及科学思维的过程，在这一过程中，学生的探究意识及思维能力都相应地得到了锻炼，有助于其科学而有效的解决具体问题。除此之外，物理教学鼓励学生尊重客观事实，培养学生养成勇敢无畏、持之以恒的精神品质，对学生的影响是深远的，能够指引学生克服生活中的困难，面对挫折与失败能够保持积极乐观的生活态度。

一、物理科学思维的基本要素

思维与人的智力有着直接关系，发展人的思维品质是提高个人能力和智力的关键。思维是人的主观意识对客观事物的间接、概况的反映。思维的产生，离不开人的感觉、知觉及客观事物，思维是一种高级的认知过程。因而，需要强化思维培养的意识，尤其是在学校教育阶段，要重视对学生思维意识的培养，在教学活动中，不仅要注重培养学生思维的逻辑性、灵活性与敏捷性，还要注重思维的广阔性与深刻性、思维的独立性与批判性的培养。构建模型、科学推理、科学论证及质疑创新构成了科学思维的基本要素。

（一）构建模型

模型与客观事物之间存在着必然的联系，它的形成是建立在对客观事物进行科学概括的基础上，在概括出事物的本质特征后所抽象出的一种对事物的简化反映。由此，透过模型就可以直观而鲜明地反映客观事物。模型对于科学内容而言，就具有了解释、预见、整合、发现和启示的功能。通过模型，能够将抽象的事物转化为具体、形象，将深奥的、不易于理解的科学概念与理论等以具体的形式表现出来，便于概念、理论的理解。例如，光线、磁感线、力的作用线等模型的建构，再如滑雪运动员从"雪如意"上滑下时机械能的变化、人坐过山车时的能量转化等都可构建斜面模型分析。

物理学是一门抽象的学科，模型的建构对于物理的学习有着积极的促进作用。对物理学的学习，必须树立模型建构的意识，了解常见的物理模型，并能够根据具体的情境建立合适的模型，这对学生思维品质的发展极为重要。物理学习中，根据学生对物理模型和问题情境的熟悉与否，将模型与问题情境的解决分为：第一，运用所熟悉的物理模型解决熟悉的问题情境；第二，在陌生的问题情境中建立陌生的物理模型；第三，在陌生的物理情境中将建立熟悉的物理模型，而这些都要求学生必须掌握一定的物理模型。

（二）科学推理

推理的过程，可分为演绎和归纳，因而演绎和归纳也是推理的两种类型。演绎推理与归纳推理的区别在于，前者是根据前提得出必然性结论的推理；而后者得出的是或然性结论的推理。推理过程中，对规律的尊重是必然的，但也不能忽视对证据的重视。对于初中生而言，他们所进行的科学推理，从本质上看，就是基于证据所进行的实质性推理。培养推理能力，首先必须具备一定的知识和经验的积累，所以对于学生而言，知识的储备很重要；此外，教师还应该教给学生一些基本的逻辑规则，并让学生知晓证据在推理中的重要性。物理学是一门研究科学、重在推理的学科，推理对物理学至关重要，是解决物理问题的必备要素。例如，在探究牛顿第一定律不受力物体的运动状态时，通过改变接触面粗糙程度，减小阻力，最终推导出不受阻力、接触面绝对光滑时的运动状态。

（三）科学论证

论证的出发点和归宿都离不开真实的证据及有效的推理，论证的过程难免会遇到与自己观点或主张相违背的情形，所以，在与他人争辩过程中，不仅要强调对自己所持观点进行有效辩护，所阐述的证据或推理的过程要正确、详细，还要表述清楚，还应该尊重他人不同的观点，与此同时，在不同的观点中做出权衡，在协商中解决意见冲突。例如，在论证亚里士多德和伽利略观点时，可通过自行车不蹬最终会停止来说明自行车会停下来不是因为不受力，而恰恰是因为受到了阻力作用而减速停止。

科学论证是论证形式的具体化，它是对自然界中的未知事物或现象进行的论证。科学论证是一种重要的科学实践形式，是开展科学工作不可或缺的，也是重要形式之一。物理学是探究科学的学科，因此，科学论证是物理教学所必需的。在科学论证中，难免会存在意识上的冲突，解决冲突的过程就是内化知识的过程，让学生感受到已有知识的不足，进而认识到调整已有概念的必要性。科学论证是物理学习思维能力形成的关键，同时也有助于发展学生科学探究能力、促进学生科学观念的形成，以及合作意识的锻炼与提升。

（四）质疑创新

质疑是难能可贵的一种品质。所谓质疑，是基于个人已有的知识，对已有的现象或结论提出疑问。质疑并不是毫无根据的臆想，而是根据自身的知识储备，对已有现象或观点提出有理有据的理性思考。但质疑并不是目的，疑问的提出在于保证知识的准确性。除此之外，质疑还是探索的起点。只有心中存疑，才会为了释疑而采取一系列的方法，在刨根究底的过程中不断地提炼证据、探究问题，从而获取大量资料，并通过推理形成自己的观点，在论证中阐述自己的主张。

例如，在学习做功改变内能时，有的同学质疑打气筒变热是否因为皮垫与外壳摩擦生热。可让学生摸一下打气时是否筒的上下部都热，最终确定是压缩底部气体使底部发热，这也解释了引火器的工作原理，从而为以后学习柴油机工作原理打好基础。

从某一角度而言，质疑可以理解为是对已有知识、理论、观点的不认可，是在深入推敲的基础上，对原有认识的解构，但这并不是目的，质疑不能随着原有知识的解构而消失，相反，质疑的目的是在已被解构的知识体系上建构新的知识体系。质疑所体现的是一种特质，即思维的灵活性与深刻性；此外，质疑还体现出态度和精神，即一种不盲从的态度，一种敢于挑战权威、打破陈旧的精神。与此同时，质疑还体现出一个人思维的开放性和创造性，质疑是创新人才必备的品质。

二、物理科学思维培养的策略

（一）转变物理教学观念

物理教学不是简单的知识的传授、概念的理解或规律的掌握，而所要培养的是对于知识形成过程的探究，对概念与规律背后所蕴含的方法、思想及思维的价值的探索。对学生物理科学思维素养的培养，主要是在课堂教学过程中形成的，故而素养培养的有效性与教师教学观念的转变，有着最为直接的影响。教师的教学观念决定了科学思维素养培养与否，以及培养能够达到的程度。所以，要想达到科学思维素养的理想状态，教师必须先树立科学素养意识，才能将其贯穿教学的始终。

教师在促进学生物理科学思维的有效性方面发挥着重要作用，教师不仅要正确认识核心素养的价值，具备物理科学思维的意识，还要善于将这种意识贯穿于教学活动，将核心素养融入学科教学目标。在进行教学设计时，要有明确的目标，并掌握一定的教学技巧。一般而言，可由教学的最终目的，反推教学活动，推至学生的已有知识和经验，以预期的结果作为起点设计教学活动。作为教师，要纵览全局，立足于学科实际，对学科功能、内容尤其是知识的整体结构要有清晰的认知，然后基于物理学的方法、思想、思维等建立物理观念、规律的图式。通过对知识结构的梳理，引导学生进行思考与分析，逐步完成知识的主动建构。在这个过程中，教学活动应该始终围绕学生的思维发展进行，教师的作用在于对学生的思维进行引导。学生在思考与分析的过程中，对知识的体验会更加深刻，因而掌握得也会更牢固，更重要的是学生的思维能力得到了充分的锻炼。[①]

（二）提升教师素养能力

教师要树立"目中有人"的教育发展观，注重培养全面、和谐发展的人。对学生的培养，其所追寻的目的或结果是"人"的外在行为方式和内在的品德价值。所以，教师先要做到内外兼修，不但强调自身职业素养的培养，而且也要强调行为习惯的养成。提高教师素养就是要以教师心理素质的内化为重点，包括情感、态度、价值、信念等，这些彰显教师精神文化的心理素质不是简单的日常说教就能养成的，更多的要依赖教师在长期的教育教学实践中，不断反思、学习、觉醒与感悟来形成。因此，全面发展，以学生为中心，教学相长、内外兼修的有机结合，才能保证教师素养的不断提高。

从物理教师的构成而言，一方面，是刚入职的教师，他们的思想观念较之传统的教师更为开放，有着与时俱进的态度，乐意接受科学思维理念的学习，也尝试着将这一理念融入教学之中，但是在具体的教学实践中，往往缺乏一定的经验，不能很好地将学科内容与核心素养有机地结合起来。针对这种情况，向前辈学习，吸取教学经验是很好的途径。然后通过自身所具备的教学智慧，

---

① 沈伟云.基于科学思维培养的初中物理教学策略[J].物理教师，2018，39（10）：47-48.

找到学科内容与核心素养的结合点，进行科学的教学设计，培养学生科学思维能力。另一方面，是经验丰富的老教师。虽然教育改革的思想与理念，对他们产生了一定的影响，但是由于传统教育理念的深远影响，他们观念的转变较慢，即使意识到转变教育理念的重要性，但实现起来有一定的困难，接受新理念和新事物的能力相对较弱。对于这类教师，就需要采取有针对性的措施，如调研，多开展教学交流与讨论，强化科学思维培养的理念，引导其思想的逐步转变，推进学生科学思维的培养落实。

（三）强化课堂思维训练

课堂教学是学校教育的重要组织形式，教师在进行课堂教学设计时，要综合考虑，而不能仅满足于应付考试的知识点的机械式传授和讲解。教师要充分课堂教学的机会，对学生进行思维的锻炼，因此，在教学设计中，可侧重于思维训练的模块。思维活动对于人的意识的发展和行为都有一定的指导作用。从古至今，人们都重视思维的作用。思维对于人的学习是至关重要的。因而，物理教师要强化在教学中对学生的科学引导，为学生创造思考的机会。只有主动思考问题，才能积极融入课堂活动。

在课堂上，如果学生的思维过于活跃，缺乏教学经验的教师，有时候很难控制住教学的场面，使得课堂较为混乱，从而导致教学偏离方向。但是这并不代表过于活跃的课堂不好，相反，能够做到课堂活跃，学生参与性一般都会较高，这正是教育回归本质的一种表现，尤其是对思维能力要求极高的探究性学科，如物理，只有充分调动学生思维，才能够实现探究学习的效果。而保持课堂的活跃的同时又能保证课堂秩序，这就对教师的能力提出了较高的要求。在物理课堂教学中，教师要将物理科学思维贯穿于教学过程的每个环节，尤其是要在教学设计中渗透科学思维，在内容的选择与设置上，要能够极大限度地激发学生的好奇心，促使其自觉地进行思维的探索，激发思维的潜力，通过开展高效的思维活动，促使学生高阶思维的形成，与此同时，锻炼学生运用思维解决实际问题的能力。

从物理学科的性质来看，物理学是一门科学性较强的学科。实验是物理学科的基础，实验也是检验科学性的前提，对于学生而言，实验确实能够激发学生学习物理的好奇心和兴趣，但这些还是不够的。实验虽然对物理教学具有一定的优势和促进作用，但从实际教学情况来看，物理中的很多实验与现实生活的联系还不足，这就需要在课堂教学中，尤其是在课堂设计内容上，尽可能多地通过生活现象或实际等进行适当的引导，便于学生建立物理实验与生活的思维图式，在思维作用下，深化对实验的认识，这也体现了"从生活走向物理，从物理走向生活"的新课改理念。此外，课堂思维训练的主体是学生，由于学生存在个体差异性，这就要求教师充分考虑学生能力及实际情况，充分照顾不同能力层次水平的学生，进行提优、强化及补弱，始终围绕学生，培养其个性化发展。

第三章　课程设计

　　初中物理在课程设计上，要选择正确的课程设计思路与方法，让学生在学好物理的基础上更要会用物理，注重提升学生的独立钻研能力、探索发现能力、处理问题能力、自主学习能力等，最终实现提升学生综合能力的目标。鉴于此，本章重点探讨物理教学设计及其理论、物理课程资源开发与利用、物理的实验教学设计。

第一节　物理教学设计及其理论

一、物理教学设计的认知

（一）教学设计概念与发展

　　人们进行任何一种有目的的活动，为了达到预期目标并获得理想的效果，都必须在活动前进行设计。因此，设计是指在活动之前，根据一定的目的要求，预先对活动所进行的一种安排和策划。设计的特性一般包括：一是超前性和预测性。设计必须在活动之前完成，因而具有一定的超前性。此外，设计只是对解决问题的一种预先构想，并没有实施，具有预测性。二是差距性和不确定性。设计是由问题出发，依据某种理论或方法所形成的一种实施方案，与实践活动还有一定的差距。将设计付诸实践的过程，就是不断调整和缩小实施方案与现实活动之间差距的过程。在设计实施的过程中，由于设计者的主观偏差和客观条件的局限性，会使得所采取的方法具有较大的动态性，由此会导致设计结果的不确定性。三是创造性和想象性。同样的设计条件可以产生不同创意的作品。因为设计方案带有设计者的主观想象成分，包含着设计者的创造力和想象力。富有想象力地、创造性地解决问题是设计者所追求的。

教学设计是在教育技术学的形成和发展过程中派生出来的。作为一种理论和一门新兴的教育科学，其理论的建立深受视听媒体理论、传播学、各种学习与教学理论，特别是系统科学的影响。20世纪50年代中期，斯金纳以新行为主义心理学的联结学习理论为基础，创造了程序教学法，将各门学科知识按其内在逻辑分解为一系列知识单元，前后衔接、逐渐加深，学生按一定的顺序自定步调地进行个别化的自主学习。程序教学早期主要研究程序的形式及系列的组成，到中期便转移到对目标分析和逻辑顺序等问题的研究，把注意力集中到了最优的教学策略上来。这一时期，系统科学已渗透到教育领域，人们开始借助教学机器对教学全过程中的各种要素及其相互关系，以及怎样对教学进行系统分析、如何优化教学过程等一系列问题做了大量研究和实践工作。这一时期，教学设计的思想和理论正在孕育之中。

20世纪70年代以后，教学设计的研究已形成一个专门的领域。我国自20世纪80年代中期以来，也积极地开展了教学设计的理论研究。进入21世纪以来，教学设计理论与我国教育、教学实践结合越来越紧密，在初中物理教学中也发挥着越来越重要的作用。教学设计的理论和实践是多种多样的，其原因之一就是指导教学设计的观点有多种。教学设计思想的形成和发展中主要存在以下交替的概念：

（1）"艺术过程"的概念。教学艺术是一个古老的话题。17世纪捷克教育家夸美纽斯首先使用了"教学艺术"这一概念，他在1632年出版的《大教学论》一书中指出："《大教学论》，它阐明把一切事物交给一切人们的全部艺术。""科学所教导的是事物本身，而艺术所教导的则是操纵事物的方法""教学艺术所需要的也不是别的，只不过是要把时间、科目和方法巧妙地加以安排而已。"由此可见，教学艺术是一种设计的艺术。

（2）"科学过程"的概念。19世纪初发生的教育心理学化运动拉开了教育科学化的序幕，受科学主义思维的影响，教学科学化的追求成为一种主流。

人们特别注重确立精确的、具体的教学目标,强调教学过程步骤、环节的科学性,普遍确立了按照科学规律进行教学实践并用科学的方法对教学加以把握和研究的认识。因此,这一时期的教学设计体现出了科学化的特点。

（3）"系统工程方法"的概念。教学是围绕人这个因素展开的活动,教学各要素之间关系复杂。在系统论出现以后,一些实践者尝试使用工程学的方法代替科学方法研究教学过程,这样系统方法就从工程学中被引进和采纳到教学设计中,使教学设计不仅在理论上有了科学根据,同时也找到了进行科学设计的实际操作方法。这种方法通过对教学过程进行系统分析并利用测试所提供的反馈信息调整设计过程,从而使经过科学设计的教学能够达到预期的效果。

（4）"问题解决方法"的概念。随着教学设计技术的日益发展,教学设计开始关注教学失败的原因和问题所在,只有找到问题所在,才能有效地解决它,因此教学设计是一个问题解决过程的观念渐渐深入人心。这种教学设计从鉴定问题开始,通过选择和建立解决问题的方案,试行方案和不断评价、修改方案,从而达到解决问题的目的。

（5）"强调人的因素"的概念。教育系统应当是关注人的价值观、世界观的系统。当今社会越来越关注人的个性发展,已经很难去定义"最优化"的教学效果,因此,以建构主义、认知弹性理论、分布式认知理论、情境认知理论等强调"人"的因素的教学理论为基础的教学设计日益得到重视。这种教学设计强调应从"学习者"出发进行教学活动和教学资源的规划,以有效地解决学生学习成长过程中出现的问题。随着教学设计的概念不断发展,各种概念不断融合,人们对教学设计的认识不断深化,在这一过程中,教学设计理论也得到了不断发展和完善。

（二）教学设计理论与方法

教学设计是教学的前提和基础,它直接决定了教学的效果,因而教师要重视教学的设计工作。在西方教育技术理论研究中,教学设计理论与方法是研究的焦点。在系统教学设计研究中,教学设计的"肯普模型"具有鲜明的特点和可操作性,该模型将教学活动概括为"四个要素、三个问题、十个环节"。

"四个要素"是指教学目标、教学对象、教学资源及教学评价。教学设计需要围绕这四个要素来展开，这四个基本要素，是教学设计必不可少的，由它们可构成教学设计模型的总体框架。因此，教学设计要突出教学四个要素。

"三个问题"：一是学生要学到什么？这对应着四个要素中的第一个要素——教学目标。二是为完成教学任务和目标，如何组织教学？这是围绕教学目标而进行的教学过程的探讨，即组织何种教学资源、采取何种教学方法和策略等，这一过程离不开对教学对象的分析，尤其是分析学生的状况，所以，这一过程涉及四个要素中第二个要素——教学对象的特征，以及第三个要素——教学资源。三是检查和评定预期的教学效果，这一点与四个要素中第四个要素——教学评价相对应。教学活动的过程，即是解决这三个问题的过程。

"十个环节"是对教学过程的细分，教学的十个环节分别为：①确定学习需要和学习目的；②选择课题与任务；③分析学习者特征；④分析学科内容；⑤阐明教学目标；⑥实施教学活动；⑦利用教学资源；⑧提供辅助性服务；⑨进行教学评价；⑩预测学生的准备情况。物理教师要在教学设计中合理安排各个环节。

基于教育技术的教学设计是在现代信息技术环境下，所进行的类似于计算机程序的、比较程式化的教学模式设计。现代教育技术改变了教学设计的理念和模式，使教学设计的内容和形式更加丰富和多样化，但基于物理科学的教学设计，使教学设计的概念上有着更广泛的内涵，涉及教学理念与目标、教学资源与手段、教学过程和评价等，尤其是融入了对教学媒体的设计，是对涉及教学活动的各方面所进行的全方位整体设计。

现代物理教学的本质在于促进学生的发展，因而物理教学设计既要体现这一本质要求，也要体现对学生科学素质的培养。在设计实践中，物理教师要基于物理教学的实质，围绕学生的发展，并充分发挥自身的教学智慧，进行教学活动的开展。与此同时，还需要加强对各种教学资源的选择与合理配置，实现对资源的综合利用，促使教学资源功能达到最大化发挥。

此外，教学设计还体现在教师对教材和教学内容的有效整合，促使教学内容与课程标准保持高度的统一，并尽可能最大化延伸，丰富学生知识，开阔其视野。通过对教学过程的整体把握进行规划与设计，在教学中始终围绕学生，关注其知识的掌握情况，不断进行知识结构的完善，并注重片段式教学设计，以逐步实现设计的整体优化。在这一过程中，教师必须以现代教育理念为指导，结合学生的认知规律，有针对性地选择教材和媒体，通过灵活多样的形式，为学生创造生动而丰富的教学情境，让学生在轻松、愉悦的教学氛围中自由地组织学习或开展小组活动，实现自主学习能力的建构，达到主动获取知识、应用知识、解决问题的目的。

二、物理教学设计的意义

教学设计是教学中的一个重要环节，通过教学设计有助于整体把握教学过程，提高教学质量。物理教师教学设计，具有重大的意义和迫切性，主要表现在以下方面：

第一，有利于教学理论与教学实践的结合。教学理论一直致力于探讨教学的机制，研究教学系统的构成及各因素之间的相互关系，但教学理论与教学实践之间始终存在一定的差距，而被称为"桥梁学科"的教学设计学则起到了沟通教学理论与教学实践的作用。一方面，通过教学设计，可以运用已有的教学理论和研究成果指导实际教学工作；另一方面，也可以把教师的教学经验升华到科学层面，充实和完善教学理论。这样，教学理论与教学实践就紧密地结合起来了。

第二，有利于教学工作的科学化，促进教师的专业化发展。传统教学中教师的备课就类似于教学设计，但这种设计往往依靠教师的个人经验和主观意向达成。一些有经验的教师凭借这种途径也能取得好的教学效果，但这些经验往往无科学依据和理论指导，教师本人往往只知道怎样做，但不知道这样做的原因，其经验难以推而广之，其他教师也不易学习，这样只能是教师个人经验和教学艺术的表现。教学设计有教学理论的指导，教师的教学更有目的性和科学性。教师不仅知道教学中如何做，更明确这样做的原因和这样做的目的。如此教学，大部分教师需要将教学活动建立在系统方法的基础之上，使教学目标的确定、教学过程的安排和教学策略的选择有理有据，要通过教育教学理论与学科的有机融合，将教学设计个性化为一个理性与创造、系统与反思、辩证与发展的过程。这一反思与行动的过程，既提升了教学的科学化水平，又促进了教师自身的专业化发展。

第三，有利于教育力量和组织间协作。教学设计者和教学设计理论研究人员对教学设计进行塑造和打磨，并将这些教学设计的理论和方法提供给教师，教师在授课过程中进行实际操作，在实践过程中，教师要与教学设计的设计者和理论研究者进行沟通，反馈教学实践情况，同时寻求支持。在教学设计的实践中，除教学设计者和理论研究者外，学生、教育管理、资源开发、社区也都是参与者，教学目标需要集合各方力量协作完成。

第四，有利于教学设计实践主体的扩大。教学系统设计的理论和方法的归宿是各个学科，教学设计的学科化是教学设计的重要发展趋势之一。物理教师成为自己教学的设计者和开发者，是提高教学质量和实施物理新课程的关键。如果物理教师仅凭着自己对教学的片面理解进行教学设计，会极大影响物理教学质量和教师的专业化发展。学习和研究教学设计，会使更多的物理教师参与教学设计实践活动，掌握有效的教学设计理论和技术，成长为学科教学设计的专家。因此，教学设计应成为教师教育的基础课程和在职教师的培训课程，以使其理论与方法通过学科教师及其他一线教学工作者直接服务于教学实践。

三、物理教学设计的特点

设计是开展基础工作的前提。不同行业设计的目的和形式是各不相同的。以教学设计和工业设计为例，工业设计是为具体的操作提供蓝本，形式较为固定，简单复制即可。由于教学活动所涉及的要素较为复杂，尤其是作为教育对象的人，主观性变化较大，而且教学过程中，也难免出现许多突发状况。因此，教学设计较工业设计而言，其变化性较大，学设计只能为教学活动提供参考，而不能复制，由此，可归纳出教学设计的一般性特征。

第一，超前性。由于教学设计产生在教学操作之前，是为教学活动所进行的准备工作，因而超前性是教学设计的一大特点，它能够为教学活动提供蓝本，尽管往往课堂教学的实际过程与教学设计有出入，但从总体上来看，课堂教学活动都是围绕教学设计而展开的，没有脱离教学设计的基本方向。

第二，预演性。一般而言，设计体现的都是未实现未发生的事物或现象。教学设计也是如此，它是对教学活动的构思，是一种预期的设计理念，因而，教学设计具有预演性，是对未发生的教学工作的一种想象。物理教学设计，是物理教师教学智慧的展示，是教师通过思维活动的加工，在头脑中呈现将要进行的教学活动的一系列过程，如同文艺演出脚本，具有预演性。

第三，动态性。设计活动是在人的主观意识指导下的活动，而教学设计，是以教育理念为指导所进行的人的主观意识的活动。通常，课堂教学活动存在不确定性因素很多，就这造成教学实际与教学设计不一致的情况存在，教师在实施教学设计方案时，要根据变化的情况不断做出调整，使教学设计更加完善。由此，可以看出教学设计并不是固定不变的，而是动态生成的，因而具有动态性。

传统的备课与教学设计，虽然都是为将要进行的教学活动服务，但二者有联系，也有区别。备课与教学设计，都是为教学活动的开展所做的前期准备。无论备课，还是教学设计，都是在一定的教学理念的指导下进行的，围绕相应的教学目标，组织教学程序。在结构上，二者都包括教学目标、任务，教学内容、教学过程及教学评价，都涉及学生、教学和教法三要素。

传统的备课与教学设计是不同时期的产物，基于时代的不同，二者的区别具体表现为：首先，虽然都以一定的教学理念为指导，但二者所秉承的教育理念是不同的。传统的备课，以学科为本位，往往以教师为中心，为教学活动做准备。而现代教学设计，坚持学生本位的理念，围绕学生的发展进行教学活动的设计，教师是教学活动的组织者和指导者，教学设计的目的在于激发学生参与课堂的积极性。其次，教学资源不同。传统备课，由于教学条件的限制，主要是对教材内容和实验器材的描述与利用。时代的发展与进步，为现代教学提供了更多的技术与条件。因而，现代教学设计可利用的资源更加丰富，除了传统的资源外，还增加了计算机多媒体课件、网络教学资源等，使教学设计更加灵活而生动。最后，不同之处还体现在教学的评价方面。传统备课所呈现的教学评价机制主要考查学生对知识的掌握情况，是一种机械式的评价模式；而建立在现代教育理念基础上的教学评价，主要围绕基于学生发展的核心素养，评价形式更加多样，评价内容更加全面，更有利于促进学生的全面发展。

四、物理教学设计的理念

设计是人的主观意识下的活动，因而设计活动离不开理念的指导，具体到教学设计，其设计活动也就离不开教学理念的指导。对于现代教学设计而言，物理教学设计需要秉承的教育理念：一是确立学生为中心的教育思想，面向全体学生，促进学生学科素养的提升；二是注重学科文化的价值，关注物理学科的历史和文化积淀，让学科文化成为学生素质提升的推动力；三是注重方法的引导，在教学设计中强化物理体系发展过程中的科学方法和思维品质；四是从联系发展的辩证唯物主义观点出发，注重学科间的联系与深化，而且注重对物理知识与生活实际的联系分析，挖掘物理学科的教育意义；五是注重对学生物理科学精神的培养，帮助其建立求实、创新的价值观；六是注重合作、探究精神的养成，为师生间创造交流互动的良好氛围；七是注重教学模式的创新，不断丰富与完善；八是构建科学的评价体系，激发学生物理学习的热情。

物理教学设计应该是以物理学及其应用为载体，以物理知识和文化的构建与传承为基本形式，培养具有现代科学素养及运用能力的个体。对话与交流是现代学科教学的基本要求，是师生互动的有效形式，要做到这点，势必需要打破照本宣科的单向传输方式。教学设计要为师生间的双向互动交流创造条件，如讨论模式、探究模式、答辩模式，在自由平等的沟通与交流中，学生学习的动机被激发，自然主动地投入其中，获得自主学习的成效。

五、物理教学设计的原则

初中物理教学设计遵循的基本原则如下：

（1）坚持以学生为中心。素质教育的根本是要提高学生的整体素质，重点要关注学生，要让学生真正学到有价值的内容，而教师则应该发挥循循善诱的作用，合理智慧的引导学生，针对不同性格、环境的学生，要认真分析学生的个性，找出学生的擅长面及潜力面。因此，老师在备案时，要结合学生特点开展相应的自主学习、合作学习、探究学习来最大化教学成果。培养孩子的好奇心，以此提高学生的质疑能力，并通过运用所学知识解决问题，以此达到巩固与实践的目的，同时很好地将理论与实践相结合，践行知行合一的理念。如今有了网络，学生可以随时与老师交流、答疑解惑，这种形式可以极大地提高学生的自主学习能力，最终实现人的全面发展。

（2）坚持理论指导实践。一切没有理论的实践都是盲目的实践。初中物理教学设计也是如此，而理论主要是建构主义、人本主义、混合学习、多元智能理论，依靠这些理论能够使物理课堂建设按照客观发展规律，科学有效地促进学生学习的积极性，提高学生的探究能力，培养全面发展的新一代高素质学生。接着，发挥现今发达的信息技术优势。在初中物理课堂教学设计过程中，往往要营造良好的学习物理的氛围，这时就可以借助网络获取信息技术及相关资源。教学时，运用合理的手段，趣味性的技术创新，激发学生的思考潜力与学习动力，坚持理论指导实践，最终目的是让学生将知识真正的内化。

（3）注重学习全过程的反馈与评价。课程教学平台依托大数据、云计算等新技术，可以实时分析学生的学习情况并对其进行学习分析，最终达到促进学习的过程。借助新技术得出的评价，分别将错误类型、思维水平、作业情况反馈于学生，学生可以及时纠错，最终由此激发学生提高自己、主动学习的积极性。开展多角度的课堂教学观察，发现影响物理课堂教学中影响学生全面发展的因素，及时反馈，因材施教。

六、物理教学设计的内容

物理教学设计是对涉及教学活动的诸要素进行统筹的过程，与教学活动相关的诸要素包括教学任务、教学对象、教学目标、教学内容、教学资源、教学媒体、教学过程与手段，以及教学评价等。其中，教学任务分析、教学对象分析、教学目标设计、教学策略设计、教学媒体选择、教学评价设计等，是教学设计的关键，是构成教学设计的最基本要素，它们之间互为联系、彼此制约，是构成教学设计不可或缺的部分。

（一）物理教学任务分析

物理教学任务是教学活动所要完成的内容，教学任务分为单元任务和课时任务，其中，课时教学任务是对每节课所要学习的物理知识，在整个物理知识体系中地位的分析，是对知识—方法—能力结构的分析，换言之，对物理教学课时任务的分析，既要分析每课时所要学习的知识结构，在了解知识结构的基础上，分析理解并掌握这些知识内容所要遵循的认知过程和所运用的科学方法，以此确定发展学生的能力因素，还需要分析通过这些内容的学习，对学生能力的发展所能起到的积极作用；在促进学生的全面发展及素养提升方面，还需要学习哪些内容、技能和态度，这是基于学习范围和深度的分析。此外，教学目标是教学任务设计的依据，对教学任务的分析，还应该考虑教学目标的内容，立足于三维目标，为教学目标的达成而对教学任务进行深入分析，分析学生需要学习的知识和技能及达成的程度。

（二）物理教学对象分析

任何学科的教学都是师生双方共同参与的过程，因而，对教学的设计，离不开对作为教学对象的学生的分析，学生在教学设计中处于核心的地位。在进行教学设计时，要立足于学生群体，关注学生生理和心理的变化，全面了解学生的认知结构特点及知识储备情况，掌握学生的学习状态。对教学对象的分析，具体内容包括：首先，是对学习新知识时学生基本状态的分析，包括前认知水平、知识结构、技能基础及能力等方面；其次，是对所学知识的认知情况的分析，如生活环境、生活经验及前概念等；最后，是对学生存在问题的分析，如具体知识点或者某一概念或技能等。

通过对教学对象全面而准确的分析，有助于教师根据所掌握的学生的实际情况，开展有针对性的教学活动。这样即使出现突发状况，也能够及时有效地处理，并通过适时调整，完善教学，有助于保证教学活动的顺利开展，促进教学效果的提升。基于核心素养的物理教学，要实现基于素养培养的课程目标，不仅需要重视本学科知识的学习，而且还要延伸至其他学科，以及其他相关知识的学习，以丰富学生的知识储备，开阔学生的视野。

分析物理教学对象时，能够做到设身处地地站在学生的角度考虑问题，以学生的视角分析他们的优势与不足，尤其是所欠缺的思维和能力，进而采取因材施教的教学策略，培养和升华其核心素养。物理教学活动的有效性，取决于教学对象，即学生。现代教育强调学生的主体性，因而在教学设计中，对教学对象的分析是教学设计的基础。必须从学生的实际出发，充分认识和了解学生。对物理教学对象的分析，即分析学生的基本情况，了解学生原有知识结构的特点、能力水平、学习态度及学习心理等。对教学对象的正确分析，有助于提高教学设计的针对性和有效性。

（三）物理教学目标设计

物理教学目标对教学活动的有序开展指明了方向，对教学活动顺利开展发挥着重要的指导意义。对教学目标的设计，必须要结合课时教学内容和学情的分析。在此基础上，对学生所要达到的学习效果进行科学的定位，并以具体、明确的物理专业术语表述出来。科学、完整、规范的教学目标应包含：第一，明确的行为对象，教学设计中的行为对象一般为学习的主体，即学习者；第二，规范的行为动词，教学目标设计中所使用的表达学习目标的行为动词要具体，具有操作性；第三，行为条件，影响学习结果的特定限制和范围；第四，行为程度，教学所要达到的最低标准和水平。

1. 教学目标设计的原则

明确的教学目标能够确保教学活动沿着既定的方向有序进行，并对学生的学习方向进行有效的指导。目标既是教学的出发点，也是归宿。教学目标的设计必须明确和有效。物理教学目标的科学性和有效性，对于教学活动的开展有着重要的指导意义。因而，对于教学目标的确立需要慎重，在操作中需要遵循以下原则：

（1）以学生为中心。学生是教学活动的主要参与者，因此，任何教学活动都要以学生为中心，围绕学生展开。教师要全面了解学生的特点、兴趣爱好等，这样才能做到教学有的放矢，提高教学的效果。教学目标是教学的前提，只有明确的目标，才能使教学活动科学而有意义。课堂教学目标要适应学生的年龄、个性、真实兴趣、认知规律等心理因素，要基于学生目前的经验、知识和能力水平与发展方向、教学环境条件等教育因素。换言之，合理目标原则必须与以学生为中心的原则相结合。

（2）可评价原则。教学目标的主要作用便是直接指导教学活动，使教学活动有章可循，无论是教师的教还是学生的学，都能找到方向。教学目标的陈述应力求明确、具体，可以被观察和测量，避免用含糊和不切实际的语言。教师需要学习有关目标陈述的相关理论和技术，使教学目标具体化。在教学活动结束之后，要想对学生的学习效果进行评价，了解学生对知识的掌握情况，就需要围绕教学目标来考查学生能否在实践中充分运用。教学目标设计得更具体、可操作性更强，教学结束后，学生便可度量出自身完成的程度，从而有针对性地进行查漏补缺，完善知识结构。

（3）分层原则。教学要以学生为中心，由于学生个体差异性的存在，这就要求教学在进行教学目标的设计时遵循分层原则。以班级为单位，不同的成长环境和经历，造就了学生们不同的性格、思维，尤其是在知识储备、对知识的理解与接受等方面的能力水平，也都因人而异。这就需要在制订教学目标的过程中，依据义务教育阶段课程标准和学生的实际进行科学合理的层次划分。物理教学目标的设置，要做到具体明确、针对性较强，便于因材施教，与此同时，还应该具备较强的操作性，能够及时对学生的学习情况进行有效反馈。

（4）符合课程标准。课程标准是为教学需要达到的总的目标而设计的教学通用标准。课堂教学目标的设置要在课程标准的范围内，依据课程标准、教材而定，目标的设定不能太高，也不能太低，要切合实际，还要依据符合课程标准的评价标准。在我国，通常以考试成绩作为教学评价指标，因此，课程目标的设计也要注意评价目标是否符合课程标准的理念和要求。

（5）具有全面性。目标的设定要全面，要以提高学生的综合素质与能力，并在综合考虑各项要素的基础上制订。课堂教学目标要包括不同学习领域全面发展的目标，如认知、情感、能力等领域的目标，要符合语言素质与综合素质共同发展的要求。

（6）具有阶段性。教学任务的完成不是一蹴而就的，需要分阶段、分步骤达成。因而，教学目标的制订要符合阶段性特征。在具体的设计中，要根据教学内容，将目标分为课时目标、单元目标、学期目标等，在完成细化目标的基础上，实现整体目标。

2. 教学目标设计的落实

教学目标的确定是基础，而目标的落实是关键。为确保教学目标落实的有效性，可围绕以下方面展开：

（1）构建和谐的教学环境。首先，教学角色的准确定位，教师要树立学生的主体地位，而使自己成为学生学习的合作者与引导者，与学生形成亦师亦友的和谐师生关系。良好的教学环境应该体现在师生和谐平等的关系中，教师尊重学生人格，给予学生关怀。这样的教学环境，有助于激发学生物理学习的热情，树立学好物理的自信心。其次，和谐教学环境的形成，还需要师生发挥共同的作用。以核心素养为导向的物理教学，需要在以学生为基础的前提下，发挥教师的创造性及引导作用。在学生遇到问题时，及时地给予帮助和指导，通过科学的方法融入学生对问题的探究，共同致力于问题的分析与解决。而应该避免对学生过于放任，研究表明，教师适时的帮助和指导，可以缓解学生在学习中的无助心理，更有助于学生探究能力的发挥。

（2）精心设计教学环节。

第一，对教学的过程，进行整体上的把握，对构成教学活动的相关环节，进行科学、合理的设计，尤其应凸显细节，确保教学环节具体可行。根据课程内容和教学需要，可设置 3 ~ 4 个环节。要引起注意的是，各环节要联系紧密，不能割裂开。

第二，立足于物理知识同生活实际的联系，进而落实物理教学目标。将物理知识用于解决生活中的现象或问题，有助于推动物理教学的开展。从生活中的物理现象出发，获得对物理知识的感知与升华，进而将知识延伸至其他领域，构架生活化的教学场景，更有助于学生学习动机的激发。在教学结束之后，需要检验他们对知识的掌握程度，能否灵活运动知识。此外，在教学环节的设计中，还可以融入一些必备的教学辅助手段或工具。例如，进行摩擦力的教学设计时，可以借助课桌椅，作为教学的辅助工作。首先，让一个学生坐在椅子上，另一个学生去推，观察结果；其次，让同一个学生去推空的椅子，再观察结果。最后，通过两次对力的感受的比较，得出结论。通过学生身边的小实验，不仅能够激发学生的思考，进而加深学生对知识的理解，还能够引起学生的兴趣，让学生在轻松愉快的实践的过程中，掌握摩擦力的相关知识。

第三，充分发挥实验的作用。物理是一门科学较强的学科，而检验科学性最有效的方法便是进行实验。实验能够加深对知识形成过程的理解，因而，有助于知识的理解和掌握。因此，在进行教学设计时，要重视实验的地位和作用，合理地融入实验环节。通过实验，达到锻炼学生实验操作及思维能力的目的，培养科学、严谨的实验精神，进而促进自主学习的积极性。然后，明确教学中学生的主体地位，教学活动的设计始终围绕学生为中心。必要时，可进行角色的互换，以更好地从学生的视觉出发，有针对性地采取相关措施，引导学生融入教学，并主动地就某一问题，展开探究性讨论，最后得出结论。

第四，注重思维能力的培养。物理学科对思维能力要求极高，基于核心素养的物理学科教学设计，更应该体现思维创新的要求，促进学生思维的扩展。在知识的传授中，要善于启发学生思考，并引入生活化的教学情境，让学生在知识与学科前沿的成果用于生活的事件之间建立联系，从而加深对学科知识和价值的认识，形成"思学用研"物理学科思维培养模式。

（四）物理教学媒体选择

计算机网络与信息技术的发展，为现代物理教学创造了条件，教学媒体在物理教学中发挥着重要的作用。通过教学媒体，能够将抽象的物理概念、定律等通过形象化、具体化的动画形式呈现出来，便于学生对抽象概念的理解。此外，物理中一些复杂的、相对危险的实验，无法在课堂上直观展示的实验，可以借助多媒体直观地在课堂上呈现，从而突破教学难点，降低学生对物理理论知识理解的难度。此外，利用多媒体音频、视频材料，进行物理教学的情境设计，丰富了教学内容，活跃了课堂氛围，不仅增添了物理学习的趣味性，还能激发学生的好奇心，调动学生学习物理的积极性。

此外，多媒体在物理教学中的运用，还能够对教材内容进行延伸，通过呈现信息量较多的教学内容，达到知识的扩展，开阔学生的视野，提高教学的有效性。教学媒体的形式及种类是多样的，包括语言媒体、文字媒体、图标媒体、幻灯片媒体、影视媒体、计算机多媒体系统等，在进行物理教学设计时，要合理地选择与利用。需要注意的是，教学媒体的运用并不是越多越好，教学实践中，要根据教学需要，科学选择，做到适度。

（五）物理教学策略设计

教学策略设计是为完成一定的教学任务和目标而制订的教学程序计划和采取的相应措施。具体到物理教学，其教学策略设计是在物理教学目标确定之后，根据课时教学任务和学生的认知特征及情感需求，有针对性地选择物理教学资源、教学手段，科学合理地组织教学程序及教学时间安排，以保证物理教学的有效性所形成的教学方案。教学策略设计的意义在于构建基于教师"教"与学生"学"之间的有效桥梁，实现教与学的有序转化。

教学策略设计包括：第一，教学活动的安排，要建立在以学生为中心的基础之上，活动的设计要能够具有开放性和新颖性；第二，教学方法的选择，尽可能地做到因材施教，能够最大限度地调动学生参与的积极性；第三，教学组织形式的选择，要创建丰富和多样化的活动，尽可能地激发学生学习的自主性，进行观察实验为合作探究创造条件，最终实现实践创新；第四，教学时间的安排，要灵活、充裕，基于教学内容，做到张弛有度，突出重点。

基于以上内容，设计物理教学策略的方法包括：第一，教学环节的设计。需要对教学内容进行整体把握，按照知识、技能的相对完整性将分为其相应的教学环节。第二，认识活动的设计。教学环节的设计只是教学策略设计的第一步，它将知识、技能的学习任务按照不同的标准分解为若干部分，要实现这些任务应采取哪些认识活动还没有解决，教学过程中的认识活动应依据教学目标、学生原有认知结构及认识材料的特点来设计。第三，教学组织形式的设计。一般而言，接受式的学习适合班级集体授课的形式，探究式学习适合小组与集体相结合的组织形式，操作型内容也可以采用实验教学的形式。

（六）物理教学评价设计

评价是教学活动必不可少的环节，是教学设计的最后阶段，评价的作用在于对教学的总结与反馈，是衡量课堂教学效果的必要手段。通过评价，能够直观反映出某一阶段教师的教与学生学的基本情况。物理教学评价，建立在以学生为中心的基础上，依据一定的标准和指标体系，通过一定的方法和手段，对教学中的诸要素及师生的情况进行评判与总结，得出反馈信息，并将反馈信息用于指导教学活动的改进。评价的真实性和有效性，对于教师的教和学生的学有着最为直接的影响，不但能激发学生的学习兴趣，还能引导学生良好思维品质的形成、共情课堂教与学的生成。

七、物理教学设计的模式

（一）教学设计的模式理论

为了更简洁、更具概括性地反映教学设计过程，可以将教学设计过程的各组成部分之间的联系和关系用模式形式进行描述，这种描述就是所谓的教学设计模式。教学设计模式是基于一定的教学设计理论与方法，通过理论演绎或长期教学设计经验的提炼而建构起来的，能够对教学设计的过程做出说明和解释的简约形式。

模式是研究对象所具有的某种规范的结构或者框架，教学设计模式是对教学设计实践活动的经验经过提炼和概括得到的简约方式，它不但解释和说明了教学设计理论，而且是教学设计理论的具体化，还是教学设计实践活动的理论化。教学设计模式是沟通教学设计理论与教学设计实践操作的桥梁，大大简化了复杂的教学过程及各要素之间的关系。教学设计的模式是在教学设计的实践当中逐渐形成的，是运用系统方法进行教学开发、设计的理论的简化形式，它既是对教学设计实践的再现，又代表着教学设计的理论内容，还是对教学设计理论的精心简化。

教学设计模式的变化体现了教学设计的发展，教学设计模式发端于20世纪60年代，从开始的单一应用科学模式朝着多样化的方向发展，形成综合型模式，各种不同的教学设计模式已经数以百计。虽然教学设计模式的数量和形式不断发生着变化，但是都围绕着教学设计过程的几个问题：一是学习者的特点；二是教学目标；三是教学资源和策略；四是评价和修正，这四个方面是教学设计过程中的基本问题，对此不同的认识和处理方法导致了不同教学设计模式的选择。模式的差异还会受到外在条件的影响。例如，教学设计实践中所涉及的教学系统的层次是不同的，如一节课、一门课、一个学科或整个课程体系，而且设计的具体要求和针对性也各不相同，再加上设计人员教学工作环境和个人专业背景等的差异，就会使他们对教学设计的理解和认识不尽相同，在设计中他们的关注点和自身的优势不同，因而产生了多种教学设计的模式。

1. 建构在传播理论基础上的教学设计模式

（1）马什的一般传播教学设计模式。马什的一般传播教学设计模式把教学设计分为四个阶段：第一个阶段是基本设计阶段，这个阶段为其他各个阶段提供信息输入，包括四个步骤：选择策略、写出信息接收者的概况、强调核心内容、建立行为目标。第二个阶段是对第一个阶段的扩充。例如，将核心内容分解为几个具体步骤，依此形成一个总体内容框架，进而根据总体策略和学习者的特征确定信息的组织方式，以及在教学中的具体呈现方式。第三个阶段是控制信息的复杂性。传播渠道的多种方式、信息结构的复杂性与信息密度的多变性决定了传播背景的选择，要考虑信息的复杂性对于学习者是否恰当。第四个阶段教学设计者需要考虑学习者所期望的反应类型。马什认为使用音乐、彩色和视觉组合，可以获得不同的效果，但这些因素不应增加信号的复杂性。

（2）莱特与皮亚特的文本组织模式。莱特与皮亚特的文本组织模式相信教学设计模式的构建是基于教材内容的组织方式。教材内容根据六个方面的因素来确定：第一，现状，即信息结构、总体框架；第二，轮廓，其特性有空间、平衡等；第三，表现，是使学习者关注关键信息的技术；第四，印刷样式，体现材料的外表和风格；第五，索引词，包括标题、提要、主题句，提供了材料内容的关键信息；第六，风格，整体的特征。以上六个因素中，第三、第四、第五都是内容的呈现特征，六个因素可以为教学设计提供参考。莱特与皮亚特的文本组织模式使用了提取信息核心内容和组织信息的技术，上述两种技术可以帮助学习者，对技术的学习能够让学习者对关键信息的寻找更加容易。

2. 建构在系统理论基础上的教学设计模式

建构在系统理论基础上的教学设计模式是以系统理论为基础，把教学设计看作是系统的设计，一般适用于大而复杂的教学系统，强调对大环境进行分析，前期付出较多。其中，以巴纳赛和布里格斯的教学设计模式最为典型。[①]

（1）巴纳赛的教学设计模式。巴纳赛的教学设计模式着眼于社会系统，

① 隋荣家，李永成，王登虎. 基础物理教学研究 [M]. 汕头：汕头大学出版社，2018：99-107.

对教育进行审视，结合科学进行教学设计模型的构建，并建立了理论体系。巴纳赛教学设计模式对理论框架的构建是围绕着研究范围、研究聚焦点及与其他系统关系三个方面进行的，所构建的理论模型旨在重塑学习和人类发展系统。这一模型明确了教育系统处于社会大系统中，并分为几个不同的层次：学习经验、教学、管理、机构，这四个层次的性质和功能各不相同，共同构成了教育系统。

学习经验层次的开放性最高，教学、管理、机构逐渐降低，学习经验为中心的系统，更强调个体在整体中的位置和作用，意义建构来自个体在社会、文化中甚至是历史情境脉络中产生的互动过程。巴纳赛的教学设计模型中的层次虽具有不同的开放程度，但其开放性都面向学习者和支持学习的环境，兼容并包，极富生命力。我国的基础教育课程改革和现今的社会状态决定了上述四种教育系统模式的并存关系，对于学习者而言，每一个层次都有相应的功能和作用，服务于学习者是他们共同的使命。

学习者是教学模式的作用对象，学习者的学习经验是教学系统设计开发最重要的参考依据，因此，学习经验被巴纳赛的教学设计模式视为聚焦点。学习者在教学中处于核心位置，是教学系统的核心实体；为学习者提供支撑系统功能运转的条件和资源，供其利用完成学习；学习经验作为最重要、最基本的教学模式层次，是其他系统层次的参考对象，各层次之间要有相互作用，外界的资源库也可以合理地取用；所有能够获取的资源都可以作用于学习，因此要善用资源，整合开发使其能够成为学习交流的平台，为学习者提供服务。

（2）布里格斯的教学设计模式。布里格斯的教学设计模式，主要描述了对教学项目和课件设计的一种有组织的规划。以学校为系统的教学设计最重要的是要调整教学的相关限制，了解学习者的能力水平。在此基点上进行一系列形成性评价，并采取相应的补救措施。布里格斯的教学设计模式是以系统论的基本思想和观点为基础，着重考虑学习者能力水平的一种教学设计模式。

综上所述，以系统理论的基本思想和观点构建的教学设计模式，强调教学设计的整个过程，强调系统地考虑教学设计过程各个方面的关系及各要素的功能。

3. 建构在学习和教学理论基础上的教学设计模式

建构在学习理论和教学理论基础上的教学设计模式比较多，这些模式虽然以学习理论和教学理论为基础，但是也遵循了系统理论的基本思想和观点。

（1）迪克和凯瑞的教学设计模式。迪克和凯瑞的教学设计模式，从确定教学目标开始到终结性评价结束，组成了一个完整的教学系统开发过程，得到普遍的应用。该模式的具体步骤包括：鉴别教学目标、开展教学分析及确定学习者准备状态属于教学设计的前期分析；编写行为目标和设计标准参照测试是在前期分析的基础上对教学目标具体化的过程；开发教学策略和开发选择教学资源属于策略设计的过程；设计进行形成性评价和设计开发终结性评价属于评价阶段。该设计模式在微观上研究"如何教"的问题，其步骤和环节比较符合教师的实际教学情况。

（2）加涅和布里格斯的教学设计模式。信息加工学习理论是加涅和布里格斯的教学设计模式建立的基础，因此，加涅和布里格斯的教学设计模式的特征明显，这种教学设计模式旨在提供学习和教学的基本程序。教学作为一个个外部事件被安排给学习者，包括引起学习者注意、告知学习目标、回顾确定先决技能、呈现材料刺激学习者、指导学习、引发学习、给予行为反馈、评估学习、增强保持与迁移，这些外部事件能够引导学习者进行内部学习，进而完成学习目标。上述教学事件是为学习者设计的外部刺激，可以根据实际需求进行调整，以满足教学目标的需求，因此，上述方法可以用在多种不同的学习过程中，其中呈现材料刺激学习者、指导学习、引发学习行为是较为重要的三点，也是教学设计密集的三个部分。因其可调整性较强，加涅和布里格斯的教学设计模式能够灵活运用到教学当中，为教学活动服务。

（3）梅里尔的教学设计模式。梅里尔的成分显示理论和教学处理理论是对加涅理论的发展，这两种理论根据预期的学习结果来规定教学条件。将学习目标分为两个维度：横轴是内容类别（事实、概念、原理、过程），纵轴是行为水平（记忆、运用、发现），两个维度能组合出特定的目标类型，如记忆概念、发现事实、运用原理等。在成分显示理论中，分别描述了实现这些目标类型的过程步骤。在教学处理理论中，有多种学习类型及其相应的教学策略，这些策略被称为"处理",可以被归并为三个主要范畴:①成分处理,包括鉴别、执行和解释;②抽象处理,涉及分类、概括、决策和迁移;③联合处理,包括传播、类比、替换、设计和发现。

(二)物理教学设计模式分析

20世纪90年代以后,由于以信息技术为核心的高新技术的迅速发展和教学理论的创新,反映了新理念的教学设计模式也应运而生,对物理教学设计的模式的研究提供了许多有益的启示。这里将对国外的教学设计肯普模式、国内的教学设计过程模式进行探讨,然后分析物理教学设计的"四要素"模式。

1. 教学设计肯普模式与过程模式

(1)教学设计肯普模式。教学设计肯普模式由美国新泽西州立大学教授肯普提出,其主要特点在它的设计步骤是非直线型的,设计者根据教学的实际需要,可以从整个设计过程中的任何一个步骤开始,向前或向后,来设计教学。教学设计肯普模式的主要步骤包括:①确定教学目的和课题:主要研究和确定在教学中想要达到的目的,要完成的教学任务。②分析学生的学习特点:主要分析学生的知识、能力水平,研究他们的学习兴趣和需求等。③确定学习目标:根据教学课题和学生的特点,从知识、能力和态度等方面研究并确定学习目标。④确定学习主题内容:主要是根据学习目标选择并组织学习主题内容,如选择所学的事实、概念、原理等材料。⑤预估学生学习:根据学习目标和学习内容及学生的已有学习准备状况,如已有的知识经验水平和学习能力等,预测学生学习的情况,以便对教学策略和教学方案做必要的修改调整。⑥构思教学活动,选用教学资源:主要是确定完成教学目标最合适的教学活动教学方法和教学资源。⑦提供辅助服务及计划时间:主要是为帮助学生有效学习,教师要提供的指导方式,规划教学时间等。⑧评价方案:主要是通过对学生学习的评价来修正教学方案。这一模式的基本特点是灵活、实用,教学设计人员可以根据教学情境的需要有侧重地设计教学方案。

(2)教学设计过程模式。教学设计过程模式的内容主要包括前期分析、教学目标的阐明和评价试题的编制、教学策略的制订、教学设计方案的编制、系统教学设计的形成性评价修改教学设计方案等步骤。

在教学设计过程模式中,通过前期分析(包括学习需要分析、学习任务分析、学习者分析、学习背景分析)可以使教师有的放矢地阐明教学目标、制订教学策略、选择教学媒体设计教学方案、实施教学设计评价,科学地完成教学设计。教学目标的阐明是制订教学策略和实施教学设计评价的依据。上述各部分互相联系、互相制约,组成一个非线性的、有机的教学设计系统。

教学设计各部分之间的关系为:前期分析是教学设计的基础,强调教学设计过程要建立在对学习需要、教学对象、教学内容等方面充分而准确的分析基础上;教学设计的关键任务就是首先要对学习目标进行设计,进而对有助于实现学习目标的教学策略进行设计,对学习活动需要的教学媒体进行选择和设计;为了保证整个教学设计的有效性,教学设计过程中必须随时通过教学评价来进行调控修正,以使教学设计的最终成果符合设计目标的要求。

2. 物理教学设计的"四要素"模式

物理教学设计的"四要素"模式的提出,主要是由于:第一,目前已有的教学设计过程的理论、模式有许多种,它们在一些问题上存在不同,但有一点是相似或一致的,那就是人们较普遍地将分析教学需求、制订教学目标、选择教学策略、开展教学评价等看作是教学设计过程的四个基本环节。换言之,教学设计主要是在对需求、目标、策略、评价这四个基本要素之间的相互联系和相互制约进行分析的基础上完成的。第二,教学设计要考虑的因素非常多,使教学设计看起来较为复杂。而教学设计模式则要以最简要的形式把教学设计的实质和内容反映出来,使人看对教学设计的过程易于理解和把握,也有助于指导教师的教学设计的实践活动。因此,教学设计应当反映教学要素及其内在联系并满足简明可操作性的要求。

在物理教学设计的"四要素"模式中,主要包括四个基本要素:教学需求分析、教学目标确定、教学策略选择和教学评价设计。而评价、修订与完善设计的活动是贯穿教学设计全过程中的。

教学需求分析主要是指"前提分析"。前提分析是在教学设计过程开始的时候,分析若干直接影响教学设计的前提性的问题。这些问题主要是指学习需要、学生特征、学习任务学习背景。需要思考与解决的问题是"学生的学习需要是什么""学生与有关学习内容的已有知识、能力水平如何""为什么教学是必要的""怎样的教学才能解决学生需求的问题"等，重点解决"教什么"的问题。

教学目标确定是确定经过教学后要求学习者在知识与技能、过程与方法、情感态度与价值观等方面的最终行为变化。需要思考与解决的问题是"根据教学需求的分析，学生在教学完成后应当达到的学习成果有哪些""这些学习成果从知识、能力、态度不同层次怎样来描述""怎么样来确定有统一性的基本要求的，又要体现有差异性的弹性目标"等，重点解决"为谁教"的问题。

教学策略选择是在教学目标确定以后，根据已定的教学任务和学生的特征，有针对性地选择与组合相关的教学内容、教学组织形式、教学方法和技术，形成的具有效率意义的特定的教学方案。需要思考与解决的问题是"什么是最有效的教学组织形式""能让学生最有效学习的方式和方法有哪些""采用怎么样的教学活动来最有效地达到教学目标和满足学生的学习需求"等等，重点解决"怎么教"的问题。

教学评价设计是在教学活动的设计中安排一定的教学测量与评价活动，以检验学生在知识与技能、过程与方法、情感态度与价值观方面的行为变化。需要思考与解决的问题是"如何知道学生在教学中或教学后达到了预期的教学目标""要知道学生达到教学目标的程度，采用怎么样的方式和方法来测量和评价""要让教学评价发挥促进学生有效学习和学生发展的作用，用怎样的方式和方法来进行评价"等等，重点解决"教得怎么样"的问题。

评价、修订与完善它是指对教学设计过程的"需求分析""目标确定""策略选择""评价设计"的各种初拟的方案进行评价，根据评价中或在教学设计的过程中出现和发现的问题，对教学设计方案进行修改完善。根据需要，也可以把设计方案付诸小范围的试验，根据试验反馈的信息，修改完善设计方案。

八、物理教学设计的过程

教学设计是教学活动开展的关键，物理教学设计对于物理教学活动的有序开展，以及教学效果的提升都有着极大的影响。因而，对物理教学设计的研究极为必要。根据物理教学设计理念及物理学科的特点，初中物理教学设计可从以下方面来把握：

（一）物理教学思路设计

教学思路，简单而言，即教学的构思与设想。具体而言，是在教育理念的引导下，遵循一定的教学目标，把教材呈现方式、教与学的活动方式、教学程序安排、教学资源运用等进行综合考虑并做出总体策划的一个活动框架。物理教学思路设计是学科教师基于一定的课程理念及教学规律，在明确教学目标后，所进行的教学程序的安排。例如，在物理教学中，对某一物理规律的教学设计。首选要明确该课时教学的弥补，即培养学生交流与合作能力。教学的思路为：以小组合作学习为主线，创设教学情境→提出问题→猜测、假设尝试→设计实验、验证设想→分析与论证→评估→合作与交流。教学思路的设计是教学设计的初步构思，是教学方案的纲要设计，需要在教学活动设计中并不断充实和完善，并在实践中不断做出调整。

（二）物理教学活动设计

物理教学的活动设计，是教学过程的具体化。一般而言，是围绕教学目标展开的具体实践，具体而言，是对教学过程中师生双方活动的系统筹划。活动设计需要考虑的内容包括：其一，通过对学生及学情的分析，立足于师生需求，确定教学目标；其二，基于教材及课程的分析与把握，提高活动设计的针对性与科学性；其三，围绕教学目标，分析影响教学目标达成的诸要素及其内容；其四，合理安排教学内容、教学策略与方法的选择、教学媒体的运用与课时分配；其五，基于目标完成情况的评价设计。以上设计活动，都是以一定的教学目标为基础，如何将这些程序有效组织起来，形成一种总体的构想，是教学活动设计在操作上须解决的问题，是对教学思路设计的具体化，保证了教学设计的方向。物理教学活动的设计，其形式灵活多样，并不拘泥于一种。因而在物理教学实践中，教师可根据教学习惯及学生情况采取不同的设计策略。

物理教学活动设计是教学设计的关键，科学高效的教学活动设计对教师的能力及素质都提出了更高要求，在进行教学活动设计时，物理教师必须对物理知识体系有一个整体的认知，与此同时，教学思路要清晰，在设计教学活动时，需要充分发挥教学智慧，赋予教学活动以新颖性，做到最大限度地吸引学生学习的积极性。

（三）物理教学心理模拟

物理教学的心理模拟阶段是对前两个阶段的设计所进行的可行性验证的过程，是教师本人对方案可行性的反思和心理自证。物理教学的心理模拟阶段主要以教师的心理活动为主，以想象的学生为对象，以内部语言和表象为主要活动形式，用逻辑推理的方法对物理教学活动进行模拟预演。通过心理预演和推敲，对设计方案进行不断的修改和完善，以便在课堂教学中做到有条不紊。

九、物理习题课教学设计

物理习题课的设置，是对教学的巩固，其作用在于加深学生对知识的记忆，让学生在练习中巩固所学。物理习题课的实施，涉及诸多方面，如习题案的设计、批改与分析，课堂设计、课后小结等。物理习题课的设计，应注意以下方面：

（一）检查适度

练习不仅能够巩固知识，还能够起到检验知识掌握情况的作用。因此练习在教学中是必不可少的。对于初中物理而言，抽象的概念和枯燥的定律，通过课时的教学，一般能够在学生头脑中形成潜在的意识，这时做适当的练习，有助于概念和定律的复习与巩固，使其在运用中由抽象转化为具体，便于学生的理解和掌握，与此同时，练习也能够锻炼学生对问题的思考和分析能力，也在潜移默化中促进学科核心素养的形成。例如，相似概念间的辨析，理想模型的迁移，多过程推理的能力，创新性实验的意识，严谨求实的科学态度等。

一般的练习，是旨在巩固所学知识，训练学生的基本能力，并逐渐挖掘与激发学生更深层次、更复杂的素养。但是在实际教学中，许多教师更为重视提升解题能力，将培养和提高解题能力作为物理教学的目标，加大对解题能力的训练，"题海战术"成为一些教师所推崇的提高中考有效性的策略，反而对于学生更高层次的素养的培养视而不见。从教学策略上来看，"题海战术"旨在通过大量的习题练习，以尽可能地达到对各类型题目的熟悉，从而降低应考时的陌生感，减轻考时的压力。从教学方法上来看，"题海战术"的做法，在于通过大量的练习来培养学生的"考感"，以便应对考试时能够做到从容自若。这种旨在提高学生做题熟练度的思想，本无可厚非，但过多依赖于题海是不可取的。不仅是因为考试题型变化莫测，很难通过"猜题""押题"获取通向成功的捷径，还因为一味地练习，忽视基础知识的积累与巩固，而造成考试失利。由此，即便是练习，也应该保证正常练习，坚持适度的原则，除此之外，更重要的在于学习方法的掌握，打牢基础知识，任何题型，掌握解题方法和技巧才是关键。

（二）循序渐进

教育是长期的过程，一蹴而就的教育是不存在的，物理学习更是如此。学习没有捷径，唯有持之以恒、循序渐进，学习，是在"反复强化"中不断积累的过程。对于习题课的设计，也应该在习题案的设计中遵循循序渐进的原则，切不可将习题"试题化"。要在点滴积累的过程中，逐步强化练习。强化的程度不可过大，如对基础阶段的习题案的设计中，过多地融入高年级阶段的习题，甚至有的要求将高考题当作平时练习的要求，这也是不可取的，违背了学生的认知发展规律。因此，教师要立足于学生实际，在教学内容深度分析的基础上，科学合理地控制难易度。

（三）优化精选

在学习压力的影响下，学生的学习普遍较为紧张，加之物理学习的时间有限，因为在习题案的选择设计上，初中物理教师必须做到精挑细选。既要结合学生的实际情况，考虑到能够兼顾不同能力层次水平的、具有代表性的经典习题；也要结合教学实际，做到重点突出，一定程度上有助于对学生能力的培养，以及教学目标的实现。

（四）因材施教

教学应该以学生为中心，围绕学生展开。不同年级学生的情况各不相同，即使是同一年级或班级中，学生情况也存在差异性，就需要是制订教学目标时，考虑到学生个体差异性的存在，遵循层次性原则，对习题的设计与编排要有明确的侧重。体现因材施教的原则。因材施教不是指总体上的分层教学，而是以班级为单位，针对班级内每个学生的差异，实行有针对性的教学，以促进所有学生在原有层次上的提升。

对于一个班级而言，每个人的学习能力、知识储备、学习习惯及态度等都各不相同，在进行习题练习时，如果没有考虑到学生的层次，每道题都强调综合运用，那么能力稍差的学生便会很吃力，物理学习的信心被挫败，就会造成物理学习兴趣的消退，甚至对物理学习产生抵触，不利于物理教学效果的保证。而如果只涉及基本的应用分析，能力较强的学生便会觉得缺乏挑战性，不利于激发更大物理学习的动机。

虽然学生的情况复杂多变，习题案的编制无法照顾到每个人，但要在整体把握的基础上，在分层教学的前提下进一步细化，尽可能地做到因材施教，照顾到层次上的差异。如"弹性作业"的提出，便是基于层次差异的原则。它是充分考虑到学生的差异性之后，所编制出的习题案，其最大的特色在于存在难易度的跨度，是多类题型的组合。

《教育信息化十年发展规划（2011—2020 年）》指出，要大力推动教育信息化发展建设，改变传统的教育模式，更新教学方式，教育资源不断进行优化，营造信息化的学习环境，努力提升教育教学效率与质量。现代教育技术的发展，尤其是大数据分析系统在教学中的运用，能够全面而准确地掌握每一个学生的学习风格、学习偏好等个性化指标，这种信息化的集合为教师的因材施教进行习题案的编制提供了便利。

第二节　物理课程资源开发与利用

一、物理课程资源开发的基本原则

（一）课程资源应具有时效性与选择性

课程资源开发一定要注意时效性，课程内容应该结合学生生活，只有这样，学生才能将学到的知识在生活中灵活运用。反过来，学生在此过程中感受到了物理学习的乐趣，学生的学习兴趣会更加浓厚，也能激发他们更深层次的知识探索精神。课程资源对课本进行了补充，在原教材内容的基础上，开发相应的物理课程资源，使学生能够将物理知识学以致用，具有非常重要的意义。现代社会生活的飞速发展，科学技术日益提高，我国的综合国力也得到了全面提升，在实践教育和课程资源的开发中，必须在这一阶段向学生传递物理知识和人文知识，使他们能够感受到知识对社会的重大作用，使其爱上学习，不断增加自己的知识储备，从而为社会发展贡献自己的力量。

要有选择性地开发课程资源，虽然课程资源的形式和内容可能会有所不同，但在选择开发目标时，应该考虑到个体差异、学生接受程度及生活经历等其他特征的不同，要从实际出发，为学生选择最合适的物理课程资源。只有这样，才能让物理课堂教学取得更好的效果。

（二）课程资源应促进学生可持续发展

课程资源的开发和选择，应着眼于培养学生的物理技能，让学生对物理学习有着积极正确的学习态度和价值观，不应只追求分数。针对现有的课程资源，教师也应精确地进行判断，对于适合的课程资源可以进行学习，对于不适合的则需要及时进行更改，让学生在潜移默化中感受物理知识的美。一线物理教师还可以通过多学科实践活动，利用课程资源，以课外兴趣活动课和科学参观等形式为物理课堂提供便利。而参观科技馆、体验趣味科学实验等都是可借鉴的学习方式，要注重社会教育资源的利用，开展各种社会实践和科普教育活动，能够促进学生可持续发展。

（三）课程资源要有共建、共享的观念

课程资源开发与利用的建立和完成，需要多方资源的参与。共享概念和方法可以让物理教育界的大部分研究成果发挥更大的作用，我们可以共同构建一个和所学的物理知识体系相应的课程资源，然后让大家共享研究成果，在资源共享的过程中，大家一起研究，不断完善，从而丰富中学物理教育课程资源。这不仅可以让课程资源实际短缺的地区逃离这一困境，还可以通过丰富课程资源来提高对资源的利用效率。物理教师应允许教师、学生和家长上传与自己生活相关的教育课程资源的视频或照片，在资源上传后允许大家自由地交流讨论，互相解惑，学生在这样的交流平台上，能够将自己所学的物理知识灵活地在生活中进行应用。校与校之间的课程资源也可以用来共享，教学、教研、观摩、

示范班等活动可以频繁开展,从而加强物理课程经验交流,共建资源,共享资源,让课程资源不断完善。

二、物理课程资源开发与利用着力点

（一）校内物理课程资源开发与利用

1. 理论课堂的物理课程资源开发与利用

在物理课堂上,师生的交流非常密切,在这里,能够进行最直接的知识交流。为了推进课程改革,物理课堂还必须转变教师的讲课态度,注重教学,以学生为主体,充分发挥他们的主观能动性,调动学生的学习兴趣和好奇心。教师利用每天积累的材料为学生构建物理知识场景,如科学家的故事、物理趣味实验、日常生活中的视频、照片等,这些都可以调动学生学习物理的兴趣,让学生们也能用慧眼发现生活中的物理之美,从而建立属于他们的新知识。

如在"运动的描述"的教学中,老师可以录一段小视频:在这个场景中,我们可以看到一辆车正在高速公路上飞速行驶,在进行参照时,可以将自身作为参照物,同时观察公路两边两个场景的运动状态。当前的电影和电视拍摄过程中,也会运用到物理方法。通过观看影视作品,我们也能看到动与静相对的例子,通过移动镜头表现出骑马奔驰的效果。这样,学生对物理学习兴趣点更多,可以将课本中的知识内容从现有的认知中进行直接快速的转移。

再如,讲"光的直线传播"时,教师可以在课堂中间插入一段常用的录制视频,让学生更清晰地感受到太阳光斑的样子,可以带着学生进入课堂外,实地找寻太阳的光斑,这可以让学生更直观地看到光的样子,以及光的线性传播,理解光斑是太阳的图像而不是阴影,以及其他衍生问题。物理学与生活有着密不可分的关系。在课堂教学中,教师必须时刻关注课堂情况,在课后要对课堂情况做出总结,以便将其应用到下一个班级或学年。当然,在开发和利用物理资源的过程中,教师也要持续学习,收集更多相关的材料,并以最适合中学物理课堂的方式呈现这些材料。

2. 实验课堂的物理课程资源开发与利用

由于物理是一门自然学科,物理内容都是以实验为基础,因此在课堂上,教师要以实验来进行知识教学，这也是物理课程资源开发和利用的重要部分。然而，物理教师在进行知识教学时要注意循序渐进，切忌盲目跃进，合理利用实验室设备为学生示范物理知识。教师要根据实验室原有的设备和条件，因地制宜，采购需要的设备与资源。不仅如此，教师也可以自制教具，完善物理实验室的课程资源。例如，物理老师可以用瓶装水、液体玻璃瓶，为学生在现实教育中模拟潜艇的波动原理，这样的小型实验室设备在学生的生活中随处可见。不仅可以提高孩子们的环保意识，还可以满足他们的好奇心，让他们学会自己动手制作小玩具，切身体验潜水艇沉浮中的物理知识，从而激发学生们学习物理知识的兴趣，在课后也能让他们去独自钻研。因此，物理教师应更重视开发和利用物理课程资源。

3. 课外活动的物理课程资源开发与利用

学校图书馆应增加科技前沿期刊、科学书、专业技术指南书等，为学生提供一个丰富的学习环境，这样，他们可以在课余时间深入探索自己感兴趣的知识，充分发挥自己所学的物理知识，在物理课程资源的共建共享中奉献出自己的一分力量，这也可以获得更好的物理教学效果。在这个过程中，学生们让自己的爱好找到了发挥的空间，得到了锻炼和成长的机会。物理老师可以在课堂上向大家展示学生参与实验的视频，也可以展现学生们体验物理爱好的视频，让大家一起观看，畅所欲言，找出视频中的物理小知识。学校还可以举办兴趣小组、课外兴趣班、科技节等活动，让学生在课堂之外有更多的机会去学习物理，让他们可以使用物理知识、交流物理知识，实践物理知识。合作和分享不仅可以让学生更深刻地了解物理知识的内在价值，还可以让学生充分了解其他相关知识，不仅丰富了物理课程资源，也提高了学生们的综合能力。

（二）校外物理课程资源开发和利用

校外物理课程资源的开发利用也是让学生吸收物理知识的好方式。通过组织学生们参观科技博物馆、观看系列电影、体验物理小游戏等方式，能够让学生的社会实践与物理知识相结合，使其更深刻地理解所学的物理知识。在带领学生们参观科技馆之前，物理老师可以提前做好相关的准备工作，比如，让学生们提前了解科技馆的展区分类，预先给学生布置这些区域的讲解任务，为了方便大家理解，可以让大家提前自行查找资料，然后，在参观过程中，让学生自己进行讲解，最后再投票选出最佳解说员。《星际穿越》等都是和物理相关的优秀电影，对于科幻类的电影学生们都是非常感兴趣的，可以组织电影沙龙，让学生们聊聊自己感兴趣的电影，聊聊电影中的物理知识，这也是将学生的生活与物理知识结合起来的方式。

新冠疫情防控涉及多个物理知识，可制作以下"防疫"课程。既综合学以致用，还提升了对防疫知识的了解。

核酸检测过程中的物理知识

根据新冠肺炎疫情防控中"停课不停学"的要求，全体师生开展了线上学习，成为疫情防控历史事件的亲历者，我们为老师的辛勤付出鼓舞，为同学们的自律自强欣慰，为白衣天使的辛勤付出感动，为祖国的强大为民自豪。同学们居家学习期间参加了多次全员核酸检测，相信大家对核酸检测的流程和场景并不陌生，可是大家有没有注意到哪些地方用到了已经学过的物理知识呢？

课程目标：

知识目标：1.了解核酸检测的基本流程

2.知道核酸检测过程中用到的物理知识

3.知道相关知识在日常生产和生活中还有哪些应用

能力目标：1.会观察总结物理知识规律在核酸检测流程中的应用

2.重点理解戴口罩、站队、测温仪、扫描二维码、身份证识别、消毒、Wi-Fi、显微镜、负压救护车等原理

情感态度价值观：

1.亲历科技在生活中的应用，体会物理与生活的联系

2.感受疫情防控的制度优势和民众的良好素质

一、情景体验

同学们，参加过核酸检测的同学请举手？你有什么样的情感体验呢？（紧

张，激动，感动，恐惧，高兴……）大家有没有注意到核酸检测过程中用了哪些设备、用到了哪些我们学过的物理知识呢？下面请我们一起体验一下核酸检测过程中的黑科技吧。

二、项目学习

（一）为什么戴口罩（分子运动、压强）

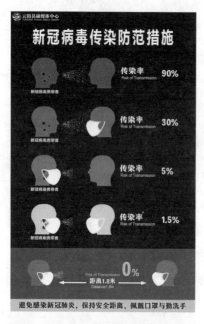

图 3-1（a） 新冠病毒传染防范措施　　图 3-1（b） 佩戴口罩出现勒痕

口罩由无纺布、熔喷布组成，这些特殊的材料不仅可以阻止外界有害物质进入呼吸道，还可以避免自己打喷嚏、咳嗽、讲话时喷出的飞沫跑到空气中。有研究显示，只要双方都佩戴口罩且间隔 1 米以上，造成感染的概率几乎为 0。所以要戴口罩，一米线。同学们你知道病毒的传播是不是分子运动吗？注意病毒仅由核酸（DNA 或 RNA）和蛋白质外壳构成，是专营细胞内生存的寄生物。无细胞结构，而分子是独立存在而保持物质化学性质的最小粒子，所以病毒的传播不是分子运动。

疫情防护期间，无数的医护工作者戴口罩都有了明显的勒痕，甚至付出了生命，我们为他们点赞。同学们，你知道勒痕是怎么形成的吗？是什么因素增大了压强？

（二）消毒液为什么有气味（分子运动、物态变化）

消毒液的有效成分是对氯间二甲苯酚，属于酚类，即便是稀释后也还会有气味的。我们能闻到说明了发生了蒸发现象，同时也说明了分子运动。

（三）怎样站直队（光的直线传播）

请同学们交流一下站直队的原理和方法。

（四）测温仪原理（红外线、电路设计、光的反射、声现象）

为方便快速无接触的测量体温，核酸检测场所一般放置了红外测温仪，由光学系统、光电探测器、信号放大器及信号处理、显示输出等部分组成。光学系统汇聚其视场内的目标红外辐射能量，视场的大小由测温仪的光学零件及其位置确定。红外能量聚焦在光电探测器上并转变为相应的电信号，该信号经过放大器和信号处理电路，并按照仪器内疗的算法和目标发射率校正后转变为被测目标的温度值。大家思考一下，红外线我们能看到吗？

图 3-2 额温枪

（五）扫码的原理（凸透镜成像、数字通信）

为了更方便快捷地登记相关信息，我们要在小程序中提前输入个人相关信息，持二维码登记，同学们知道扫码的原理吗？其实二维码并不神秘，它就是把信息翻译成一个个黑白小方块，然后再填进一个大方块里。如何将信息和黑白方块相对应呢？这就要提到一个具有划时代意义的发明——二进制。通过二进制，把每一个文字、数字、符号"翻

图 3-3 二维码登记

译"成一串由"0"和"1"组成的字符串。用白色方格代表"0"，黑色方格代表"1"。然后按特定规律，把这些白色与黑色方格进行排列，就得到了二维码。二维码实质上就是把信息（数据）转成二进制码，再把二进制码填充到二维码这个大方块中。那么三个"蹲"在角落里的黑方块是做什么用的呢？它

们是用来定位的，让你无论是横着扫还是竖着扫，都能够准确无误地获取到二维码里记录的信息。相较于条形码只能在水平方向存储信息，二维码则是在两个维度上记录信息，加大了信息的存储量。现在，二维码承载着越来越多的个人信息，在我们生活中也扮演着越来越丰富的角色，同时，二维码也已经成为不法分子实施网络诈骗、传播不良信息的新工具。如何防范二维码可能会带来的安全隐患呢？首先，不要扫描来路不明的二维码。二维码作为不透明的信息承载工具，有可能携带木马病毒或者暗链接，在扫码的同时，这些病毒可能已经获取了信息或者盗取了个人财产。其次，在购物支付时注意保护支付条码，防止被不法分子盗刷。

（六）身份证识别原理（电磁波、凸透镜成像）

通过内嵌的专用身份证安全控制模块（SAM），以无线传输方式与第二代居民身份证内的专用芯片进行安全认证后，将芯片内的个人信息资料读出，再通过计算机通信接口，将此信息上传至计算机。其实随着人脸识别技术的进步，身份证信息读取器逐渐采用国际上先进的 TypeB 非接触 IC 卡阅读技术，大家上网时一定要注意保护个人相关信息。

图 3-4　身份识别

三、小　结

学生复述本节收获。

本节课程学生身临其境，利用情景教学，激发了学生的学习兴趣，激活了学生物理学习思维，注重了"物理来自生活，用于生活"的新课标理念。同时，还激发了学生的爱国热情，提高了对疫情防控措施的认同感，增强了学生的安全防控意识。注重了活动引领，问题导学的应用，形式新颖，内容丰富，开发了校外物理学习的课程资源。

第三节 物理的实验教学设计

一、物理的实验教学认知

物理学建立在一定的观察与实验的基础之上，实验是该学科的重要组成部分。物理实验是人们依据一定的实验目的，在相应的实验原理的指导下，借助于仪器设备，通过科学实验程序和方法，在人为地对环境及条件进行控制的基础上，所进行的发现或纯化某种自然的物理过程。

物理实验包括电学实验、力学实验、热学实验、光学实验等。对于实验类型的划分，一般将实验分为课堂演示实验、分组实验、课外实验等。其中，根据教学目标的不同，还可以细分为验证性实验、探究型实验，技能训练型小实验等。验证性实验，主要用于验证物理学中的定理定律，探究实验是为培养学生的探究能力及思维能力而设置的一类实验。实验是物理教学的重要组成，是物理学科的基础，更是物理学习的事实依据。学生在物理实验中探索和分析，一方面，有助于提高自身逻辑能力；另一方面，能锻炼和提高自己的实践操作能力、科学探索分析能力和创新能力。

（一）物理实验的地位

物理学是研究自然现象、研究科学规律的学科，物理学的发展离不开科学实验的支撑。实验也是物理探究性教学开展的有效形式。对于物理教学而言，实验既是物理教学的手段，也是物理教学内容的重要组成部分。基于物理实验的操作能力、观察能力、思维能力、分析归纳能力，以及解决问题的能力等，都是现代物理教学所要发展的学生的基本能力。

物理实验过程，包括对实验现象的观察、对实验程序的执行与操作，以及对实验结果的分析三方面的内容，这三个方面分别对应着观察、操作、与思维三种能力，它们之间相互联系、彼此影响。观察体现在实验操作的过程中，而操作，主要体现完成和实践实验设计的过程中；思维体现在设计、观察与分析实验现象与结果之中。由此，可归纳出物理实验能力涉及观察能力、操作能力及思维能力，是三种能力的综合。而在这三种能力之中，操作能力是关键，处于核心地位。

没有规范准确的实验操作，实验现象无法观察，更无法体现出思维的过程。初中物理教学是学生接触物理的开始，也是物理学科体系中最基本的部分，在这一阶段，培养学生树立科学的实验态度、掌握正确的实验方法是教师的职责所在。而当前一些物理教学，存在部分教师重理论轻实验的现象，对于实验教学不够重视，由此造成实验教学成为物理教学中的薄弱环节。还有不少地方的教师在对待实验教学的态度上，采取以讲代做的方式，违背了实验的操作性原则，造成与实验教学的要求严重不符。要改变这种现状，使教学大纲上所规定的演示实验和学生分组实验得以真正落实，就必须强化对实验教学价值的认知，从观念上做出转变，促使实验教学得以重视。

1. 强化实验教学是优化教学效果的基本手段

基于初中学生的特点，他们已具备从形象思维转向抽象思维的能力。虽然这一阶段，抽象逻辑思维得到了较为快速的发展，但形象思维仍然起着支持作用；与此同时，初中生思维发展的特点表现在思维的独立性和批判性上，虽然有一定程度的发展，但在认识能力上还有待提升，表现在认识的主观性和片面性方面，尤其以表现性的认识为主。由此，初中生的思维尚处于过渡发展的阶段，其思维能力有一定的提升空间，就这需要在学习中辅以一定的形象思维，以帮助其思维模式的成功转型，顺利过渡到完全成熟的抽象思维。

当前学生从生活、社会实践中获取感性思维的机会较少，只能通过学校的学习活动来获得主体参与的体验机会。这就需要教师更好地帮助学生把握这一机会。在课堂教学中，精心设计实验环节，充分发挥物理实验对眼、耳、口、手、脑综合锻炼的作用，鼓励学生积极参与，在实验观察与体验中，了解物理知识形成的过程，深化对物理知识的理解与运用。与此同时，通过实验操作，开阔学生的视野，增强创新意识。

参与实验的体验过程，还有助于加深对知识的记忆。从人的记忆规律来看，记忆是获得知识的基础，而记忆的获得与材料紧密相关。由此，足以证明体验的重要性。而实验就是最主要的体验形式。所以，在教学中加强实验内容尤为必要。

此外，处于初中阶段的学生，充满着强烈的好奇心与求知欲，实验操作能够很好地满足他们的需要，尊重他们的主体地位。从这一点出发，在进行教学设计时，就要求教师立足于学生的特点与需求，在物理教学中，融入生动有趣的物理实验，将枯燥的物理概念与理论的知识，以学生感兴趣的实验形式结合起来，以调动学生学习的动机，实现由"要我学"转向"我要学"，进而提高物理教学效率。

2. 强化实验教学是全面实施素质教育的关键

现代社会对人才的需求已发生了巨大的变化，其中，对于实践能力和合作精神的要求，是较为明显的两个方面，而对于实验教学的强化，是培养实践能力的重要形式。以物理实验为基础的实践活动，为创造意识的形成提供了条件，成为体现创造性的载体。作为教育者，教师必须从培养学生全面发展的角度出发，围绕学生的主体设置明确的教学目标，发挥教师对学生的引导作用，调动学生参与实验活动的积极性，通过对实验过程的自主探究，培养学生科学严谨的实验态度，让学生在体验与感悟中，获得实验操作的技能，以及解决问题的方法，使物理知识"从学生中来，到学生中去"，让实验成为发展学生思维与品质的重要途径。

只有在具体的实验教学中，才能使学生在获取物理知识的同时，潜移默化地形成良好的科学素养。同样，只有加强实验教学，才能有机会培养出具有超强实践能力的学生，这是学生未来成长与发展，以及适应社会发展所必不可少的一种能力。在物理教学中，可从以下方面做到对实验教学的强化：

（1）重视演示实验，提高课堂教育教学质量。演示实验是物理实验中的一种形式，具有形象真实、生动有趣的特点，演示实验的作用在于通过直观演示的形式，为学生营造出具体生动的物理情景，帮助学生形成物理概念，总结出物理规律，强化学生对知识的认识和理解。

没有直接的体现，头脑中便不会形成感性经验，而这恰恰是物理思维的基础。所以，作为物理教师，要在教学过程中，尽可能向学生呈现丰富多彩的物理现象。只做好教材大纲规定的演示实验还远远不够，教师还要重复挖掘和利用身边一切可利用的资源，如教材上的一段话、一幅插图、一道习题等，都可以作为实验演示的突破口。与此同时，演示也不应拘泥于固定的形式，物理是"教师演，学生看"，还是"教师导，学生演"，抑或是边学边演等，都可以进行适当的尝试。

（2）认真上好分组实验课，培养学生的思维能力和操作技能。分组实验，是培养学生合作意识与探究能力的有效途径。初中物理分组实验多以测量性和验证性实验为主。提高分组实验效果的关键，在于激发学生的参与意识，及调动学生眼、手和脑的协调并用。现代教学的意义，不在于教师教学任务的完成，而在于通过一定的教学活动，引起学生思想或行为上的变化，体现在认识、理解、技能、态度等方面。学生在教师的引导下，积极主动地参与实验，发挥思维的创造性与能动性，便能够获得对知识的深刻体验。

通过分组实验的教学，学生基本能够达到对知识加好掌握的教学要求。其前提是教师必须做好充分的教学准备，以保证实验的科学性和合理性。与此同时，教师还需要循循善诱，鼓励学生发现并总结实验技巧。在分组实验之前，教师要从学生的实际情况出发，考虑到学生仪器设备使用中可能遇到的问题，或是实验操作中的重难点，教师要提前做好铺垫，进行必要的指导，对于学生在实验中遇到的突发问题，也要及时地给予学生适当的帮助。不仅如此，教师还应该强化对学生实验精神、责任意识的培养，在实验过程中，致力于学生良好实验习惯的养成，从仪器设备的使用规范到实验操作的严谨性，数据收集的精确性，再到实验完成后对仪器设备的整理归位，再到最后的分析反馈，总结实验的经验，发现问题及时补救，等等，都应该成为学生自觉性的行为。

（3）充分利用教材中的小实验，训练学生的动手能力。教师要重视教材中的一系列小实验，不能忽视这些小实验的作用。而是实际的物理教学中，存在一些教师对于这类小实验视而不见，或将它们视为课外知识，认为其与考试无关，故而不需要花费时间。殊不知，这些小实验却往往具有取材容易、贴近生活、直观明了、便于操作的特点，之所以设计这些小实验，其出发点是巩固与之相应的课程内容，便于更为形象、直观地理解并掌握所学知识内容，与此同时，这些实验具有较强的趣味性，能够增强学生物理学习的兴趣，源于生活、用于生活的实验，更能够激发其学习的兴趣。此外，通过实验的操作，还能够锻炼学生的动手能力和思维能力。

（4）实验室对学生开放，给学生创造更多的动手机会。初中阶段的学生，其思维敏捷、充满求知欲，但同时，由于个体差异性的存在，在兴趣爱好、知识能力、性格特点等方面都表现出因人而异的特点。体现在物理学习方面，主要表现为一些学生不满足于课堂演示的实验，他们有着更渴望自己动手，以满足其强烈的好奇心与操作的欲望；还有的学生想体验实验的过程，但畏惧失败。针对这些想实验或想独自实验的学生，实验室是不错的环境，既提供了实验的条件，给予学生施展能力的机会；又能够让害怕失败的学生得到锻炼。因而学校实验室应该对学生开放，为对实验操作感兴趣的学生提供锻炼的平台；有条件的学校还可以成立科技兴趣小组，鼓励对实验感兴趣的学生自由参加，不仅能够强化实验操作程序，还能充分激发学生的创造天赋及操作能力，极大地增强学习物理的兴趣。

（二）物理实验的类型

1. 设计实验

设计实验是一类开放性的实验，是按照实验目的及要求，自行安排的实验，能够最大限度地调动学生思维的能动性和创造性。这类实验对学生能力的要求较高，可作为选修性质的实验课程，供学生根据自身能力自由选择，教学大纲对这类实验没有作具体规定。

2. 探究实验

探究实验，一般是以学生的自主探究为主要形式的实验教学，主要是为了引导学生探索、发现物理规律，在探究中获得知识。探究实验一般由教师提出或在教师引导下由学生提出问题，设定好实验方案，在实验过程中，给予学生充分的自主性，让其自行操作，在观察测量中完成实验，分析实验现象与结果，从而归纳总结，得出结论。

3. 演示实验

演示实验是穿插于课堂教学过程中的、用于对教学内容辅以补充性作用的一种实验形式。一般由教师操作完成，或是由学生充当教师的助手，辅助教师完成；抑或是学生在教师的指导下，在全班同学面前完成实验操作。教师引导学生基于演示实验进行观察和分析，一方面能够调动学生的学习兴趣，另一方面能够让学生通过直观的实验体现，对知识形成感性的认识，从而深化对物理概念和规律的理解，同时还能够培养学生的观察与思维能力。

实验的演示是教学的一部分，其目的在于帮助学生将抽象的物理知识形象化、生动化，让学生对规律的形成有一个理性的认知，便于对知识的理解和掌握。通常，在课堂中所进行的实验演示，操作都不会太过于复杂，旨在让学生通过实验的观察，获得一定的规律认知。作为教师，要保证实验所呈现的现象明晰、直观，便于学生观察，也要与教学内容有着一定的关联，能够充分说明问题所在。

4. 分组实验

分组实验，简单而言就是将学生分成若干小组进行实验操作的活动。分组实验要求教师根据教学大纲的要求及课程标准的规定，科学合理地设计实验内容，引导学生确定实验操作程序和操作步骤，进而有计划地训练学生实验技能和习惯。分组实验突出了学生的合作意识和自主探究的精神。任何教学活动都不应该是对学生的放任不管，分组实验教学也是如此，虽然这一教学形式赋予了学生充分的自主权，但是作为教师，也应该对学生们的实验过程进行适当的指导或帮助，鼓励学生独立完成实验操作，处理实验数据，还要引导学生对实现现象或结果做出适当的分析与总结，得出实验结论。

通过具体的实验操作，能够让学生了解基本实验仪器的构造、原理，学会仪器设备的使用，熟悉实验操作的程序和基本流程，分组实验的目的在于引导学生自主探索和验证物理规律。其价值是培养学生探究能力与实验精神的主要途径，也是发展学生创造思维和进行科研启蒙教育的重要途径。

5. 验证实验

验证实验是对已有的规律及定律，通过实验的方式进行求证的过程。这类实验安排在相关的知识内容的学习之后。通过实验验证，对所收集的数据进行定量分析，从中得出结论。将所得结论用于与所要验证的定量相比较，看是否符合，若有出入，找出原因，加以修正，从而实现知识的巩固，这便是验证实验的目的之所在。

6. 训练实验

训练实验，其教学目的在于让学生了解基本的测量仪器的操作与使用规范，熟悉实验操作的程序和步骤，即主要是对实验操作技能的训练。在物理实验中，常见的实验仪器有游标卡尺、打点计时器、万用电表、示波器等。在进行训练实验时，需要强调各类仪器的操作规范，让学生熟悉并掌握正确操作方法和步骤，至于仪器的工作原理，了解即可。

7. 测定实验

测定实验是为测定某一物理常数或物理量而进行的实验，这类实验的目的是让学生运用已经学过的知识和熟悉的器材，测定某些物理常数和物理量。例如，测定物质的密度、测定重力加速度、测定介质的折射率的实验，这类实验要求学生理解实验所依据的原理，明确实验的条件、步骤和过程。由于某些不可避免的客观因素的存在，故而允许所测量数据与真实数据存在一定的误差，只要误差在合理范围即可。

（三）物理实验的资源

1. 物理实验课程资源

物理实验课程资源是指一切可为物理实验教学提供辅助价值的资源的综合，包括物理实验知识、技能、方法、物理实验设计，对物理实验的态度情感，物理实验教师的素质，物理实验室的建设，物理实验仪器的配备情况，物理实验信息的储备等所有有助于实现课程目标、促进学生有个性地全面发展和教师专业成长的各种资源。要最大限度地开发并利用物理实验资源，必须对物理实验资源有一个全面而准确的了解。对物理实验资源的分类，是掌握物理资源的必要手段，也是开发和利用物理实验课程资源的保证。

（1）素材性与条件性实验资源。依据物理课程资源的功能和特点，物理实验资源有素材性与条件性之分。

第一，素材性实验资源可直接作用于物理实验教学，且能够成为实验教学的素材和来源，是学生学习和收获的对象。教材是最基本的课程资源，物理教师应强化对教材的认识，充分挖掘教材的价值，最大限度地发挥教材的作用。

与此同时，还要善于发现并利用其他的资源，如在物理实验教学过程中动态生成的知识、技能、方式、方法、情感、态度和价值观等方面的成果，也是物理实验课程资源的重要组成部分，而且是更加鲜活和细致的素材性课程资源。素材性实验课程资源的开发和利用，与物理教学的质量有着最为直接的关系，因而必须引起教师的重视。

第二，条件性实验资源的特点是作用于物理实验课程而不是物理实验课程本身的直接来源，也不是学生学习和收获的对象，而是进行物理实验教学的条件，主要指物理实验员、物理任课教师、物理实验室、物理实验仪器、物理实验设备、时间等。这些资源的好坏直接影响物理实验教学的顺利进行和实施所能达到的水平。

（2）人力、物力与时间实验资源。按照资源构成要素来分，可将物理实验资源分为人力、物力及时间三种。

第一，人力物力资源是所有与物理实验有直接或间接关系的人，如教师、学生、实验管理人员、物理教育专家等。在学校物理实验教学中，物理教师在人力实验资源中的影响是最为主要的，物理教师的实验态度、实验技能、经验等，会对学生形成重要的影响，因而是较为重要的人力实验资源。受应试教育的影响，教师和学生主要扮演着知识传授者和被动接收者的角色，其各方面的能力都被抑制，导致双方在教学中的创造性被束缚，在教学互动中动态生成的课程资源被忽视。

教材资源是物理知识的载体，也是物理教学的起点和依据，它是最基本也是最重要的资源。教学资源的客观性是其基本属性，因而必须引起足够的重视。与此同时，作为众多资源中的一种特殊形式的知识，又具有客观性与主观性的统一，这是因为知识本身是客观存在的，但同时又是人类认识的产物，也可以通过实验，由师生共同建构。知识的形成来源于学生的实践经验、感受、见解、问题、困惑等，教师要善于引导学生利用这些资源。

第二，时间实验资源是指可以提供给物理实验活动的时间。时间是极其有限和宝贵的课程资源，一般而言，必须保证相对稳定的物理实验时间，物理教师决不能存在重理论轻实践的思想，也不能为完成物理教学的基本任务而挤占有限的实验时间，或压缩实验时间。实验的过程，是集眼、耳、口、手、脑等于一体的综合性的活动，时间如果不充分，就会影响到学生思维的发挥或是实验的完整性等，导致实验不到位、效果不理想。教师不仅不能削减用于实验的时间，还应该尽可能多地创造实验机会，让学生在充分的实验体验中，感悟知识，提升素养。

2. 物理实验资源开发

实验资源是实验要素和进行实验的必要条件。实验要素包括有关的知识、技能、经验、方法、情感、态度及价值观等；实验的必要条件包括进行实验的时间、场地、媒体、设备、设施和环境等。物理实验教学的范围和水平很大程度上取决于实验资源的丰富程度和利用它们的水平。教师不仅要善于利用现成实验资源，还要开发和生成新的实验资源。实验室是实验教学的主阵地，实验室仪器也是最基本的实验教学资源。因此，充分利用现有的实验室资源，想办法提高仪器的使用效率，最大限度地发挥现有仪器的作用，是学校开展实验教学的基础。

（1）建立开放性实验室，提供学生自主实验平台。要大力研究并建立开放性实验室。开放性实验室是利用物理课程资源促进学生自主学习的重要途径，它要求在实验时间及实验内容上具有开放性，学生做实验不再拘泥于课堂实验教学的内容和时间，学生可以利用课余时间到实验室进行科学研究。

开放性实验室搭建了学生自主实验平台，让实验室的大门随时向学生敞开，为学生创造更多的实践机会，学生可以选择自己感兴趣的课题，任意发挥，时间不设限，内容更丰富，让学生做实验更自由、更有乐趣。学生在开放性实验室的自主学习，不仅加强了学生的动手能力和实践水平，还有利于促进和培养学生在自主学习、创新能力、个性特长、探究精神等方面的和谐发展。

（2）充实和充分利用实验室器材。实验室要不断增加和更新仪器设备。许多学校的实验器材陈旧老化，不能满足正常的教学需要。因此，残旧、过时的实验设备要淘汰，不达标的实验室要改造。要研究物理实验配置新标准，并配置新的实验仪器和器材。

此外，要最大限度地利用实验室现有的器材开发新实验，来充实实验室实验资源。要充分利用实验室现有的实验器材，提倡利用闲置的器材开发实验，利用身边的物品进行实验。要动脑筋、想办法，把闲置的仪器，或者因教材更换而取消的那些实验器材，以及损坏报废器材进行二次利用，对它们进行改造、拆解、重新组合，设计出一些新的实验。可以让学生参与到充分利用实验室器材的行动中来。例如，在学生自主的实验活动中，让他们利用原有的实验室器材或身边的物品开发实验，并把他们的实验"作品"充实到实验室中来。这样做，一方面能发动更多力量来充实实验资源；另一方面可以拉近物理学和生活实际的距离，让学生增加实验兴趣，提高学生的动手能力，提高其设计实验的创新能力。

（3）开发数字化的科学探究实验室。数字化的探究实验室主要由"计算机数据采集系统（DIS）"及有丰富的数据分析与图形数据处理功能分析软件、声音传感器、温度传感器、电流传感器、力传感器、电压传感器、光电门传感器、告示专用实验仪器等组成。学生在数字化的科学探究实验室，可以利用各种各样的探究仪器设备和工具，对问题设计实验进行探究。实验则是由学生自己设计实验步骤进行实验，通过计算机实时测量、处理实验数据，分析实验结果，得出探究的结果。

数字化科学探究实验室的另一种形式为虚拟物理实验室。学校要开发，引进虚拟物理实验室。虚拟物理实验室真实再现各类物理探究性实验、验证性实验和训练性实验。虚拟物理实验室需要建立模拟仪器设备库、元器件、组件库和视频资料库等。学生在进行物理探究性学习或研究性学习时，可以在虚拟物理实验室进行科学探究活动。学生对用实验去探究问题的解决结果进行预测；针对实验的目的和实验的条件，利用虚拟实验室的设备、元件设计实验和制订实验的方案；操作实验并收集实验的数据，对实验的数据进行分析处理；根据实验的现象和数据分析得出实验的结论，并对实验进行评估，最后写出实验研究报告。比较典型的虚拟物理实验室通过多媒体编程模拟各种实验器材，学生通过键盘和鼠标选择并移动虚拟仪器来搭建实验设备。利用虚拟物理实验室系统，不仅能克服实验条件的限制，还可整合大量的视频和音频信息，虚拟实验生动的影像和音像能极大地吸引学生的注意力，提高模拟实验有效性。

二、物理的实验教学流程

下面以初中物理的分组实验的教学为例具体探讨物理实验教学的流程。

课前阶段，老师初步对即将讲授的教学内容进行设计，进一步明确教学方式、教学目标、教学过程，确定实验内容。实践教学中往往会出现学生的课堂时间被分组实验占据大部分时间、导致学习成效未达到预期，部分学生对实验目的和实验原理了解不清晰等情况。所以，老师在分组实验教学过程中，根据具体的教学内容提前将学习任务布置给学生，学生要完成包括了解实验目标并对实验做出假设、确定实验步骤和实验方案设计等在内的学习任务。为了让学生做好课前准备和预习任务，老师可以将检测题和微视频等教学资源发送给学生，并让他们自主学习，完成并提交学习任务。老师收到学生对学习任务的学习情况，再对教学方式、实验分组和教学过程等进行适当调整，这是重构教学的过程。

课中阶段，在课前阶段学生对设计实验的内容已经充分了解并且完成，老师上课时导入实验课题后，便让学生依次开始对自己的学习成果进行演示。每个小组的成员代表作为汇报人，以老师在课前布置的学习任务作为主要汇报内容，包括实验设计、实验目的、实验步骤、实验注意事项、实验猜想和实验原理及实验器材等内容。汇报结束后，老师要对每组学生的汇报内容进行点评。在课堂上，老师要把握好时间以便学生以小组合作的形式对实验进行深入探索。老师作为指导者和协助者，学生自行开展讨论，并且选择合理的实验器材、开展准确的操作，对数据进行处理从而得出结论，对实验中需要改进和创新的地方进行讨论，老师和学生之间要加强交流，不断培养学生独立思考的能力。最后，老师再进行总结，根据学生的课堂表现进行评价和反馈。

课后阶段，实验报告和课后作业是学生必须完成的学习任务。教师要及时批改学生的实验报告和课后作业，并将结果反馈给学生。学生要根据自己的完成情况查漏补缺，加强学习不足的地方。教师可以根据不同学生的作业完成情况，开展适合不同学生的个性化辅导，并且对自己的教学过程进行总结，为后面的实验课程积累经验。

三、物理的实验考核方式

教学评价是检测教学效果的手段。通过评价，发现教学中存在的不足，能够促进教学的改善。教学的主要参与者为教师和学生，评价不仅是对教师和学生的检测，也是对教学目标达成度的检验。可以说，教学目标是检测的依据，教学目标的科学与否，直接影响了评价的质量。所以，教学目标是进行科学的测试、做出客观评价的前提和基础。评价有多种形式，无论是诊断性评价，还是形成性评价，抑或终结性评价，都应该围绕教学目标展开。通过精心设计教学目标，便于学生以此为准绳，在教学目标的指导下，合理安排学习内容，努力达到教学目标的要求，也便于评价自己的学习，找出自身与教学目标的差距，进而发挥学习的能动性。同时，教学目标也是测量、评价教师的教学质量和教学效果的尺度。基于物理学科的实验教学评价，是在教学评价基础上的具体化。它既是对学生物理知识掌握情况的考查，也是对学生物理实验操作技能、方法的考查。

初中阶段对物理实验的评价，主要借鉴的是一般的教学评价的形式。具体方法是给定相应的实验情境，学生基于这个情景进行实验操作，教师根据学生的表现给予一定的评价，主要是对学生实验理论的掌握和操作能力的评判。物理实验的考核方式主要有以下类型：

（一）口头实验考核方式

口头实验这一考核方式突出表现在语言和思维层面，是通过语言呈现某些问题的情境，要求学生对此做出判断、分析和解释，从而对学生的实验知识和技能做出相应的评价。口头考核的最主要的形式便是师生交流，师生间就某一问题进行沟通与交流。教师在与学生的交流中，能够了解到实验中所存在的许多细节性的要素，这些都无法通过书面形式表达清楚，从而对学生做出较为全面的评价。

相较于其他形式的评价，口头实验考核具有简单灵活的特点，尤其适用于检查学生的实验准备情况。口头实验考核的不足在于只能是基于理论上的评价，无法检验学生的实验操作技能，而且这一考核形式受主观因素的影响较大，其真实性和准确性有待考究。

（二）书面实验考核方式

书面实验考核是一种以卷面考核为主要形式的考核方法，其考核内容主要是以相应的文字、图表、符号等情景呈现出来，要求被考核者针对给定的情景和要求，完成对实验内容的表述。教师根据学生的作答情况，对其实验技能给以一定的评判。

实验报告和纸笔测验是书面实验考核的两种主要形式。实验报告较为详细地呈现了实验的整个程序与流程，不仅包括实验目的、实验原理、实验过程与步骤、数据结果，还包括对实验现象和结果的分析，以及所得出的结论与心得体会。这些都构成了书面实验考核的重要依据，其不足之处在于：实验报告是在实验完成之后形成的，是对实验过程的补充和完善，因而具有滞后性，这就难以保证实验报告的真实性和实验过程的一致性。

书面实验考核能够在某一程度上直观地反映出学生的实验水平，且因其成本低、效率高，故而是一种使用频率较高的考核方式。但是物理实验，更需要亲自动手操作，而书面实验评价缺少对必要的实践操作过程的考查，因而无法获得对操作技能的真实评价。

（三）实验操作考核方式

实验操作考核较之以上两种考核形式，其考核的重心在于对学生实验操作过程的考查。它是通过设置特定的实验情境，让学生按照要求，参与实验的操作过程，教师根据学生的实验程序及步骤，从操作的规范性、准确性等方面，对学生实验技能水平进行考核评价。

实验操作考核的方式是以观察法为主，即教学观察学生实验操作的每一个环节，根据学生的实验表现，在以相应的标准为依据的基础上，给予学生客观真实的评价。观察法能够直观且及时地反映学生的实验操作能力，因而具有较高的信度和效度。

虽然传统的物理实验考核评价在一定程度上能够反映出学生物理实验理论及操作技能水平，但其过于注重实验的结果，而忽略了知识的建构及实验的过程；只关注学生的认知和操作，却忽略了对实验中所蕴含的态度、精神、情感的关注。

教学评价的目的在于从评价中获得反馈信息，用于指导教学；实验评价也不例外，要基于评价，从评价中发现问题，在解决问题的过程中获得发展，提高物理实验操作能力和实验素养。因此，实验评价，也必须以认知、操作、情感为目标。

四、物理的实验教学设计策略

由于在当前的物理实验教学中，仍存在一部分教师重理论知识而轻实验操作的行为，要转变这种现状，不仅要在教学中强化核心素养的意识，还需要结合多种教学方法。

（一）进行分组实验，促进学生协作交流

在物理实验教学中，分组实验是大部分教师采取的主要实验形式。分组实验不仅能够锻炼学生的实验操作能力，更为重要的是还能培养合作探究的意识，有助于科学品质及能力的养成。

（1）分组实验重探究，培养能力。教师根据实验教学的需要，并结合学生的实际情况，将学生分为若干小组，以小组为单位，开展实验活动。分组实验，最大限度地给予了学生充分的自主性，让学生自由发挥，积极参与实验的过程。在小组实验中，每个人既是参与者，亲自动手操作，也是旁观者，观看小组内其他成员或其他小组成员的操作，实验体验更为丰富，这样在互帮互助、合作探究的过程中，每一个学生的实验能力和核心素养都能够得到有效锻炼和提升。分组实验的形式是灵活的、开放的，氛围是活跃的。在这样的环境背景下，学生的思维能动性、创造性能够得到最有效的激发。

（2）创新意识培养，提升自身素养。由于教学条件的限制，每所学校提供实验教学的情况存在差异性，但不能以此为借口，就放弃大纲所规定的系列实验。物理是研究自然现象与规律的学科，其科学性表现在能够经受实验的检验。实验对于物理学科而言，是不可或缺的重要部分。有条件的学校要最大限度地利用实验教学资源，而条件较差的学校，也应该重视实验教学，在充分利用现有仪器的基础上，挖掘身边可利用的其他实验资源。而分组实验能够节约

资源，给予每个学生参与实验的机会，而且分组实验，可促进学生思维发散，通过综合不同学生所提方案，可产生许多创新性的思想，而且通过小组讨论，能够更好地促进实验的创新。

（3）小组实验注重反思，注重科学态度的培养。基于传统的教学模式，教师常采取以讲代练的方式，这种重理论传授的方式，无法真正培养学生科学严谨、实事求是的实验态度。而以小组为单位的分组实验，既能够让小组成员间相互配合与监督，以促进问题的发现和解决；同时，教师也可以在实验数据差异化对小组实验进行评估，便于得出规律，及时发现小组成员在操作中的问题，如操作不规范、对数据的记录不真实，或是误差太大等，这些都是影响操作能力、科学思维和科学态度的因素。通过设置实验后的反思环节，有助于让学生发现自己的问题，从而摒弃固化思维，发扬善于质疑、敢于验证的精神。

在一般实验活动中，普遍存在这样一种情况，即部分学生存在等、靠的思想，这类学生等着照搬同学的实验结果，自己不积极主动地参与，或是不敢自己尝试独立完成实验操作。而分组实验，让学生在合作中相互监督，促使其变被动为主动，参与实验的过程，有助于端正实验的态度；不仅如此，在实践合作的过程中，学生间还会产生思想的碰撞，在质疑、分析解决问题的过程中养成科学严谨的思维与态度，促进核心素养的提升。

（二）理论与生活结合，满足实验资源供给

物理与生活的联系是颇为紧密的。生活中很多现象都可以用物理知识来解释，同样，生活中的某些情境，也可以用于辅助理解物理实验及现象。在物理实验教学中，引入生活化的实验情境，使得物理现象或原理更加具体化、生动化，学生通过对实验的直观感知，以及直白的生活现象的描述，能够更透彻地理解和掌握知识点。因此，理论与生活结合，对于物理实验尤为重要，需要引起教师和学生的注意。在基于核心素养的物理研究实验中，强化理论与生活的结合，能够促进学生思维的活跃，以及对知识的运用能力。一方面，体现了从实验中探究现象的本质；另一方面，又是将物理本质运用于指导实践，解决生活中的实际问题，实现知识的运用价值。在实验教学中，教师要有意识地引导学生的发散思维，对于实验中遇到的问题，要尽可能地结合生活经验去解决，如实验器材的问题，引导学生去思考，能否用生活中的物品取代实验物品，引导学生从生活中寻找与实验相关的资源。物理资源的开发更灵活化、多样化，尤其是基于核心素养的物理实验教学，教师更应该积极主动地将生活融入实验教学，设置生活的实验目标和方式，激发学生的实验积极性和创造性，从而提高物理实验教学的有效性。

（三）进行演示实验操作，激发实验活跃性

演示实验具有简单、直观且生动的特点，若用于新课导入，有助于调动学生的兴趣，将学生的注意力吸引至物理知识的学习上；而在物理概念规律的讲解中辅以演示实验，不仅可以活跃课堂氛围，通过真实情境的还原，更有助于学生在实验观察中加深对知识形成过程的理解，进而提升教学的效果。由此可见，演示实验是物理教学中必不可少的，是常见的一种教学手段。

演示实验并不是教师的秀场，进行演示实验操作除了教师个人，还可以是某一个学生在教师的指导下独立进行，其他学生作为观众，观看实验的完整过程，抑或是师生共同完成实验演示。在这一过程中，学生在教师的引导下，其观察现象，进行现象的思考和衍生，进而发现问题，在对问题的分析与思考中得出结论，最后对所得结论进行反思，通过这一系列过程，有助于启发学生的思维，促进学生对物理规律的发现和认识，培养学生的综合素养。演示实验在物理教学中如此重要，作为物理学科的教师，不仅要重视还要强化演示实验的效果。

首先，演示实验的目的要明确，既要能够反映物理教学的内容，帮助学生理解物理概念和定律；也要具有趣味性，能够吸引学生，激发学生学习的动机，要能够促进学生对所要学习内容的热情。只有学生自主参与学习，才能激发思维的能动性，让其在观察中发现问题，并自觉主动地进行问题的探究与分析。其次，对演示实验过程的设计，不仅要立足于教学的实际与需要，还要结合学生物理核心素养的培养。在此基础上，还要综合学生的能力水平，尽可能多地创造有助于激发学生思维的教学情境，让学生在教师的引导与启发下，思维能力得到提升和发展。再次，教师要善于在演示实验的过程中，引导学生观察和思考。教师的"演示"应该促使学生去思考，现象的观察促进思维发展，思维运转为实验观察提供基础。最后，引导学生进行总结与反思，让学生在总结与反思的过程中，不断强化思维能力。

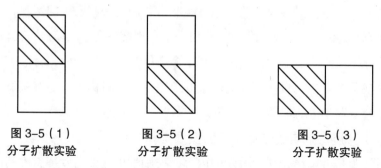

图 3-5（1）　　　　　　图 3-5（2）　　　　　　图 3-5（3）
分子扩散实验　　　　　分子扩散实验　　　　　分子扩散实验

例如，在演示 NO_2 与空气分子运动的扩散现象实验时，通过图 3-5（1）分析抽去玻璃隔板后颜色变化的原因。学生分析讨论，可能是重力原因形成的，也可能是分子运动形成的，如何证明是哪种情况，引导学生将两瓶倒换，观察抽去隔板后颜色变化是否与图 3-5（1）相同。为排除干扰因素与学生最终确定图 3-5（3）方式实验。通过实验设计、激活学生思维，提高了学生的实验设计和操作能力。

（四）利用多媒体设备，辅助实验理解

多媒体设备利用，即是在传统的教学过程中，借助计算机多媒体的相关功能为教学服务的一种教学模式，能够为教学提供人机互动的交互环境，是一种相对而言有进步意义的教学形式。多媒体教学是对传统教学模式的改革，是一种新型的教学手段，能够在一定程度上弥补传统教学模式中的不足。其主要操作，是通过组织课件，并以计算机为载体，以此来向学生呈现丰富教学内容的教学形式。在这种教学模式下，学生不仅能够自主学习，还能够与他人或老师形成交互关系，有助于团队意识、合作意识的养成。

将多媒体设备引入物理实验教学，具有一定的优势。在物理教学中，物理实验是复杂的，一些实验囿于客观条件的限制，难以实现真正的操作。而离开了实验的辅助，又不便于学生对复杂、抽象知识点的理解，加大了理解的难度。针对这种情况，就可以引入多媒体设备，利用多媒体教学来解决这一类问题。多媒体设备的运用，能够很好地缓解实验理想与实验现实的矛盾，丰富教学手段，提高学生的学习兴趣，深化学生对知识的理解和掌握，进而实现教学效果的时效性。

在物理教学中，对多媒体的运用已经非常普遍。一些宏观的实验，如对万有引力探究、天体卫星的运动等，这些更无法在现实中通过实验进行具体操作，这时候多媒体就发挥了巨大的作用，利用多媒体播放原始画面，将国家进行的航天研究演示给学生观看，不仅能够很好地完成教学目标，还能够激发学生的科学精神，激发学生物理学习的动机。

（五）开展课后实验设计，巩固课堂实验

课后实验是教师结合课堂教学的内容，鼓励学生在课后发挥思维的能动性与创造性，根据所学知识，自主设计实验，自制实验设备，通过独立完成或是在家长的辅助下完成实验操作，达到对知识巩固的目的。物理实验是物理教学的一部分，因而大部分教师一般都会在课堂上进行实验演示或实验教学，很少有教师安排学生进行课后实验，即使给学生布置了课后实验，也没有强制要求学生必须完成，因而很少有学生主动去完成。这就需要教师在教学中有意识地去引导，培养学生自主学习的意识。

课后实验一般可分为两类：一类是基于当堂实验，并对其进行延伸，设置这类实验，目的在于对课堂实验的巩固和扩展。这类实验的操作过程一般都不会复杂，实验要求也较简单，实验器材通常是生活中随处可见的，或是需要动手自制的，因而不会花费太多的时间和精力；另一类是课堂实验的延续。也就是说，这类实验本应在课堂完成，但由于时间把控不合理，需要在课后继续完成，这类实验一般是具有探究性且具有一定意义的实验。

无论是哪一类的课后实验，只要认真对待，都能够对知识起到一定的巩固作用，而且这类实验一般操作简单、趣味性较强，学生对这类实验一般都是感兴趣的，教师要善于引导和利用这类实验，对学生进行思维的训练，培养其创新意识，以促进整体核心素养的提升。

强化课后实验，还能够加强教师、学生、家长之间的联系与协作，促进学生在与他人的合作互助中，学会交流与分享，在讨论与沟通中提高分析问题、解决问题的能力，增加学生的成就感，提升思维能力。

第四章 教学过程

初中物理教学是学生进入物理知识宝库的入门和启蒙，是培养学生学习物理兴趣，具有初步观察事物、分析问题、解决问题能力的关键。在初中物理教学过程中，教师要做好充足的准备，注重学生核心素养的培育，同时也要促进信息技术的运用，以确保教学过程的高质量。本章重点探讨物理教学的备课与过程、物理教学过程中素质培养、物理教学整合与教师评价等内容。

第一节 物理教学的备课与过程

一、物理教学前的备课

备课是每一位教师进行课堂教学前的必备工作，即使是经验很丰富从事多年教学工作的教师在上课前也一定有此环节。教师上课前的备课符合教学规律和客观事实，备课是每位教师课前必备的工作环节，因此，备好课是上好课的前提和基础。

（一）学情分析

"学情分析"通常被称为"教学对象分析"或"学生分析"。学情分析的定义就是学生在学习方面有何特点、学习方法怎样、习惯怎样、兴趣如何、成绩如何等。设计理念包括教学方法和学法指导，以及教学设想。学情分析的主要内容，包括学生的起点能力分析（本班学生学习物理的知识起点、能力起点与态度起点），一般特点分析（指学生的年龄特征与学习物理的共同特点），学生学习风格（也叫认知倾向）分析。学情分析的常用方法：观察法、谈话法、问卷法、实验法、材料分析法和访问调查法。

以"凸透镜成像规律"一节课时的学情分析为例。八年级学生的抽象逻辑思维，很大程度上还属于经验型。凸透镜是学生在生活中比较熟悉的，也是他们容易产生兴趣的器材，但学生对凸透镜及其作用的认识仅局限于放大镜、老花镜等，比较片面，在教学中应注意培养学生对物理的兴趣，充分发挥演示实验与学生实验的作用，迎合他们好奇、好动、好强的心理特点，调动他们学习的积极性和主动性。学生是一个情感的个体，所以要从他们的身边事情入手，引起兴趣，再围绕身边的物理现象使实验层层递进。

（二）备教材

教材是教与学的媒介载体，教师备教材时能否准确把握教材编写者的意图，是教师训练学生及提高课堂质量的一个重要前提。但很多教师备教材时并没有很好地理解教材，而是参照别人的教学设计来制订自己的教学方案，这样的教学效果肯定不理想。凸透镜成像规律是初中物理的教学重点也是教学难点，要想合理地安排备教材相关事宜，就要做到以下三点：第一，教师需准确理解和解读初中物理教材，了解初中物理教材体系、本册教材的教学目标、教学内容的地位与作用，同时要了解教材编写的意图；第二，教师需明确教学目标，了解本单元及本课时的目标、教学内容的地位与作用；第三，教师需做好备课时间的分配，理解和解读教材、确定教学目标与教学环节设计的时间分配要达到3∶7，甚至5∶5。只有做到以上三点后，教师再去进行教学设计，并通过调整、丰富、完善，才能使教学内容变得更有意义。这样设计出来的课程才能切中课程标准要求，在课堂中实施起来才能得心应手，课堂质量才会大幅度提升，学生的积极性也能充分调动起来。总之，如何正确理解教材、把握教材是上好课的前提。

下面以"凸透镜成像规律"教材分析为例进行具体分析：

（1）教材的地位和作用。"凸透镜成像规律"是物理八年级上册第三章第三节，是本章的中心内容，它是在学生获得丰富、具体的感性认识的基础上，带着问题，用探究的方法研究的内容，学生在全过程中自主研究，体验科学探究的全过程，从而培养科学研究方法，得出清晰的凸透镜成像规律。"凸透镜成像规律"既是"第一节透镜"和"第二节生活中透镜知识"的延伸和升华，同时又是第四节和第五节的理论基础，是理论与实践的结合，因此它在本章起着至关重要的作用。

（2）教学目标。《义务教育物理课程标准》对本部分的要求是"探究并了解凸透镜成像的规律；了解凸透镜成像的应用"，根据课程标准要求和全面提高学生素质的需要，确定本节教学目标如下。

第一，学生需掌握凸透镜的知识与技能：初步理解凸透镜成像规律，知道物距引起像距变化的规律，以及了解物距、焦距和像距之间的关系，探究凸透镜成虚像、实像的条件，认识各种成像的光路图。

第二，学生需熟记研究的过程与方法：学生用凸透镜进行课前预探究，通过探究凸透镜在生活中的应用，让学生体验科学研究的过程与方法，培养学生分析试验结果、从物理现象中得出科学规律的能力。

第三，教师传达给学生的情感、态度和价值观：提高学生对科学的探索欲，培养学生探究的能力，使其乐于在生活中发现物理现象，并通过物理现象归纳总结物理学科学规律的方法，在探究过程中遇到问题，鼓励学生要勇于合作、交流，在探索中培养学生们对物理学科的兴趣。

（3）教学重难点。

第一，教学重点。凸透镜成像规律。施教策略：采用边实验边记录边总结的方法，学生通过自己演示实验，观察实验，分析实验，记录数据，分析讨论，归纳总结，从而得出规律，进而加深学生理解并掌握教学重点内容。

第二，教学难点。把握实验的全过程为探究性而不是教师包办的验证性实验。施教策略：采用课前学案辅导的方法，课上同学之间互相交流和自主动手实验，引导学生设计表格，从而确定观察对象和记录数据。利用 Flash 动画突破教学难点，突破本节的重点和难点。将规律与原理用动画生动形象地呈现在学生面前，同时也进一步加深学生的实验认识，使理论和实验相结合。

总而言之，教师备课是教师基本的常规工作，直接关系到教育教学的质量。常规的备课，其基本要求是：心中有课标、脑中有教材、眼中有学生、手中有方法,也就是要求教师备课时以课程标准为目标、以教材为蓝图、以学生为中心,以活动引领和问题导学为策略设计教学。

二、物理教学一般过程

物理教学一般过程,除了上面探讨的备课,还包括以下方面:

第一,上课。教师要遵守上课的规章制度,自觉遵守考勤制度,合理分配课堂教学时间,执行课程标准,遵守教学计划,保证课堂教学有效有序;注意调动学生的积极性和主动性,妥善处理课中突发事件;作范画时应注意照顾到所有的学生,应让学生看得到作画的步骤,保证教学质量,培养学生解决问题的能力;课后及时记录教学日志,详细记录学生出勤、纪律情况及教学效果;做好课后回忆反思,及时总结本课经验并写入教案。

第二,课外作业的布置与批改。教师要落实作业管理相关要求:一是严格控制作业总量,时间不得超过规定标准;二是作业要求明确、富有技巧训练性质,力图结合实际问题、专业应用情况,[①] 符合大纲范围,难易适度;三是要求学生按时独立完成作业,培养学生良好的学习习惯;四是作业批改实行等级评价,批改与反馈要及时,起到指导、激励与导向作用,并要及时记录作业情况。特别是"双减"工作实施以来,教师要多研究如何提高作业设计质量,考查学生知识掌握的深度及高层次能力,优化作业设计和批改,落实减负增效。

第三,课外辅导,教师要对学生进行有效辅导。教师需根据课堂训练及作业批改情况合理安排辅导,如集中解答疑难、指导思考方法、端正学习态度;但是要注意对优秀生、学困生、个体与群体要运用不同的辅导方法,合理进行辅导。同时,也需要得到家长的支持和理解。

第四,学业成绩的检查与评定。学生学业成绩的检查与评定是教师了解学生学习情况的重要途径,也是教师检验教学效果、总结教学经验、不断改进教学的重要途径。日常学业成绩检查方法为:一是平时考查,包括作业、课堂练习、学期测验;二是阶段考查,包括课题性、阶段性测验,练习与考试时间在教学

---

① 杨成.初中物理教学实践[M].沈阳:东北大学出版社,2015:52–62.

工作计划中提前做出规定。学业成绩评定按百分制进行，60分为合格；也可以按照高考要求进行，评分应恰当、公正。

另外，教师要注意仪容教态。教学中教师要注重自己的教态，努力通过自己的仪容仪表、教姿教态去感染学生，传达教学的信息，沟通师生的感情，积极推进教学的进程。

第二节　物理教学过程中素质培养

一、物理教学过程中素质培养的影响因素

（一）教师教学方式的影响

教师的教与学生的学，是物理教学过程中的双向互动过程。教学活动是师生共同参与的过程。传统教学中，教师是知识的传授者，被赋予了较高的地位，因而在教学中处于绝对的主导地位，决定着教学目标的制订，教学内容及资源的选择，乃至教学活动的组织形式等，这与现代教育理念所强调的学生主体地位相冲突。现代教育理念注重师生地位的平等，主张教学过程中的师生对话。因此，教师的教学理念及教学方式对于核心素养的培养至关重要。要实现基于核心素养的物理教学，就需要对教师的教学方式进行适当的调整。

1. 重过程轻结果教学方式

传统的知识本位的教学模式，注重知识的传授及掌握的数量。这种只重结果而忽视学生学习过程的教学方式，不利于学生能力的提升。"授人以鱼不如授人以渔"，运用到教学当中，体现了学习方法的重要性。教师教学的目的，不应该只是知识的单纯传授，或是应付考试，获得高分，而应该教会学生体验获得知识的过程，掌握获得知识的方法。这种获得知识的方法与能力，应该体现在教学过程之中。

在我国教育发展的过程中，主要形成了两种教学方式，即知识传授式教学和探究式教学。而其他形式的教学方式，都是基于这两种方式的补充和延伸。

知识传授式强调的是知识本位，这一教学方式与现代教育理念所强调的学生本位相冲突，其不足也在教学发展中逐渐显露。探究式教学，突出了学生在教学中的主体地位，该教学方式是以问题的解决为目标，学生在教师的启发与引导下，自觉主动地完成发现问题、分析问题、解决问题、总结归纳的过程。在这一过程中，学生既体验到学习知识的成就感，又获得了解决问题的方法。不仅如此，学生在探究过程中，思维能力、合作精神、沟通交流能力、收集信息的能力等都得到了锻炼与提升。探究式教学注重学生自主学习习惯的养成，同时还关注学习过程中方法的掌握、能力的提升，以及科学精神与品质的培养。这些都是隐性素养，而传统的教学方式，之所以重结果，是因为结果是直观的、显性的，这也反映了人的认识上的欠缺。其实当学生具备一定的隐性素养之后，结果的获得便指日可待。

2. 重理念促发展教学方式

意识对人的行为能产生一定的影响，因而，在教学过程中，科学的理念与方法，对于学生的学习能够产生积极的促进作用，具体体现在良好习惯的养成及科学思维的发展上。学生的层次取决于教师的眼界和思想高度。在教学过程中，教学内容及方式的选择都来自教师的决策，取决于教师的教学理念。教师对学生人文知识的渗透、社会信息的吸纳能培养学生的人文底蕴与国际视野。如将物理学史融入物理教学，有助于培养学生的人文情怀，帮助学生领悟科学的真谛，更加深刻地理解物理学科的价值，增强学生对社会责任意识的认同感。基于以上认识，在物理教学活动中，可通过两个方式实现教学方式的改进：首先，融入物理学史的教育，补充物理学背景，帮助学生更好地理解科学发展历程，形成对物理学的准确认知；其次，强化理论知识与生活的联系，补充科学技术在生活中应用的知识，深化学生对物理学科学性与实用性统一的认识，帮助学生形成学以致用的观念。

（二）学生学习方式的影响

学习方法的掌握，是学生知识的获得与能力提升的关键。伴随着现代教育的发展，形式多样的学习方式层出不穷，如自主、合作、研究及创新学习等。随着教育改革的持续推进，学习方式的改进，已成为教育界普遍关注的话题。

1. 变被动为主动学习方式

学生是教学活动的主体，学生的学习能力直接决定了学习的效果。一般将学习分为认知性学习与非认知性学习两种。非认知性学习是学习方法、态度及情感的总和。现代教育所要培养的是全面发展与终身发展的人才，要培养学生成为自主学习的主体，这就需要培养学生养成热爱学习、独立思考的习惯；与此同时，全面发展的人才也需要具备合作、探究的精神，离不开与人合作的意识。变被动为主动的学习方式的转变，需要在探究式教学方式的引导下，采取小组合作探究的学习方式，通过"活动引领、问题导学"的教学策略，在生生间的交流互动过程中，培养学生的合作意识。鼓励学生在平时的学习或生活中，多与他人沟通，在与他人的互帮互助中，获得知识，这是学习过程中不可或缺的品质。

2. 改传承为创新学习方式

传统的教师—言堂式知识传授的教学方式，已让很多学生适应了知识的被动接收。这种被动式的学习方式不利于学生思维的能动性及创造性的发挥，使得知识的学习略显生硬，不善于知识的灵活变通，造成的直接后果便是遇到类似的问题时，不会处理。究其原因是学生并未真正理解知识的内涵，对于知识的理解尚处于似懂非懂的状态，思维模式过于机械和呆板。根据现代社会对人才的要求，学会学习、思维灵活、富有创新性是适应社会发展所必备的技能。这种能力的培养，依赖于探究性教学方式的配合，引导学生进行探究性学习。教师应为学生的探究性学习创造更多的机会，通过开发形式多样的探究性学习，如变废为宝的小制作、改进物理实验等，以增强学习的主动性，打破僵化的思维模式，促进思维的开阔性，调动学生学习的热情。

（三）教学环境的影响因素

家庭、学校、社会是影响学生学习的三大主要因素。其中学校环境的影响是巨大的，学校环境主要体现在教学之中，即教学环境，主要包括教学工具的使用，教学管理理念和氛围。在物理教学中，通过对教学环境的改善，引入现代教育技术辅助教学，不仅能够让学生接触先进仪器和教学技术带给教学的改变，有助于丰富学生对物理学的认知，提高物理操作能力；还能够激发学生课堂学习的积极性，促进教学效果的提升。

二、物理教学过程中核心素养的培养分析

（一）物理核心素养的理论与模式建构

素养是人在特定情境中综合运用知识、技能和态度解决问题的高级能力与人性能力。随着时代的发展和科学技术的进步，政治、经济、文化和教育等各方面迅速发展，核心素养随之产生。核心素养是一种高级能力和人性能力，帮助人们更加适应迅速发展的信息时代和知识社会，解决在社会中遇到的各种难题和人际交往关系。核心素养是个人的一种关键能力和必备品格，其随着人们通过接受不同阶段的教育逐渐形成，对个人的终身发展和适应社会的发展有着极大的帮助。

核心素养对于个人适应社会发展的需求和终身发展的需求有巨大的作用，是社会价值和个人价值的集中体现，也是人所具备的素养网络中最基础、最关键的素养；核心素养是个人必须具备的关键能力和品格素质。品格是人的一种基本素质，集中体现了人的生命价值和品性，是人的精神境界和精神高度的具体体现；能力是指人所具备的新能力、判断能力、行动能力及决策能力，无论个体处于何种情况何种工作，这些能力都能发挥出积极的推动作用。

1. 核心素养的理论支撑

核心素养是一种有理论依据的理念，可分别就心理学、哲学、经济学等方面进行学术理论探讨。

（1）心理学理论。核心素养的心理学理论主要包括五个方面：一是科技素养理论。科技素养理论不仅是科技理论形成的信息、科技产物或者单纯的信息传播，还包括以科技理论理念解决问题、通过科技理念促进世界改变；二是不确定性与多样性的处理。在多元化、差异化的大环境中，需要以包容、开放、理解、换位思考的方式处理可能出现的问题；三是寻找并建立社群之间的联结。为了适应社会发展变化，社群之间应该建立联结或虚拟的网络连接，打造道德化的氛围环境；四是对情绪、意愿、渴求进行管理，采用多元化的方式实现情欲与动机之间的关系；五是自律自主开展行动、对行动负责。自律自主开展行动指主动和环境进行交流互动，在交流交互中获得学习和成长，自律自主的责

任指对社群负责、对自己和周围的人负责、对自我的承诺和信用负责。

（2）哲学理论。哲学是探讨思考和反思的学科，是一门关于智慧的科学。哲学可以帮助人类实现对生命的探索、对世界的认知、对能力的提升、对态度的调整。哲学中的思辨方法可以帮助个体进行自我了解，增进个体对周围环境中人、物的理解。通过了解，从环境中获取生活所需，掌握生活技能，以应对生活中的挑战。

核心素养和哲学之间有着密不可分的关联，主要体现在两个方面：一方面，是核心素养的获得可以提高人们的生活质量；另一方面，是核心素养的获得，有助于人类提高面对未来发展及挑战的能力。哲学理论的发展与未来学的学科趋势是相一致的，哲学认为教育会随着时代变化而变化，对优质生活的定义也不能一成不变，应该根据不同时代个体需求的不同进行核心素养的培养，以帮助个体获得优质生活。优质生活对个体有达成目标、达成期望的要求，个体对自我有相似的价值需求，也具有类似的心理能力，个体可以从社会中获得经验和能力，并且将经验和能力用于规划未来。

（3）经济学理论。经济学认为世界是一个复杂变化的整体，其内部各个组成部分之间相互依赖、相互矛盾，各组织和群体之间也充满挑战。核心素养的获得需要借助工具和学习，通过对核心素养进行有意义的管理，以应对环境的复杂性和不确定性。终身学习将会成为教育的必然趋势，教育应该着手于培养学生的学习能力，因为学习能力是保障长期教育的根本。从经济学的观点来看，一名成功的市场工作人员应该包括：阅读能力、数学运算技能、能进行有效沟通的能力（包括口语沟通和书写表达）、与人合作的能力、适应社群工作的能力和对信息科技的掌控能力。市场工作人员所具备的素养，既可以用于特定领域，也可以作为跨领域所需素养的参考。相似的是，行政主管部门的辅导委员会从市场经济观点调查学生的核心就业能力，提出知识力、创造力、批判力、品格力、实践力及智慧等能力。

2. **核心素养的培养原则**

（1）系统设计原则。在素质教育不断推进的时代背景下，核心素养的培养成为当前人才培养的一个重要方向，指导着学校教育教学的改革。学科素养贯穿于学科教学的始终。学科核心素养培养的内容与学科内容及学科目标有着直接的关系，学科不同，其核心素养也不同，但是任何学科的核心素养的培养，其大的方向是一样的，即聚焦学科最核心的知识、方法、思维。

教学活动是一项系统的过程，从课程标准到学科知识的教学都需要以学科特点为基础，同时兼顾学科知识，通过由浅入深、逐步深化来编排。学科核心素养对学科教学有着重要的指导意义，因而，从核心素养层面进行教学设计是现代教学设计发展的必然趋势。立足于核心素养，进行课程知识的分析、学科内容的理解，在核心素养理念意识的指导下，进行系统的教学内容的分析，将核心素养的培养渗透于教学，并强化其地位，使核心素养的培养在教学的各个环节都得到落实。

对核心素养的培养往往需要经过学期或者学年的培养来建构，甚至有的学科核心素养还需要跨阶段来实现。这就意味着核心素养的培养，离不开科学内容的系统设计，促使核心素养的培养有计划、有步骤。首先，需要在核心素养理念的指导下分析学科课程，确定以核心素养的培养为基础的课程主题。进而，围绕这一主题，分析课程章节主题，逐一教学，这是一条从宏观到微观进行学科核心素养培养的系统化设计路线。其次，有针对性地对核心素养所集中的课程内容进行全面分析与系统设计，包括知识内容的分析、教学目标的设定、教学过程的设计等，这些都要围绕核心素养的培养理念。

（2）课时积累原则。核心素养的培养离不开学科的教学过程，它贯穿于教学活动的每一个环节及每一个阶段，是一个系统化的过程。而学校教育的每一个阶段又包含着一系列课程，课程的教学是通过特定课时的累积而完成的，因而，基于核心素养培养的特点，它的形成也应体现课时累积的原则。课时核心素养的培养，以整体素养的构建为指导。对于教学过程中的主次重点，需要从核心素养的培养出发来把握课时。课时的教学不是独立的，是在一个主题对应的章节中相互联系、促进理解与深化的。基于核心素养的培养，需要注重以章节为单位的单元整体教学，并将其视为章节目标达成的主要途径，通过课时学习的有效积累，促进核心素养的构建。

3. **核心素养的评价模式**

评价的目的在于对学习效果的考察。评价的方式是多样的，通常包括纸笔测试、活动表现性评价等。纸笔测试是一种较为常见，且被广泛运用的评价方式。随着人才观培养的变化，人们越来越注重真实情境中开放性、综合性问题的设置，更加注重思维、能力的考查。在核心素养培养的问题上，知识的学习是绕不开的话题，核心素养的培养过程，即是知识的学习过程。更加注重知识在获取与运用基础上能力、态度、思维等的发展。

基于量变引起质变的原理，知识达到一定程度的积累，就会发生质的变化。所以，纸笔测试，不仅要注重对学生知识量的考查，还要兼顾知识的质性发展。测试中对于解决过程性问题的设置，不仅能够展示学生对知识的掌握与理解程度，还能够考查学生运用知识解决实际问题的思维方式与能力。因而，纸笔测试对于核心素养的培养有着积极意义，也是其他评价模式无法比拟的。

对于另一种评价模式——表现性评价，它是一种全新的评价方式。对于表现性评价，可以从广义和狭义两方面来理解。广义上的表现性评价，是指贯穿于平时的教学活动之中，对学习者进行的任意形式的一种评价活动，是一种形成性评价或称为阶段性评价；狭义上的表现性评价，是基于特定的学习内容，对学习者的学习结果进行有目的、有组织的评价活动。

活动表现性评价，贯穿于学习者完成学习任务的全过程，通过对过程与结果的分析，掌握学生的思维过程。具体情境下，学生的表现能体现学生在解决问题中对知识的综合运用及迁移能力。虽然表现性评价，是一种不受拘束的评价方式，但为确保评价的科学性与有效性，必须以明确的评价目标为前提。与此同时，还需要提出问题情境的综合性、开放性与实践性，此外，贴近学生生活与符合教学内容，也是必不可少的。

4. **物理核心素养的建构**

（1）初中生生理与心理。初中阶段，是青少年成长发育的关键时期，处于这一阶段的学生，生理、心理都会发生一系列较为显著的变化，这一时期，也被称为青春发育期。在这一时期，学生成长迅速、身高体形的变化是最基本的，也是变化最大的。由于生长迅速，骨骼肌肉容易疲劳，神经活动不稳定，由此，造成学生心理的极大波动。与此同时，这一时期，学生的大脑也处于快速发展的阶段，因而，这一时期强化学生思维的训练就显得尤为必要。科学的思维锻炼，能够促进学生大脑的发育。

从心理角度来看，这一阶段是由形象思维向抽象思维发展，甚至是向着更高阶的抽象思维转化的阶段。学生的自我认知逐渐形成，表现出强烈地对人格与个性的追求。初中生已摆脱了依赖于具体内容的形象思维，能够根据逻辑推理或演绎解决问题，思维具有可逆性和灵活性。

基于以上分析，安排初中物理基于现象与实验概念与规律的教学，有助于学生通过思想的转换，促进对知识的理解与内化。与此同时，还应该注重学生思维转化的年龄特点。学生的自我认知与实际存在差距，往往会形成错误自我认知，也会有较强的假象经验主义产生。因此，物理教学必须通过具体的实验，去改变学生的前概念，从实验中形成对概念、规律的正确认知，帮助学生养成求真务实的科学精神。

（2）物理教材与知识。初中物理教材版本很多，尽管教材版本多样，但每个版本所涵盖的内容基本都是一致的，都离不开物理教学的课程标准，变化的只是教材素材的选取和扩展性内容。综观每一个版本可以发现，各自的区别主要在于对教材素材的选取与组织方面，大都结合了地方特色；而在内容和章节的安排上大同小异，基本上没有大的差别，从整体上来看，章节顺序相似度极高，这是基于学生认知规律而进行的刻意安排。内容安排，主要遵循的是物理学研究发展与知识难度，这也符合教学的一般规律，知识的编排遵循螺旋式的原则。

初中物理在整个物理学科体系中是最为基础的，也是为后续的物理学习做铺垫的阶段，需要学生学习和了解的知识多而杂，然而，课时却是有限的，因此，大部分知识都只是物理学知识体系中的一个点，或者是一个小知识体系，难以形成系统性的知识网络。初中物理所涉及的知识点，大多都可以通过实验展示现象，而且在教材结构的组织上，不同版本的教材都不一而同地设置了书中栏目实验、想想做做、演示、扩展性实验等，这些栏目被安排在不同的章节之中。之所以进行这样的安排，是基于对实验探究的重视，物理教师要能够运用实验来直观地呈现知识规律，培养学生的动手与探究能力。

（3）教学与社会环境。教育伴随着人类社会的产生而出现，同时也受社会环境的影响和制约。所以，对教育的探讨，绕不开社会环境这一话题。环境对教育的影响是巨大的，尤其是自人类迈入 21 世纪以来，社会已发生翻天覆地的变化，信息技术已融入人们生产生活的各个领域，改变了人们的思维方式和行为。对于教育领域的影响也是显著的，表现为教育技术与方法的更新。

面对社会的日新月异，以及信息与技术的快速更迭，仅满足于传统知识的掌握，是远不够的，而是需要与社会的发展与时俱进，结合时代背景与社会资源，充分发挥现代教育技术的优势，引导学生自主探寻获取知识的方法，培养其自主学习与探究的能力。作为一门基础学科，物理学集科学性与实践性于一体，物理学与人类生活息息相关，生活中各种现象或事物都可以通过物理知识来反映。教师要善于将物理与实际生活联系起来，关注科技前沿，提升物理的实用性与生活性，让学生感受到物理的实用价值和社会意义。

伴随着信息社会的不断发展，尤其是多媒体技术和网络技术的发展，推动了教育技术的变革，使得现代物理教学手段更加多样化、教学资源也更加丰富，教学形式更加多元化，给物理教学带来了深刻的影响，如物理教学中抽象概念、难度较大或危险性较大的实验，都可以通过现代化技术与多媒体手段来实现，使教学内容更加形象化、具体化，通过多媒体或动画的展示，学生能够更直观地从观察中获取知识，深化理解。与此同时，社会化资源，如各类科技馆、博物馆等，也可以成为物理教学的辅助，教师要充分发挥社会化资源的优势，作为课堂教学的补充与延续。此外，信息时代所带来的便捷的网络现代化，成为人们获取信息资源的重要途径，教师要引导学生有效利用网络资源，开展自主学习与探究，从而提升学生这两方面的素养。

总而言之，物理学科核心素养是在物理学习过程中所形成的适应个人成长及社会发展所需要的核心知识、关键能力及必备品质，是学生在物理知识的学习及知识的内化后所形成的具有物理学科特质的素养。物理课程需要将核心素养作为一项重要的教育目标来贯彻，并将其作为引领课程、教材与教学的改革方向。物理学科核心素养，对于学生科学知识的学习及科学精神的培养，以及正确价值观的形成有着积极的促进作用，对物理核心素养的培养是学生核心素养培养的必经途径。

（二）物理教学的科学态度与责任培养

核心素养是课程育人价值的集中体现，是学生通过课程学习逐步形成的适应个人终身发展和社会发展需要的正确价值观、必备品格和关键能力。物理学科的核心素养，主要包括物理观念、科学思维、科学探究、科学态度与责任。[①]

物理教学的科学态度与责任培养，是物理核心素养培养的重要组成部分。开展教育活动的主要目的就是育人，这也是教育活动的最终归宿，一个人的综合发展，并不单纯指其认知水平和能力的提升，而且包括审美能力的提高及良好品格的培养。所谓科学态度与责任，即学生在对科学本质、物理学与技术、社会与环境之间的关系进行认识与理解的基础之上逐渐产生的对科学技术应有的正确态度，以及对社会和环境应负有的责任感；这也是学生在物理学习过程中应该养成的关键品质，在引导学生树立正确的价值取向和观念当中具有重要意义。因此，在初中物理教学活动中必须加大对学生科学态度与责任的培养力度。

1. 态度习得的理论基础

态度并不是每个人先天就具备的，而是在后天的活动中逐渐形成的，是一个长时间不断发展的结果。态度习得与养成和我们学习与掌握普通文化知识、学习技能等是有明显差异的，一般而言，在进行态度习得的时候需要更多的情感投入，而且整个过程都需要学生将自己的认知、情感及行为倾向等方面的学习高度统一起来，由此可见，相较于单方面的学习活动，态度习得的难度和复杂程度无疑是更大的。

（1）态度习得的途径分析。态度习得途径一般包括替代学习与亲历学习。所谓替代学习，即在对他人的行为或者活动进行观察的过程中形成的学习行为，也叫观察学习。替代学习的整个过程应该包括注意、保持、生成及动机四个环节，其中，注意是学习者将其认知活动等心理资源都置入当前示范事件之中，注意

---

① 中华人民共和国教育部. 义务教育物理课程标准（2022 年版）[M]. 北京：北京师范大学出版社，2022.

要学习的事件是态度形成的首要条件，而示范事件和学习者的主要特征会对注意的最终效果产生直接影响；保持即学习者要牢记示范对象表现出来的活动特征，一般而言，学习者主动对相关信息实施转化，使之以自己比较熟悉和容易掌握的表象符号呈现出来，并在大脑中对其进行反复演练，保持是态度习得过程中的认知基础；生成即学习者将脑海中反复演练的表象内容通过一定的规律转化成具体活动，换言之，学习者在日常活动当中将示范对象的行为再现出来，这一环节也被称作动作重现。在这一环节中，学习者不仅要对行为符号的指导有足够的认知，而且对于动作行为的概念与规则也应该有比较清楚地理解，如此才能将行为反应准确组织出来；动机即行为生成以后可能会存在一定程度的强化，使得将来这一行为重复出现的可能性变得更高，对未来行为的产生有促进和推动作用。

所谓亲历学习，主要是指学习者通过对自己的行为活动进行感悟和体验来获取所需知识。这种途径重视和强调学习过程中学习者主体作用的发挥，认为活动结果对学习者相应行为的产生有积极主动的推动作用，认为个体之所以会出现学习这一行为，最主要的原因就是学习者形成的对于行为结果功能价值的认识。首先，学习者能够认识到行为结果所具备的信息价值，能够从中认识到结果与行为反应之间的关系，并且会利用这一认识对反应与结果进行指导，通过对选择行为进行强化或者否定来不断引导个体态度与行为的生成与发展。由此可见，亲历学习实际上就是对信息进行处理和深入认知的活动。其次，在亲历学习过程中，学习者应该能够认识到反应结果的重要作用。一般而言，某种活动在正式实施以前，学习者都会对最终可能呈现的结果进行预设和推测，有时候这种预设的结果就是学习者采取行动的直接驱动力。

在态度习得的过程之中，学习者通过两种方式往往能够形成一种态度。此外，两种方式应该是相辅相成、共同发挥作用的，因此应该尽可能地避免二者之间出现矛盾，否则很容易弱化态度习得的最终效果。

（2）态度改变的心理阶段。

第一，顺从阶段。所谓顺从，即为了获得奖励或者避开职责而有意地表现出接受与认同他人观点的样子，虽然外显行为是与其他保持一致的，但是情感和认知通常和他人存在分歧与矛盾。例如，在教学活动中，有时候学生就会对教师表现出言听计从的样子，主要原因就是外在奖励或者惩罚会对学生的学习态度产生非常明显的影响，一般而言，顺从获得奖励的概率会比较高。从这一角度来看，态度的转变是深受外部环境影响的，外在环境发生变化，学习者的态度通常也会出现不同的改变，学习活动呈现出盲目性和被迫性等特征。因此，顺从阶段是态度被内化的低层次水平，也是态度习得中的开端环节。

第二，认同阶段。所谓认同，即学习者对他人的思想、观念、认识等表示赞同和认可，并且为了在认知、情感及行为取向等方面与被学习者同步，常常会积极主动地向他人学习。简单而言，实际上日常活动中我们所说的向榜样学习和看齐就是一种认同的表现，其主要目的就是变得像自己的榜样一样优秀。学习者越认可榜样，模仿榜样的程度就会越深，这样，即使是遇到困境和阻碍，往往也能够坚强应对。认同学习一般受外部环境影响很小，学习者通常会积极主动地去学习和掌握他人的行为方式，因此是比较积极和稳定的，相较于顺从而言，认同的内化程度更高。

第三，内化阶段。所谓内化，即学习者把自己认同的思想、理念等纳入自己的学习框架之中，并形成严密的价值系统与态度系统。在这一阶段之中，学习者习得的态度往往会成为行为不可分割的组成部分，并且在较长时间之内一般都不会发生变化。

（3）态度习得的促进方法。

第一，说服。在日常教学活动中，教师在引导学生转变自己本来态度的时候都习惯用言语说服。在利用言语说服学生的时候，教师一般都会选择一些能够支持原有态度或者不支持原有态度的证据呈现给学生，以便使学生认同自己的教育和态度，使之能够改变原有态度，并且主动去习得新态度。在通过说服来促进学生态度习得时，比较有效的技巧是以现实情况为基础，向学生展示单面或者双面论据。

如果学生的文化程度偏低，或者持有认可态度，则教师为之提供单方面的论据往往就能够推动态度的顺利习得；如果学生的文化水平比较高，或者对于某一事物持有否定态度，那么教师就需要为之提供双面论据。具体到日常教学活动中，教师如果想要引导学生转变自己本来的态度，如果对象为低年级学生，则需要为其提供正面论据，如果对象为高年级学生，则需要为其提供正反两个方面的论据。在这一过程中，教师在提出自己的观点之后，如果学生没有出现逆反心理，则教师只要为学生提供正面论据稳固其态度即可；如果学生对于教师的观念持反对态度，那么教师就需要为其提供双面论据，这样才能够给学生带来教师是公正公平、严谨正面的感觉，从而对教师产生好感，有利于学生态度的顺利转变。在向学生展示论据的时候需要注意一点，即必须充分考虑到教育任务的实际需求。如果教育任务需要即刻完成，那么向学生展示正面论据往往是比较有效的；而如果教育任务是需要较长时间完成的，那么教师就需要为学生提供正反双面论据，如此有利于保证教育工作顺利进行。

此外，在利用说服手段促进态度习得的时候，还应该注意以理服人和以情动人。说服内容里面包含的情感因素在作用于态度习得和改变的时候一般能够产生立竿见影的效果，但是维持的时间较短；而能够长期发挥作用和产生效果的往往是理智因素。系统来看，无论是情感因素还是理智因素，在促进学生态度习得和改变态度的时候都会受学生成熟程度的影响。一般情况下，在面对低年级学生的时候，教师利用情感因素来打动学生往往可以取得更好的效果；而在面对高年级学生的时候，往往需要摆事实、讲道理，引导学生进行自主判断和选择。由此可见，学生的成熟度对于说服教育效果的高低有重要影响。对于普通水平的学生而言，教师在教育活动中应该先发挥情感因素的影响作用，最后再通过摆事实和讲道理等理智行为证明自己的观点，从而获得更好地促进效果。

在说服学生的过程中，教师还应遵循逐步提高要求这一原则。在促进态度习得和转变的过程中，教育者的观点和学习者本来态度之间存在的实际差异始终发挥着重要作用，当二者之间的差异处于中等水平的时候，最容易改变学生的态度，而这种差异性如果越来越大、越来越明显，那么态度的转变就会越来越困难，改变幅度也会越来越小。因此，在实际教学活动中，教师应该对学生的本来态度有一定的掌握和了解，并且对其与自身的态度之间的差距进行估计，以便更加有效地改变学生的态度。如果二者之间的差异过大，则教师需要对改变态度的整体目标进行适度分解，使之形成若干个不同层次的分目标，然后要求学生先达成层次较低的分目标，接着完成更高层次的分目标，一步一步地走向整体目标，不断缩小教师和学生之间态度的差异，促进学生态度转变。

第二，榜样。榜样在促进学生态度转变的过程中始终发挥着重要作用，学习者使用频率最高的学习方式之一就是模仿榜样的行为。也正是因为这一点，教师在培养和改变学生态度的时候，应该重视榜样的作用，为学生塑造榜样，并且在发挥其作用和功能的时候应该选择适当的呈现方式。

在学习活动中，榜样本人在学习者面前做出真实的操作行为，更易诱发并保持观察者的注意，如果突出关键部分的反复示范，效果会更好。但是需要特别注意，对于榜样的操作行为，必须能够进行准确判断和认识，否则往往会引发反效果。在当前的社会环境中进行榜样教育的时候，很多个人或者机构都会选择使用各种形式的传播媒体，因为其能够将精细和全面地对榜样形象与具体内容进行介绍和阐述，更加突出模仿的重要价值和功能。而且随着信息技术的不断发展，这种科学化榜样教育模式越来越受到人们青睐。

此外，在开展榜样教育的时候，教师必须以身作则。对于学生群体而言，在很多时候都是将教师作为自己学习榜样的，因此，无论是教学活动还是日常生活，教师都必须规范自己的言行举止，要利用自己良好的行为活动引导学生养成积极正向的学习习惯。作为一个榜样，如果其态度真诚热情、举手投足间都能够展现出高素质，那么对于多数学习者而言，其都是具有很大吸引力的。

第三，角色扮演。所谓角色扮演，其实主要指的就是学习者在特定地位之中并由此形成与之匹配的行为活动的一系列进程。教育活动中的角色扮演，实际上就是安排部分学习者作为演员，而其他人扮演观众，二者处于同一个场景之中，形成解决问题的期望和对参与的理解，并产生与之相符的同情、爱慕等情感，然后在此基础之上进行更加深入的论述和分析。在这一场景之中，双方一般都能够形成自己的观点和态度。

在角色扮演的实施过程中，有两个因素始终发挥着重要功能：第一，从角色扮演者方面来看，其必须能够准确认识和理解自己在学习情境中所处的位置和具有的重要性，对于自己扮演的角色的内心情感等有一定的了解，并且能够将之通过适当的行为操作表现出来，掌握一定的表演技巧；第二，从教师指导学生进行角色扮演角度来看，对教育程序中的每一个步骤都应该进行说明和解释，例如，要对角色内容进行分析，并且应该给出相关要求，进行角色扮演的时候应该根据学习者自身特点进行适当选择，合理设计场景，使学习者能够熟悉自己面对的学习对象，最后引导学生进行积极讨论，得出自己的观点，从而将这一教育方式的作用充分发挥出来。

2. 科学态度与责任培养策略

（1）创设问题情境与培养好奇之心。每个人都会有好奇心，好奇心是人们深化认识和进行创造等行为的重要驱动力。对于学生而言，好奇便是其对某一概念或者规律进行认识的过程中必备的科学态度之一，是推动其对知识进行深入探索的重要内部动力。在物理学习中，学生对于所学内容如果有浓厚的兴趣和强烈的好奇心，往往能够更加顺利和高效地应对学习中存在的问题，从而更好地提升自己的物理学习成绩。相较于小学教育而言，物理是初中教育中新出现的一门学科，而且受其内容影响，知识比较枯燥且学习难度相较于其他学科而言难度也偏大。从学生方面来看，尚未找到恰当的学习方法，从教师方面来看，没有将学生的学习动力和兴趣，以及求知欲望和好奇心等充分激发出来，学生面对物理学习产生抵触情绪，导致物理成绩下降，然后对于物理学习更加缺乏兴趣，陷入一个恶性循环之中。

由此可见，培养学生的好奇心对其更好地学习物理非常重要，一般而言，学生对于物理学习的好奇心都是基于渴望解决问题而形成的，因此，教师必须具备为学生建构情境的能力，并据此设置恰当的问题，从而丰富学生的情感体验，激发其求知欲和好奇心。在具体的情境建构过程中，教师应该将物理内容与学生的实际生活经验相联系，或者充分利用多媒体优势，以图片、视频、动画等多种形式进行知识展示和问题设置；此外，教师也可以在课堂教学中安排学生做一些互动性比较强的小实验，从而激发学生对物理学习的好奇心。

此外，培养学生的探究精神也是物理教学中不可忽视的一点。科学探究精神是现代人才所必备的一种品质，现代教育理念强调培养学生的探究能力，探究式教学已成为当前学校教育的重要教学模式之一。探究式教学是将科学领域的探究引入课堂，在感受和领悟科学家的探究精神的过程中，理解科学的概念和本质，从而自觉增强探究意识，培养探究能力。物理研究要在科学探究的过程中寻找事物的本质特征与统一规律。科学探究成为物理教学不可或缺的一部分，成为物理教学的重要内容和教学方式；与此同时，科学探究还是学生必备的一大素养。科学探究素养的培养是一个漫长而持续的积累过程。在不同的学习阶段，物理教师应根据学生的特点及能力水平选择合适的探究方式，加强科学探究素养的培养。

（2）注重物理实验与培养求实精神。实验是物理学科的基础，在各个学段的物理学习中都会有所涉及，因此其功能和价值都非常明显。从物理的产生与发展来看，其中包含的定理定律、原理等内容都是专家学者在大量实验的基础之上获取数据并进行归纳整合之后得出的，并且其最终又会通过实验进行检验，且物理学当中存在争议的问题通常也是通过物理实验进行验证的。由此可见，实验对物理学习至关重要。想要做好物理实验，学生就必须树立一个科学严谨的态度，现实中很多物理实验都是要对物理量之间的定量关系进行分析和研究的，因此不但需要对数据进行定量测量，而且要对数据进行必要处理，对可能存在的误差进行分析，从而获得更加可靠的结论。因此，在初中物理教学活动中，教师必须认识到物理实验的重要作用，引导学生主动利用实验对学习内容进行探究，培养其严谨求实的学习态度。

（三）物理教学过程中核心素养的培养措施

对于核心素养的培养，首先，需要从观念上转变。作为物理教师，要确立核心素养培养的意识，进而基于核心素养，明确与之相应的教育理念，在此基础上进行教学模式的调整，具体措施如下：

1. 转换教育观念

教育的目的在于实现人的全面发展，这与现代化教育所强调的"立德树人"理念是相一致的，这一理念彰显了教育的育人价值，这也是传统教学的不足所在。传统教学忽略了人的价值与发展，一味强调知识的传授。这无异于将学生视为被动接受知识的容器。而核心素养尊重并重视人的价值，将人的全面发展放在突出位置。由此可以看出，重授（知识）或重教（人），是传统教学与核心素养的矛盾所在。

核心素养的落脚点在于人的全面发展，因而融入核心素养的物理教学设计，强调学生的主体地位，教师作为教学活动的组织者和引导者，应该摆脱传统教学理念的束缚，改变重结果轻过程的教学观念，把教学的本质从授知识转变为育人。这就需要教师对自身角色有一个准确的定位，对于物理教师而言，转换教育观念，需要认识到这就是教师的身份，以教师的身份来确定教学的任务，而育人，而非单纯的学科知识的传授。教师要尊重学生，关注学生的成长，并为学生的长远发展制订科学的规划，培养学生适应社会发展的能力和品质，真正落实教育育人的任务，提高初中物理学科教学质量，提升初中学生的物理学科素养，促进初中物理教师的专业化发展。

2. 开拓研究领域

核心素养不应该只是存在于某一学科之中，不能为学科机械地割裂。因而，学科核心素养，不能专注于各自学科的方向，而需要各学科间的统筹合作。对于教师而言，需要加强学科间的联系，不断扩宽本学科研究领域。例如，加强物理与文学、心理、数学等学科的联系，为核心素养的培养搭建桥梁。作为教师，不能仅局限于本学科，而是要具有开阔的视野，对学生进行全方位的培养，就需要加强学生人文、审美、心理健康等方面的熏陶，不仅从纵向上做好学科知识的梳理与核心素养的融合；还应该从横向上，强化学科间的联系。强调教学内容的综合性、动态性，为核心素养的培养创造良好、和谐的学科环境。

3. 梳理学科框架

素养教育的培养，是一个长期的、系统的过程，不仅反映在整个学校教育之中，也反映在教学活动的任一环节及课程之中。课堂教学是学校教育的主要形式，因而，它也应该是核心素养培养的主阵地。因此，作为教学活动组织者和实施者的教师，应该强化课堂在核心素养培养中的地位，集中精力钻研核心素养框架，系统整理学科知识，为促进二者的有机融合搭建桥梁。首先，需要着眼于教学目标的设计，教师需要以科学的教育理念为指导，树立核心素养意识，转变传统的知识本位的教学模式，以学生的全面发展作为教学目标确立的依据；其次，对教学内容进行分析，从内容中寻找核心素养的切入点，力求目标表述更具体，操作性更强。

需要指出的是，强化核心素养的培养，并不等于弱化学科知识的传授，相反，学科知识的地位也不能动摇。因而，观念和思想的形成、素养的培养都必须以学科知识为基础。作为物理学科的教师，在进行教学设计时，在以学生为中心的发展前提下，以人的全面发展为核心，注重课程结构的系统性和完整性，将素养的培养与影响教学的诸多要素结合起来，如课标、教材、学情、学生心理等，使其相互作用，协调发展。立足于学科特点，充分挖掘学科价值及其本质，以全新的教育理念指导教学的过程，丰富课堂教学内容与形式，如列举实例、课堂小游戏、课堂报告等，为学生素养的培养创设良好的教学情境，鼓励并引导学生积极参与课堂，使他们真正成为学习的主人。

4. 丰富评价标准

传统的教学评价采取的是分数决定一切的评价模式，在这一评价模式的影响下，教师的教与学生的学都是为了分数而进行的。随着时代的发展，以分数和升学率为根本的应试教育的不足日渐突出，很难体现现代教育所要求的价值取向。而核心素养强调的是学生的全面发展，分数不再是衡量教学效果的唯一标准，提倡核心素养的培养，能够对应试教育的不足起到一定的矫正作用。

任何教学活动都离不开评价，评价既是对教学活动的总结，也能够推进教学活动的改进。评价标准能够反映课程实施的情况，也是课程实施的风向标。要在课程教学中有机地融入核心素养，需要摒弃分数决定一切的教学观，改为以学生的全面发展为依据，从单一的考试分数转向多样化的综合评价模式。促进学生的全面发展，就需要关注学生、了解学生，挖掘学生身上的优点和与众不同之处，对学生的素养进行全面考查和综合评价，真正把学生的发展和能力的提升当作教育的最终目标。

第三节　物理教学整合与教师评价

一、信息技术与物理教学整合

信息技术与物理教学的整合，是把信息技术作为一种教学手段和方法融入物理教学的各个层面中，对物理课堂教学进行重组和变革。信息技术与物理教学的整合主要包括以下方面：

（一）信息技术与物理实验教学整合

实验是物理教学的重要学习内容，是培养学生学习物理的兴趣和激发学生求知欲的重要手段，也是培养学生在实验过程中发现问题、分析问题和解决问题的能力，实事求是、严肃认真的科学态度和克服困难的工作作风，以及科学严谨的实验素质和习惯的有效途径。

信息技术与物理实验整合能够将传统实验教学中的优秀成分和现代教育教学新理念有机整合，体现学生主体性和个性化发展的思想。不仅如此，信息技术与实验整合能够缩短实验时间，在相同的教学时间里可安排更多的实验，提高教学效率，从而在不增加总学时的情况下，丰富实验教学内容。

1. 信息技术与演示实验整合

演示实验主要是教师用物理仪器和实物进行的实验演示，还包括教师在课堂上出示模型、实物；用投影教具和模拟教具进行的操作演示；放映物理录像片、电影片、幻灯片等声像教学片，以及利用微机进行模拟实验。指导学生对演示实验的观察和分析，可以使学生发现和提出问题，进行探究学习，也能更好地理解和掌握物理概念和规律，培养物理观察能力和思维能力。通过多媒体技术模拟实验，所呈现的内容真实、生动、极富表现力，很容易引起学生的兴趣和注意，从而能有效调动学生的各种感觉器官，增强学生的记忆能力与理解能力，提高教学质量。通过用现代仿真技术、虚拟现实技术、人工智能技术、网络技术等进行模拟，这样就可以生动直观地把实验现象再现在学生的面前，学生就有了直观的印象。

2. 信息技术与探究性实验整合

利用实验进行科学探究是重要的物理学探究形式。在物理教学中也往往要利用探究性实验进行教学。但利用真实实验进行探究学习有时会受到实验器材、仪器、数据采集、数据处理、教学时间等各种条件限制，学习效果也会不尽如人意。而基于信息技术的物理实验的开发，给利用探究实验进行学习开辟了另类途径，这种另类途径主要有两方面。一是通过数字系统（digital information system，DIS）实现对物理实验探究的教学。DIS 是由真实实验装置、传感器、数据采集器、计算机及其分析软件构成的实验系统，利用它可以进行真实的物理探究实验。二是通过虚拟物理实验室中做实验的方式进行探究。虚拟的物理实验室是虚拟现实（virtual reality，VR）技术在物理教学中的应用。虚拟现实是由多媒体技术与仿真技术相结合而生成的一种交互式人工世界，在这个人工世界中可以创造一种身临其境的真实的感觉。[1]

虚拟物理实验室可以再现物理学发展史上起里程碑作用的经典实验，以及各类物理课程中的探究性实验、验证性实验、训练性实验，内容可以包括基本物理量的测量、基本仪器的使用、基本实验技能的训练、基本测量方法与误差分析，也可以包括力、光等典型的实验，还可以包括与现代科技相关的扩展性实验，如数据采集、数据处理等。学生在虚拟物理实验室积极地、主动地进行探索，体现了一种自主性和个性化的学习，学习实验的设计思想、实验方法、仪器的设计原理、操作原理与方法，这将有利于学生的实验能力、科学探究能力和自主学习能力的培养。

3. 信息技术与实验数据处理整合

信息技术在实验及其数据处理上有多方面的应用。DIS 实验已经进入物理教学，它以传感器和计算机为基础，结合传统的实验仪器，将实验数据采集之后用计算机进行分析处理，通过数据图表和图像展示现象、揭示规律。DIS 实验是将传感器、计算机与传统的实验仪器相结合，是传统实验方法的发展和数

---

[1] 朱铁成. 物理课程与教学研究 [M]. 杭州：浙江大学出版社，2008：247-271.

据处理的科学化，呈现的是真实的实验，数据处理上更严谨、更规范，也更便捷。

传统教学中学生的实验报告一般是学生做完实验，离开实验室后完成的。这种做法存在着许多不足，如实验数据得不到及时处理，无法即时发现实验数据的正确与否，教师批改实验报告的工作量大等。为此，可以用 Windows 系统平台，基于 Visual Basic 编制"物理实验数据处理系统"软件，对实验数据进行录入和处理。数据的录入通过数据输入模板或自定义数据表格来完成。由数据录入创建和保存的数据文件又可导入程序重复使用。数据的处理主要是利用表格和图像来探究数据变量间所反映的数值关系及物理规律并进行相关的计算。

Excel 是微软 Office 办公系统软件中的一款具有强大的数据统计、分析计算、制作图表功能的软件，而且是一种非编程数据处理软件。用在物理实验中，能按照设计者的意图将现场数据进行快速、准确的处理，并以多种图表的方式描绘出来。统计产品与服务解决方案（statistical package for the social science，SPSS）软件也适用于物理实验数据的处理。

总之，利用信息技术，不但可以操纵实验的条件，采集实验的数据，对实验过程进行控制，而且能对繁杂的数据进行快速的转换、曲线拟合、误差计算等，有助于教学的高效率。

（二）信息技术与物理探究教学整合

信息技术与物理探究教学整合，就是把信息技术作为促进学生自主学习的认知工具、探索工具和情感激励工具融入探究教学之中。把信息技术整合到探究教学中有多重教学功效，应用信息技术可以在常规手段不能有效创设情境的情况下，创设生动的问题情境，从而激发学生的探究欲望；应用信息技术可以快捷地收集探究所需要的信息资源，处理探究所需和所得的数据；利用信息技术创生了一种开放、互动、交流方式，教师以这种新方式引导学生探究学习，师生和生生之间以这种新方式交流探究成果，进行自评和互评。

在信息技术与物理探究教学整合的教学过程中，在教师的启发诱导下，利用信息技术所提供的自主探索、多重交互、合作学习、资源共享等学习环境，为学生提供充分的自由表达、质疑、探究、讨论问题的机会，让学生将自己所

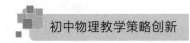
学知识应用于解决实际问题，从而培养利用信息技术进行科学探究的能力、态度和价值观。

1. 用信息技术创设情境激发探究欲望

探究教学离不开问题，问题发现和提出需要在教学中创设问题情境。问题情境是一种能激发学生学习兴趣和动机，具有一定难度，需要学生努力去寻找解决问题的途径的学习情境。在物理教学中应创设恰当的问题情境，通过问题情境引起学生认知的冲突，激起学生强烈的问题意识和探求动机，引发学生积极思考，让学生通过解决问题的探究性学习，获取新的知识。利用现代信息技术，能将生动的动画图像、清晰的文字、注解和优美的声音有机地合成，创造出具有很强的真实感和表现力的问题情境。特别是在用真实实验难以进行、难以再现生活和社会问题实际，一些抽象的概念、难以观察的现象、受时空所限难以真实创设的问题情境的情况下，可以研究利用信息技术有效创设问题情境。

许多情况下，可以利用多媒体技术创设出与学生已有认知结构差异极大的问题情境，有利于激发学生的认知冲突和强烈的学习动机。如在"平面镜成像"的引入环节可设计这样的教学情境：播放一段视频展示蜡烛水浇不灭的奇妙情景，出人意料的情景引起学生的认知冲突，从而激发学生的好奇心与学习的积极性。经过学生对问题充分的猜测和讨论后，再播放另一视频展示烛焰水浇不灭的真相，原来燃烧的烛焰是平面镜成的像。这种用差异性的手法进行演示，能极大地激发学生学习的好奇心和学习欲望。

物理教师也可以有意识地引导学生通过主题知识网站了解有关物理的"科学、技术、社会"问题，从中发现与课堂学习有关的内容进行探究。如在电磁污染的专题学习时，可以引导学生对有关电磁污染的消息报道进行搜索，在搜索和浏览这些报道后，会产生有关电磁污染的来源、危害、防治方法等问题及对这些问题探究的欲望。

2. 用信息技术收集探究所需要的资料

收集探究所需要的资料，是进行探究学习的一个必要环节。通过搜索相关问题的信息资料，了解对该问题有关的研究情况、采用的研究方法，学习并借鉴已有的经验，将有助于有效地探究学习的开展。教师要引导学生对提出的问题进行假说和猜想，尝试制订出探究的方案，对所要收集的资料和收集资料的方法做出规划。搜集资料的方法是多样化的，其中利用信息技术可以帮助学生更方便、更快捷、高质量地完成探究资料的收集工作。

学生可从数据库和互联网中查找、收集有关探究问题的信息。特别在进行物理专题研修、课题研究、主题探究活动中，利用信息技术收集资料有得天独厚的优势。学生可以从数据库和相关网站上收集物理学史、生活中的物理知识、最新的物理科学研究进展等资料，也可以通过网上调查来获得所要收集的材料。

学生可以在虚拟物理实验室做实验来进行探究学习，通过实验操作和测量数据、收集实验数据，对实验数据进行分析处理，最终得出实验结论。例如，可以让学生应用虚拟物理实验室研究"牛顿摆"等问题。学生通过计算机模拟的实验，收集数据，像科学家那样进行科学研究，获得进行科学探究活动的经验。

学校可以根据自身的实际建立主题知识库，在进行某些由于条件所限无法完成实验的教学时，可以引用主题知识库中的实验录像资料。如在月球上宇航员做自由落体实验、打高尔夫球等，实际教学是难以演示的，这时可以让学生引用主题知识库的录像资料进行测量和研究。

3. 用信息技术处理探究所得的数据

学生在探究学习的过程中，要用多种方法搜集相关的资料，并对收集的资料进行处理。而信息技术是加工处理资料的强有力的工具。教师要引导学生应用信息技术对所收集的证据进行筛选、归类、统计和列表分析等综合处理，运用已有科学的知识，采用近似、抽象化、模型化等方法得出符合证据的解释；或收集更多证据支持解释，检查解释及过程、方法上是否存在问题，必要时提出改进措施。数据处理系统软件、SSPS 软件、Microsoft office 软件等提供了强大的数据处理能力和图表功能。

4. 用信息技术评价、展示与交流探究成果

进行探究性学习要注重探究成果的评价与交流，它对巩固并扩展探究性学习成果和激励学生进一步开展探究学习有重要作用。由于探究性学习更注重学生探究问题的过程，因此探究性学习的评价也应该注重形成性评价，要把形成性评价贯穿于探究过程的各个环节和阶段。利用信息技术手段的互动性和快捷

性的特点，能促进评价、展示和交流的功效。利用信息技术可以进行探究性学习的交流。学生可以利用信息技术就探究计划的科学性、搜集证据的充要性、解释的正确性、结论的可靠性等问题，发表自己的观点，并和其他人进行交流。

学生可以利用网络技术的电子公告板（BBS）和电子邮件开展合作学习，与其他人就感兴趣的问题做更深入、广泛的网上交流。例如，博客（Blog）作为一种操作简易、方便快捷的网上交流技术和空间，对学生具有极大的吸引力。通过 Blog 链接，可以建立起师生 Blog 群，再与校园网中教学动态网页链接，这样就形成了一个网状的交流平台。教师可以根据学生 Blog 的内容及学生的参与状况来进行评价。

教师可以利用信息技术展示学生学习物理的成果。学生在探究学习或研究性学习中形成的学习成果，如物理实验、小论文、小制作等，可以用网络形式来展现，学生也可撰写电子论文或调查报告，制作多媒体演示文稿进行展示、交流与共享。教师可以根据学生的学习成果，从中了解学生的学习情况并及时做出评价。

（三）信息技术与物理自主学习整合

加强学生自主学习的方式和自主学习能力的培养是物理教学改革的重要任务。而近年来迅速发展起来的信息技术学习资源，特别是网络资源，以其传播速度快、信息量大、亲和力强等特点，显示出自主学习独特的优势。如果把信息技术与自主学习整合起来，学生就能拥有更充分的学习资源，学生的学习活动也更自主与开放，也能在学习中拥有更多自主选择的权利，也就越有利于信息技术素养和自主学习能力的培养。

1. 用信息技术创设促进自主学习的"学材"

物理教学要充分利用各种资源，为学生创造信息技术条件下的自主学习环境，特别是"学材"的建设。除了加强校园网、教育城域网、多媒体教室、网络教室、电子阅览室、远程教学网络系统等建设之外，还要挖掘和利用全球性的教学信息，创建有利于学生自主学习的"学材"，即利用网络教育资源来构建"学材"。网络教育资源内容丰富，内容涉及物理实验、物理探究、物理与生活、物理学史、物理学家、名人轶事、现代物理知识、物理学前沿等。网络教学资源内容表现形式多样，有视频、动画、图片、音像、音乐、文本等。网络模拟实验以软件形式出现，制作精巧、参数可调，师生只需在适当位置链接实验，就可以在线操作模拟实验。教师也可以研究和创建学习网站，将有关学习材料存放在学习网站上。教师应根据教学实际，因势利导地帮助和指导学生进入学习网站自主学习。

2. 用信息技术促进学生学习的主动性、独立性与自控性

在利用信息技术和自主学习的整合中，要注重促进学生学习的主动性、独立性和自控性。

（1）物理教师要利用信息技术创设主动的问题情境，主要形式包括录音录像转换的视频资料等真实问题情境，以及利用多媒体技术制作的模拟的物理情境。创设的问题情境力求富有生动性、趣味性、启发性、挑战性，在问题情境中会激发学生强烈的学习兴趣，促使他们主动地参与到自主学习中来。

（2）物理教师要给予学生一定的独立学习的机会。在物理教学中，可以事先将课题有关资料放在专门的网站上，布置一些问题，让学生带着问题在课前、课内或课后进行网络搜索，获得大量信息，学生利用这些信息来解决问题，进行交流和互动的自主学习。如果客观条件所限，也可以开展有限度的自主学习，如在上课时让学生先上机自主探究，在自主学习的基础上，教师引导学生进行交互性对话和讨论。

（3）物理教师要引导学生进行元学习能力的培养。学生元学习能力表现在能确定自己合适的学习目标，能选择有效的学习方法，能搜索有用的学习内容，能正确评估自己的学习成效等方面。在信息技术与自主学习的整合中，教师要引导学生进行元学习的活动，从而培养学生元学习的意识与能力。在学生掌握一定的自主学习能力以后，可以给予学生更多的自主学习的权利。让学生结合教材内容，自主地制订学习目标，自主地选择学习方式，甚至自主地选择学习的时间，自主地选择学校或家庭上网学习。

信息技术与物理自主学习和整合，要努力使学生的学习方式由原来的"要我学"转变为"我要学"，从而实现真正意义上的"我要学""我能学"和"我会学"的自主学习。这种信息技术与自主学习的形式，不仅为学生汲取知识提

供了广阔的空间，有利于培养他们搜集、处理、分析、评价信息的能力，也树立起学生主体意识和培养起主体发展的能力。

二、物理教学评价与教师评价

（一）物理教学评价

评价作为检验教学效果的重要手段，对教学起着促进和指导作用。对于教师而言，评价对其是一种监督与刺激，监督其教学过程和方法，发现不足，及时调整、改进教学方式。对于学生而言，通过评价，能够发现自身的缺点或问题，及时弥补学习中的不足，改进学习态度和方法。

新发布的《义务教育物理课程标准》课程理念要求坚持核心素养导向，注重以评价促进学生发展，构建目标明确、主体多元、方式多样和功能全面的物理课程评价体系，关注学生的个体差异，帮助学生建立自信，激发学生学习的兴趣和动机，充分发挥评价的育人功能。

1. 物理教学的评价类型

要保证物理教学评价工作的顺利进行和取得良好的效果，就必须采用适宜的教学评价类型或综合运用不同的教学评价类型，并采用科学的、有针对性的评价方法。

（1）形成性、总结性与诊断性评价。

第一，形成性评价。形成性评价又称"过程性评价"，贯穿于整个教学过程，在教学中，为适时了解教师教和学生学的效果而进行的评价。过程性评价的优势在于能够准确了解学生某一阶段对所学知识的掌握程度。为便于理解，可以认为形成性评价是阶段性的评价，如单元测试。故而，在实际教学中，运用形成性评价，要求教师科学合理地设计便于评比的参照物，即评价的标准——教学目标，为评价的准确性，可将教学目标分解为若干阶段性目标，并融于每堂课之中。在每一个阶段，教师根据学生学习目标达成的情况给予总结，以此判断这一阶段的教学效果。若学生完成了目标则给予奖励；若没有完成，应及时总结经验、分析原因，根据教学实际调整教学行为，以确保下一阶段目标的完成。

形成性评价发挥作用需要使用科学的方法，第一，将学生的发展作为立足的根本，将形成性评价融入教学、改进教学并促进学生的进步与发展；第二，需要采取多种方式进行评价，如谈话、观察、非正式测试等，通过观察、分析学生的日常学习情况，做出合理的教学评价，根据评价对物理课程进行调整。第三，需要引导学生进行自我反省和自我评估，让学生能够运用非正式的手段评价自身的学习和生活，并能够充分利用形成性评价促进自身的发展。

第二，总结性评价。总结性评价也称终极性评价，相较于形成性评价，它是一种结果性评价。既然是结果，那么评价的时效性也便在教学结束之后，是对整个教学目标的实现程度做出的评估，如期末测试。通过评价，检测学生学业达标情况。终结性评价的开展，需要教师立足于学生的能力水平，在此基础上，科学设计测评内容及标准。通过此种评价，教学双方，都能够真实地了解自身的实际状况，通过反思，以更好地指导下一阶段的教学。

总结性评价的实施需要先明确评价的目的，再依据评价目的来构建相应的指标体系，然后要对各个评价指标制订评价标准，另外，还需要制订合适的测量方法，如进行正式化测试和结构化调查等。首先，将各项评价指标的信息和数据进行测验；其次，再进行统计和分析，可以对测验的数据与标准化评分进行比照，也可以统计和分析调查的结果等；最后，阐释评价的结果。

第三，诊断性评价。也叫作前置性评价，是指在教学活动中或教学活动之前识别和判断学生的学习情况和学习中的困难，是一种对学生学习的预判和诊断，它的依据主要是学生的学习情况和学习反馈，其目的是对学生在学习过程中遇到的问题和困难进行诊断，进而明确教学目标的设计。诊断性评价贯穿于教学的各个阶段，它主要评价的内容有教学过程中遇到的问题、学生的学习能力、学生学习中的情感及对学科的学习态度等。通过这些内容的诊断，可以促进教学目标、教学内容、教学方法和策略的设计。

（2）相对评价与绝对评价。

第一，相对评价，又可以称为常模参照评价，它的主要作用是判断和测定学生的学习和教师教学在教学团体中的对应地位。相对评价的实施需要先在评价的对象团体中选取一个或多个个体作为评价的标准或常模，然后再将评价个体与选取出来的标准或常模进行对比，由此判断出被评价个体的相对等级。在

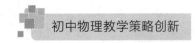

对学生的学习状况进行相对评价时，一般会以一个年级或班级作为集体标准或常模对每个学生的学习情况进行评价。

第二，绝对评价，又称为标准参考评价，这是一种以教学目标为基准的评价方式。与相对评价不同的是，这种评价不需要做相应的位置评定，而是一种评估，预判出评价对象在达标过程中的问题和程度。运用绝对评价对学生的学习进行评价时，首先，制订教学的目标和课程的准则，其中主要内容包括"知识与技能""过程与方法""情感态度与价值观"。其次，采取某种既定的方法检测学生的知识掌握情况。最后，通过将预判水平和学生真实达到的水平进行对比，准确地判定学生在学习过程中的学习效果。

（3）量化评价与质性评价。

第一，量化评价。量化评价主要是采取数学的方法对定量评价做出判定，采用的方法是：首先进行定量计算，然后进行数据收集与分析，最终得出结论。量化评价更适合大样本的评价，对比发现，教师对量化评价的方式已经习惯，因为量化评价是一种相对经济、有效的评价方法。量化评价也存在劣势——量化评价比较注重结果而不注重过程，没有灵活性。一般量化评价会采用以下两种手法：一种是依托数量化的信息进行教学评价；另一种是借助数学工具和数据分析教学评价，进而推断出教学质量和教学性质。

第二，质性评价。与量化评价不同的是，质性评价注重结果的同时也注重过程，更具有过程性、民主协调性和情境性，它不仅仅只是记录一个分数，而是记录学生在学习过程中的表现行为、作品展现等内容，具体地记录了学生在学习发展过程中的独特性和差异性，对学生的学习情况进行了全面反映。质性评价是对量化评价的弥补，这两种方法并不对立，而是能够在同一评价中有机结合。质性评价的主要方法有档案袋评价法、观察评价法、表现性评价法等。

需要指出的是，以上评价的标准并非一成不变的，而是会随着评价理念、评价内容等的变化而变化。因此，评价标准只是一个参考，在实际的物理观念评价中，教师还必须结合实际情况来确定评价的标准。

2. 物理学业成就的评价

学生学业成就是反映课程与教学质量的核心指标，学业成就的评价是课程与教学评价最为核心的内容。开展学业成就评价先要明确"什么是学生的学业成就"的问题。以往的理论把学生的学业成就等同于学生在认知领域的学习成果，未把学生在动作技能领域和情感态度领域的学习成果包括进来，这样的学业成就评价显然有很大的局限性。在评价学生物理学业成就时，要将物理课程新理念和课程目标融入评价标准和内容之中。物理学业成就的评价主要包括以下方面：

（1）物理知识与技能评价。

物理知识与技能评价主要包括以下阶段：

第一，确定评价的目的和目标。在编制测验试卷前，先要明确评价的目的。要明确下列问题：该测验用于哪些被试者或哪些团体？测验是作为诊断性评价、形成性评价还是总结性评价？测验是用于绝对性评价还是相对性评价？等等。评价的目的不同，测验的编制在命题方式、试题覆盖面的难度及对结果的阐释等方面也不同。明确评价目的后，还要明确评价的目标。测验的目标就是对测验要测量的内容提出具体的要求。对"学生知识与技能"领域的学业成就的测试，测验目标就有识记、理解、应用、分析、综合、评价等层次的目标。明确了测验目的和目标，知道测什么，怎样测，是编制高质量的测验的前提。

第二，编制测验试卷。一般按照测试目标用命题计划表（双向细目表）来规划试卷的结构。双向细目表是编制测验的"蓝图"，它详细说明了测验内容、测验目标及其权重，对试题数量、考试时间安排、测验分数分配等，都作了简明的规定，它是确保测验有较高内容效度不可缺少的环节。

设计好命题计划表后，就要收集有关资料作为命题的材料，并选择试题形式，编写题目。测验题的形式可分为两大类：客观测验题和主观测验题。前者包括填充题、是非题、选择题，后者包括问答题、计算题、实验题、综合题等，它们各有优点和局限。在实际使用时，应考虑测验目的、对象、条件，灵活运用两种试题的形式。在一般情况下，编选的初始题量应超过所需题量，经过试做、分析和筛选，确定最终的试题。在编制测验题时，还需要考虑测验的时间、测验题的数量、测验的计分方法等。然后，把试题组合成测验卷。组合试卷时，试题排列顺序合理，先易后难。一般采用按题型分类，各类试题先易后难排列组合而成；也可采用混合式，将各种类型的试题按难度分成若干不同的层次，再将同等难度水平的不同性质和类型的题目组合在一起。每份测验的前面或各类试题前面有如何解答的说明语，以尽量减少测验时被试者的不解和提问。接下来，要编制参考答案并确定评分标准。参考答案既要求简明和准确，又要灵活鼓励创新。评分标准既要严格又要便于灵活操作。要确保客观公正的评分，防止评卷人主观因素的偏差，尽可能减小评分误差。

第三，实施测试。实施测试是学生解答试卷题目的过程。为了确保测试的效度和公平性，在实施测验过程中要遵守统一的规范。对如何发卷和收卷、如何向被试者说明、如何解答问题、如何控制时间等都应严格按实施测验的要求执行。

第四，批改评分。批改评分是根据参考答案和评分标准，对试卷进行批改并评分的过程。为了确保评分的信度，要严格遵循统一的评分标准和参考答案，给予公正的评分，特别对主观题的评分要注意科学、合理和公正；要防止批改者身心疲劳或情绪干扰造成评分差错；力求评分正确。

第五，结果解释。根据评价目的和目标，在试卷评分和对数据进行分析后，对测验结果进行解释。如果评价目的是要诊断学生运动学知识成败的原因和学习的困难，那么测验的结果能揭示出他们学习运动学知识成败的原因和学习困难。对测验结果解释涉及解释的有效性的高低的问题，要利用一定的方法对测验结果的解释的效度进行分析。

（2）情感态度与价值观评价。

物理教学中学生"情感态度与价值观"领域的学业成就主要表现在：科学探究的兴趣与求知欲的提高；有坚持真理、勇于创新、实事求是的科学态度与科学精神；有将科学服务于人类的社会责任感；了解科学与技术、经济和社会的互动关系，有可持续发展意识等。这些"情感态度与价值观"领域的学业成就难以用客观的和量化的指标精确地进行描述、区分和测量，在实践层面上，已经开展了一些"情感态度与价值观"学业成就评价的探索活动，主要的方法有以下方面：

第一，纸笔测验。利用纸笔测验评价学生"情感态度与价值观"领域学业成就，就要选编一些能够考查学生"情感态度与价值观"领域学业成就的试题。试题的内容可以把科学、技术、社会、环境、生活联系起来，以考查学生对科学、技术、社会关系的正确认识；也可以结合物理学史编制一些反映科学态度与精神的试题；也可以将生活中有趣的物理问题编入试题，以激发和衡量学生学习物理的兴趣。从学生对这些试题的解答，来间接推断他们的"情感态度与价值观"的学业水平。

第二，自述评价。自述评价是在教师指导下以学生问卷、访谈、座谈等方式，回答有关"情感态度与价值观"的问题，从而对自己"情感态度与价值观"的学业成就作出反思性的评价。在自述式评价中，教师一般是问卷的编制者，或者是访谈和座谈的计划者或参与者，学生是被调查者和被评价者，被调查者和被评价者通过自述方式对相关问题选择或提出自己的看法。通过这种方式，学生和教师了解学生在"情感态度与价值观"方面的发展。这种自述评价的方式可以用于评价"情感态度与价值观"领域的某一学业成就，如学习物理兴趣或科学态度或科学精神，常用于教学过程中的非正式的评价或形成性评价。

如果要全面评价学生"情感态度与价值观"领域的学业成就，要对评价实施做出周密和详尽的计划，常用于正式的评价或总结性评价。利用学生自述方式来评价自己"情感态度与价值观"的学习成就，要明察学生的心理，设计合适的问题题型和应答方式，特别是题意要符合学生的认知水平，无歧义，填写简便。另外，要使学生打消顾虑，愿意提供真实的想法。

第三，量表评价。教师利用量表对学生"情感态度与价值观"的学业成就进行记录和评价。这种量表通常基于"情感态度与价值观"的内涵构建一个指标体系，根据这个指标体系来编制量表的评价项目，每个项目通常提供若干个有关子项目。教师根据对学生学习过程的观察，记录对学生"情感态度与价值观"领域学业成就的真实感受。这种感受可以用"很好""较好""一般"来记录，也可以是"非常同意""同意""没意见""不同意""非常不同意"来记录。

（3）物理学业成就综合评价。

物理学业成就的评价包括学生在"知识与技能""过程与方法""情感态度与价值观"等多方面的学习成果的评价。显然，这种学业成就的评价远比单纯的"知识与技能"的评价要复杂得多。同时，评价方式和方法的多样性也远比传统的单一的量化评价操作起来不易把握。这就造成学生学业成就的评价工作变得烦琐和复杂，学业成就的评价的创新多停留在理论的探索阶段，或者是实践层面上的零敲碎打式的试探。因此，在对学生学业进行评价的过程中需要注意不同评价方式之间的协调和配合，处理好多种评价方式并行可能带来的问题，使各种评价方式都能协调地发挥作用。评价不仅要有效度和信度，也要注意简约性和可行性。因此，研究在实践层面切实可行的综合评价势在必行。

第一，综合性纸笔测验。用综合性纸笔测验来测量学生在"知识与技能""过程与方法""情感态度与价值观"的学习成果并作出评价，是目前实践中较为可行的方案之一。所谓综合性纸笔测验就是把考查"知识与技能""过程与方法""情感态度与价值观"目标的试题，综合编制在同一测验中来考查学生。综合性纸笔测验的编制先考虑其命题的"知识与技能""过程与方法""情感态度与价值观"三个领域的试题比重。

第二，纸笔测验与表现性评价相结合。用纸笔测验来评价"过程与方法""情感态度与价值观"的学习成果，具有一定的局限性。因此，要努力提高纸笔测验的效度，一方面完善试题与测验的编制；另一方面在实践中要将纸笔测验与表现性评价结合起来，使两者优势互补，准确和公正地评价学生"过程与方法""情感态度与价值观"的学习成果。

在对学生"知识与技能""过程与方法""情感态度与价值观"进行评价时，应当把过程性与总结性评价结合起来。可以通过一些非正式的评价，对学生"知识与技能""过程与方法""情感态度与价值观"某些方面进行观察、记录，从而了解学生"知识与技能""过程与方法""情感态度与价值观"学习的优势与不足。通过改进教学，强化学生学习的优势，并促进学生不足方面向优势方面转化。

在某个学习阶段结束时，可以在书面测验中纳入部分考查"过程与方法""情感态度与价值观"的内容，以测量并评价学生的"知识与技能""过程与方法""情感态度与价值观"学业成就。也可以根据学生在表现性任务完成过程中的表现，评价学生的"过程与方法""情感态度与价值观"的学业成就，并结合纸笔测验的结果，综合地对学生的学业成就水平给出一个公正的评价。

3. 物理课堂的教学评价

课堂教学评价是根据一定的教学理念制订课堂教学评价标准，通过系统的科学的多种方式收集课堂教学的资料与信息，并对这些资料和信息进行分析和推断，对课堂教学的质量进行价值判断的过程。课堂教学评价一直是教学评价中最为重要的组成部分之一，对课堂教学起着导向和质量监控的作用。正确地实施课堂教学评价，有利于促进学生学习水平、学习能力和学习态度的发展，也为教师改进教学和采用有效的教学对策提供决策信息，从而有利于优化课堂教学，提高课堂教学质量。

当今物理课程改革对物理课堂教学及其评价提出新的要求，如何有效地进行物理课堂教学评价，如何构建符合课程改革理念的物理课堂教学评价体系，是每个物理教师都需要认真思考和研究的问题。只有充分认识传统课堂教学的不足，以新的评价理念、评价方法、评价手段，改革传统的物理课堂教学及其评价，才能构建起促进学生全面发展和教师专业素养不断提高的课堂教学评价体系。

（1）物理课堂教学评价理念。课堂教学评价理念是经过长期的教学评价实践及理性思考所形成的有关"为什么要评价课堂教学""课堂教学评价什么""怎么进行课堂教学评价"等基本思想。这些思想是课堂教学评价的价值取向的基础，也指导着课堂教学评价体系的构建。

第一，评价功能转化：发展和提高。课堂教学评价表现出两个倾向：一是学校管理者对教师课堂教学水平的甄别与评级；二是以教师的"教"为主来评价课堂教学。显然，这种评价倚重管理者对教师的控制功能，一方面，忽略了学习的主体——学生学习的过程和效果的检测，评价未能起到促进学生发展的功能；另一方面，评价倚重对教师课堂教学的考评，体现了检查、甄别、选拔、评优的功能，忽略了提高教师专业素养的功能。物理课堂教学的主要功能是帮助创造适合学生发展的课堂教学。课堂教学评价的主要功能也不再是考查教师的教学水平和工作业绩，而是帮助教师反思教学和改进教学，促进教师专业素养的发展。

第二，评价指标多元：综合与差异。传统物理课堂教学评价往往过分关注学生"知与技能"领域的学业成就，而忽略了学生"过程与方法""情感态度与价值观"领域的学业成就的评价。物理课堂教学评价也用过于统一的标准来衡量学生"知识与技能"的学业成就，而忽略了学生在"知识与技能""过程与方法""情感态度与价值观"等方面学习的差异性。这种评价指标的知识本位和统一标准的做法，不能真实反映学生综合和差异发展的实际，学生的发展是包括"知识与技能""过程与方法""情感态度与价值观"方面的综合和差异和谐统一的发展。"知识与技能"目标的学习任务不应是课堂教学的中心或唯一目的，教师应当在进行知识评价的同时，关注学生各种能力、情感、态度、价值观差异性发展的评价。

第三，评价方法多样：形成性与质性。传统的物理课堂教学评价方法单一，缺乏有效的综合性、多样化评价方式的运用。评价数据一般是不完整的，评价的效度和信度不高，影响评价的效果。对课堂教学的评价往往只评价学生知识的掌握程度和水平，起到一种总结性评价的作用。此外，传统的物理课堂教学评价也有过分倾向于量化打分方式，对课堂教学效果的评价依赖于学生对相关试题的解答的成绩，对教师的教学水平也用一个量化成绩来区分。这种做法使课堂教学评价表现出一种简单化和表面化的特点，课堂教学的生动性、活泼性、丰富性被泯灭在抽象的数据中。

现代物理课堂教学强调发挥评价的形成性和质性评价功能，要注重对学生在课堂上的学习过程和学习特点的分析，及时反馈评价的信息，旨在通过课堂教学全过程中的测评，改进教师的教学，提高学生的学习效果。要用质性评价方式多方面采集课堂信息，深入认识课堂教学问题实质，帮助教师通过评价的反思作用，来提升教师专业素养。

第四，评价主体多元：自评与他评。课堂教学评价主体应该是多元的。教师、学生、家长、管理者等有分享评价的权利。课堂教学评价可以利用多元的主体就评价内容、评价标准、评价结果解释等进行协商、对话。教师通过自评，反思自身课堂教学的过程，认识自身课堂教学的优点和缺点，以便改进教学，提高教学的效益。学生则可以利用切合自身的方法，对自己学习过程与结果进行反思，在与其他人的评价及学生互评中进行对话，全面正确地认识自己的学习进步，欣赏自己各方面的发展。

（2）"重教"的物理课堂教学评价标准与方法。物理课堂教学评价的标准是指以"什么样的课是好课"为评判依据。根据不同的教学理念，课堂教学评价也有不同的评价标准。总体而言，物理课堂教学评价标准有：①"重教"的课堂教学评价标准；②"重学"的课堂教学评价标准；③"学教并重"的课堂教学评价标准。课堂评价方法是根据评价的标准，为完成评价任务所采用的方式、步骤和程序。对应不同的评价标准，评价的方法也有差异。

"重教"的物理课堂评价，主要是从教师对课堂教学的目标、内容、过程、原则、方法、手段等要素的处理及教学行为，对教师的课堂教学水平做出判断。"重教"的物理课堂评价有一套倚重教师的"教"的课堂教学评价标准，一般从五个方面来评价课堂教学：①教学目标的正确性；②教学内容的科学性、思想性和实践性；③教学过程的合理性；④教学原则、教学方法、教学手段等的针对性；⑤教学技能、技巧的独特性。这五个方面构成了课堂教学评价项目，把这五个评价项目分解为若干个评价子项目，就形成了一个课堂教学评价指标体系。对每个子项目要做出明确的评价标准说明及评定等级说明，以便评价者能有根据地进行评定。

利用"重教"的课堂教学评价标准和方法，能较好地对教师的课堂教学的理念、教学水平、教学能力做出价值判断，适用学校管理部门对教师教学的水平及能力的鉴定和评优。但这种课堂教学评价标准也有一定的不足，例如，忽略了课堂教学主体学生的作用，未能关注从学生的学习效果来评价课堂教学质量，也未能突出评价对学生发展的导向与激励功能。

（3）"重学"的物理课堂教学评价标准和方法。"重学"的物理课堂教学评价，是以当今教育的核心理念"以学生的发展为本"为价值取向的，课堂教学评价的标准主要不是从教师教的行为与表现来评判，而是强调从学生在课堂教学对他们发展的效果和作用来评判。

现代物理教育的发展要求重建物理课堂教学的质量观。根据教师"教"的目标、"教"的过程、"教"的方法、"教"的手段和"教"的技能等来评判一堂课的好坏，无论从理论还是实践上看，都是难以立足的。鉴于这样的认识，当今课堂教学评价出现了从关注教师的"教"转向关注学生的学的综合发展趋势，从关注知识的掌握转向关注"知识与技能""过程与方法""情感态度与价值观"的养成。"重学"的课堂教学评价标准一般根据学生在课堂中的学习活动的质量来构建。由于对学生在课堂中的学习活动性质和质量意识的差异，"重学"的课堂教学评价又呈现多姿多彩的方案。

例如，从课堂教学里学生学习的活动方式和心理活动的性质来看，学生在课堂教学中的活动方式和性质可以分为"参与态度""参与广度""参与长度""参与深度""参与效度"五个维度。其中，"参与态度"是指学生参与课堂学习活动的心理倾向，其评价主要看在课堂中学生学习物理的兴趣是否浓厚，是否乐于自主、探究、合作，学习态度是否认真；"参与广度"是衡量学生参与学习的广泛性的指标，其评价主要看全体学生是否参与了学习，在自己的基础上是否都有了收获，是否富有个性化的学习；"参与长度"是衡量学生主动性学习活动量的大小的指标，其评价主要看学生是否有适当的自主学习时间，是否有一定的探究学习活动，灌输性的学习是否较少；"参与深度"是衡量学生学习品质的指标，其评价主要看学生是否敢于质疑问难、是否善于独立思考、是否善于科学探究、是否善于交流合作；"参与效度"是指学生参与课堂教学的学习效果的有效程度，其评价主要看学生的"知识与技能"是否达标，学生学习能力是否提高显著，学生学习兴趣和态度是否得到了培养。

利用以学生发展为中心的课堂教学评价标准和方法，可以较好地把教学评价聚焦到学生的学习过程及学习成效上，体现了"以学评教"的思想。这样的评价也把课堂教学导向关注"参与态度""参与广度""参与长度""参与深度""参与效度"等学生主体性的因素上，起到了课堂教学促进学生发展的作用。但这样的评价标准和方法对教师的关注又显得不够，有些指标难以衡量，如"参与态度"里学生的学习兴趣浓厚、学习态度认真、乐于探究等标准的内容，怎样把握它们的"度"，评价者很难准确地加以评价。另外，一些教师对这种评价标准和方法也不习惯。

（4）"学教并重"的物理课堂教学评价标准与方法。"学教并重"的课堂教学评价，也称为"教促学"的课堂教学评价，是以教师在课堂上的教学如何促进学生"知识与技能""过程与方法""情感态度与价值观"的发展来评价课堂教学质量的，评价的目的一方面是促进学生的发展；另一方面是促进教师专业素养的提高。这种课堂教学观认为，课堂教学既然是教师和学生根据特定的教学目标在课堂上围绕一定教学内容进行的一系列的教与学的活动，课堂教学评价也不能离开教与学的评价。

课堂教学促进学生的发展，教师是关键因素之一。由于教师专业素养的高低，就会有不同的课堂教学促进学生的发展的效果、效率、效益。因此，建立全面的评价体系对于促进学生全面发展和课堂教学评价尤为重要，关注学生不只是关注学业和成绩，更重要的是要发展学生各方面的潜能，充分了解学生的发展水平；另外，教师也应该不断完善和提高评价体系。教师应该加强对自身教学行为的反思和分析，建立相关的评价制度，在自评的同时，校长、学生、家长、教师共同参与评价，让教师能够从多个渠道获取教学信息，从而提高教学质量。这也就是"学教并重"或"教促学"评价的含义所在。

以上探讨的课堂教学评价方法是基于一定的评价标准从某个视角对教与学做出质量评估，它们不仅可以用于他评，也可以用于自评。而自评是课程改革所倡导的评价方式，这是因为自评能够发挥形成性评价的作用，能有效促进教师专业素养的提高和学生全面发展。此外，从形式上看，上述课堂评价方法似乎是结构性的正式评价方法，但其实也可以用于或者稍做修改后用于非正式的评价。适当的非正式评价能发挥评价的激励和形成性的功能。教师可以根据自身的教学实际，创造性实施非正式的评价。例如，可以请观课的教师进行"1+1"的评价：说出一个教学优点，提出一个教学建议。也可以请学生进行"1个希望"的评价，如何在课堂教学中持续地用非正式评价和形成性评价，来促进教师的提高和学生的发展，这是一个广阔的研究领域，需要教师不断地探索和实践。

（二）物理教师评价

1. 物理教师的智能结构

物理教师在物理教学中的作用是毋庸置疑的，是物理教育中最主要、最基本的能动性因素，教师的教学素质决定了学生发展的高低。就理论而言，学生的发展依托于教师的教学素质；就实践而言，现今社会的发展潮流需要培养一代全面发展的新人，这已然成为整个教育界甚至全社会的共识。初中物理教师的智能结构应包含以下方面：

（1）物理教师的素质结构。

第一，教师的职业道德素质。任何职业都有自身的职业道德要求，教师职业道德是社会道德规范在教育过程中的体现。作为一名初中物理教师，应该具有良好的职业道德素质，它是教师素质的核心。教师要干好教育工作，首先要有献身于教育工作的根本动力，要有强烈的事业心、责任感和很高的工作积极性。这种事业心和责任感被称作教师的职业理想，也就是师德，即教师的职业道德。

教师的根本任务是教书育人，忠诚教育事业是教师职业道德的基本要求。只有忠诚教育事业，才能激发对教育事业的热爱之情，从而增强对教育事业的主动性、积极性及强烈的责任感，进而立志献身于教育事业。教师的言行举止无不对学生起到示范作用，所以，教师要树起自己的道德形象，在政治思想、治学施教等方向以身作则，做学生的表率。[①]

师德是教师职、权、利三方面的集中体现。职，即是职责，需要教师承担一定的社会责任，也就是全心全意为学生服务；权，即是权利，教师需要积极调动学生学习的积极性，不断提高他们的素质；利，即是利益，教育的目的是培养社会主义现代化的接班人，是培养经济、政治、文化人才，教师的利益与学生的利益乃至社会的利益紧密相连。衡量师德的重要标准是能否培养出国家需要的人才，所以，教师应该忠于党的教育事业，权衡好职、权、利三者之间的关系。教师应该从师德、事业心、责任感出发，遵守教师职业道德规范。

良好的职业道德素质不但是教师的精神动力和精神支柱，而且决定着教师职业活动的方向与态度，还决定着教育工作的成败，只有具备较高的政治修养，以及正确的世界观、人生观、价值观，才能真正做到"学高为师，身正为范"。所以，每一位教师都应该具有明确的政治方向和强烈的爱国之情，增强为现代

---

① 隋荣家，李永成，王登虎．基础物理教学研究 [M]．汕头：汕头大学出版社，2018：64-79.

化建设服务和教书育人的主动性、积极性和责任感，自觉遵守教师的职业道德规范。

教师应具有健全的人格，做到目标远大而坚定，兴趣广泛而专一，情绪积极而稳定，有好奇心和求知欲，有自信心和进取心。古代教育家提出的"学而不厌""诲人不倦""为人师表"等要求，既是师德的规范，又是教师良好人格和品格特征的体现。优秀教师应具备的个性品质包括：①热忱关怀；②真诚坦率；③胸怀宽阔；④作风民主；⑤客观公正；⑥自信自强；⑦耐心自制；⑧坚韧果断；⑨热爱事业。

在学生看来，教师是社会道德规范的化身，学生习惯将师德高尚的教师作为他们学习的榜样，会依据平时教师的行为举止、为人处事进行模仿。教师拥有高尚的人格魅力是师德的有形表现，高尚的人格能够达到言传身教的良好效果。

对学生的热爱，是师德的重要表现。只有关心、理解、信任、尊重学生，给学生以真诚的爱，才能教育好学生。从一定意义上讲，热爱学生就是热爱教育事业，对学生的爱应是一种只讲付出不计回报的无私的爱。这种爱是教育学生的感情基础，学生一旦体会到这种情感，就会"亲其师""信其道"。也正是在这个过程中，教育才能实现其根本功能。

第二，教师的专业素质。一个人的最佳知识结构以自己所从事的职业基础来建构。因此，初中的物理教师必须在精通物理学科的前提下，不断扩充自身知识的广度和深度，不被某一领域所局限，要不断发掘和吸收最新的物理知识，对最前沿的物理知识进行了解和研究，不断提高自身的学科素养，做学生的引路人。初中物理教师具有扎实的物理专业知识是其取得良好教学效果的基本保证，但是光有物理专业知识并不是成为一位优秀教师的充分条件。

第三，教师的人文素质。初中物理教师除了要有物理专业知识以外，还必须具有与物理专业相关的人文知识，它具有和专业知识同等重要的意义。具有丰富的人文知识，不仅能扩展学生的精神世界，还能激发学生的求知欲。学校各门学科的知识总是紧密联系的，随着现代科学技术的发展，工程技术与社会政治、经济、法律、文化的联系越来越紧密，解决问题单靠物理学不行，还要依靠人文科学和综合多学科的知识。一般而言，人文素质高的物理教师更能适应思想活跃、见多识广的学生，赢得学生的信赖。学生的全面发展在一定程度上取决于教师文化知识的广泛性和深刻性，所以物理教师加强文学、艺术及哲学的修养是十分必要的。

第四，教师的身心素质。现代社会的不断发展，要求教师不断调整自己，以便始终与不断变化的社会协调一致。21世纪是一个充满竞争的时代，物理教师只有具备强健的体魄和健康的心理才能适应，健康的身体和良好的心理品质有利于精力充沛、心情舒畅地学习、生活和工作。因此，高尚的情感、豁达积极的心态、坚忍顽强的毅力、强烈的求知欲和积极的创新精神，都是初中物理教师所需要的身心素质内容。另外，良好的人际关系是教育活动能否顺利进行的重要保证。教师应善于理解、信任他人，并以真诚、谦让的态度来发展和保持融洽的人际关系。

（2）物理教师的知识结构。物理教师的知识结构一般由陈述性知识、程序性知识、策略性知识和教育文化背景知识组成。

第一，陈述性知识。高度组织化和精制化的陈述性知识，是指体现在物理教学中的一般原则及其联系的知识，又称概念性知识。这些由命题、表象、规则组成的知识构成了陈述性知识的基础，它们不仅包括概念、原则及其联系，而且构成了程序性知识中产生规则的条件，为某些操作步骤提供了产生的情境，属于"是什么"和"做什么"等概念化信息，它具体包括三类知识：第一，物理教材内容知识，指具体的物理概念、规律和原理及其相互联系；第二，物理课程知识，指使用物理教学媒体与执行物理教学计划时必须熟练掌握的知识；第三，物理教学法知识，指物理知识内容与教育教学思想相结合的知识，是物理教师所特有的知识形式。

第二，程序性知识。属于自动化基本技能系列的程序性知识，是指无须教师明显的意志努力即可达到流畅、高效的效果所需要的技能知识。自动化的教学技能也称为教学常规，即课堂教学步骤的固定模式，其中包括课堂管理和作业检查等。

第三，策略性知识。策略性知识注重策略和计划，需要物理教师有效地制定教学计划和教学评估，采用灵活多变的策略和方法制订教学计划能够提高教学质量，如上课前组织回顾先前的知识、组织教学反馈等。

第四，教育文化背景知识。教育文化背景知识主要指对学生本身的特点的认识和在发展过程中存在的个体差异性知识。教育情境知识主要包括以小组或班级为单位表现的集体活动状况、学区管理等方面的教学管理知识，另外还有课程观、教育评价观、学生观等知识。

（3）物理教师的能力结构。教师的教育、教学能力包括认知能力、自学能力、组织管理能力、运用物理学知识能力、实验动手能力、创新能力、从教能力、人际交往能力、研究能力及外语交流能力等。

第一，认知能力。教师应具备良好的认知能力，把自己训练成具有全面注意力、敏锐观察力、良好记忆力、丰富想象力和立体思维力的人，这是教师自身学习和教育、教学的需要。

第二，组织管理能力。组织管理能力注重的是群体效益能力的发挥，是指在完成一项工作时，前期先制订计划和方案，通过有效地控制和组织，实现集体效益。对初中物理教师来说，具有较好的组织管理能力尤其重要，需要物理教师组织的工作有：组织教学内容的加工、组织教学课堂的进行、组织教育管理等。教育活动的内容丰富，且灵活多样，这就需要教师充分了解学生的特点和教学要求，合理地组织教学，积极引导学生，使学生身心健康地发展。

第三，运用物理学知识的能力。物理教学如果是照本宣科，一章一节地按照课本讲，学生就会觉得枯燥、乏味，没有兴趣，优秀的初中物理教师则是尽可能给学生一个完整的、充满生机活力的物质世界景象及其演化，而深受学生们欢迎。要做到这点，就必须具备综合运用物理学知识的能力，广泛接收来自学生、媒体、学术刊物、著作、政府等方面的信息，并能简化、归类、适时运用。了解物理学发展史上的名人轶事并运用到课堂教学中去，通过介绍物理学家的伟大发现过程、处理技巧向学生揭示学科知识体系的形成过程，激发学生的学习兴趣，培养学生相信科学、热爱科学、追求科学的精神。

第四，创新能力。创新型教育是21世纪教育发展的必然趋势，这就要求教师具有创新精神，敢于提出新观点，勇于解决新问题。传授知识、开发智力不再是目的，而是形成创造力的手段，学会创造将成为教育的根本目的。因此，初中物理教师不仅自身要有创新能力，还要把创造能力体现到教学活动中去，如对教材及教学参考资料质疑，进行分析、筛选，更新教学内容，在教学中适当引入最新科研成果，开辟第二课堂，培养学生个性等。能够在创设的情境中灵活运用教育理论，不仅把人类的间接经验传授给学生，还要启发、诱导学生积极主动地学习，掌握直接经验，形成创造能力。

第五，从教能力。初中物理教师还应具备从事教学活动的其他能力，如漂亮的毛笔字、流利的普通话、优美的板书设计等基本能力，心理学、教育学、物理教学修养、教学评价技术和学生就业指导能力，以及心理测验技术和方法等。另外，物理教师也应该注重自己的仪表风度，提高自身修养，给学生一个完美的形象。在教育教学工作中，很多情况下需要教师机智地面对内在不确定性的复杂教学条件，并做出解释与决定，能在思考后再采取适合特定情景的行为。针对学生的特点和当时的情景有分寸地进行工作，是教师的教育教学能力的表现。

第六，人际交往能力。良好的人际交往能力是促进师生关系和活化教育过程的重中之重。良好的人际交往能力可以促进心理健康，调节行为，促进信息的交流，通过了解他人，发现他人身上的优点，取长补短，不断完善自己，也能够建立良好的友谊。教师要处理好以下人际关系：①与学校管理人员的关系；②与同事的关系；③与学生及学生家长的关系；④与其他人员的关系。其中最重要的是与学生的关系，与学生的关系是一切教育活动的基础。教师在与人交往时，应把握好方法和分寸，具有良好的语言组织能力和表达能力，只有这样，才能使教学顺利进行。

第七，教育教学研究能力。初中物理教师不仅是知识的传播者，也是教育教学研究的主要实践者，所以应该注意培养自己的教育教学研究能力。通过大学学习，初中物理教师已经基本具备了物理学分支的科学知识，以及教育学、心理学知识。这些知识对解决中学物理教育的诸多实际问题，特别是涉及教育、心理、统计、逻辑及哲学等方面的具体问题时还是很不够用的。目前，这一点已经成为妨碍物理教育研究进一步科学化的重要因素之一。

第八，外语交流能力。交流合作无疑能促进教育的改革发展，物理教学也需要关注国内外教育的改革，这就必然对初中物理教师的外语能力提出要求，包括外语书面表达能力、外语会话能力及外语听说和阅读能力等。

2. 物理教师的教学素质

教学包括课前教学计划的制订、课堂管理与教学、课后评价三个环节，这三个环节与具体的教学步骤或教学策略结合就构成了一个完整的教学过程。物理教师在执行教学计划时自始至终贯穿以学生为中心的教育理念，应该表现出明显的灵活性与预见性，在对知识的解释与演示实验的操作上，应该表现出特有的启发性和熟练性，在引导学生理解和巩固知识上，应该体现出对学生认知结构和心理状态把握的独到性和明确性。在了解学生原有知识状况，把握知识的重点和难点方面，应善于从学生的角度提出问题，从学生的作业中去获取反馈信息，以学生的反馈信息来调整和判断自己的教学效果；在理解和巩固知识方面，应该以学生获得知识为中心，从学生具体的行为事件中获得有意义的评价依据。

在理解和实施教学计划的能力上，教师知识的各个成分应能够相互联系、相互作用，这种认知分析的过程来源于对教材内容、教学法知识、学生及学科目的的了解，源自自己的教学价值观念等，应能够将这些知识、观念、了解整合起来，应用于教学计划的制订。在教学过程中，教学计划和目标应该随着课堂情景而及时地加以调整和修改，这种把教学计划的施行与适应学生的需要联系起来的观念和能力，是初中物理教师应该具备的。

在设计和执行课堂教学策略方面，教师只有具备丰富的关于学生发展特点和学习规律的图式，才能观察到学生的行为和学习上的微弱线索。在解决课堂问题时，教师应能够根据其事件的内在进行反应，而不能只注意一些表面特征。具有课堂管理策略知识的教师，当注意到教学中的有限因素时，就能够迅速地权衡各种课堂信息，在复杂的和不可预测的情境中准确地加工信息并做出决策。在教学评价和反思方面，教师评价的内容应是学生的学习情况和自己目标达到的情况，其反思的内容不仅要与实际教学相互作用，还要与教学计划相互作用。

3. 物理教师的能力评价

教师评价也叫教师考评，它是对教师工作现实的或潜在的价值做出判断的活动，教师评价的目的是促使所有的物理教师在专业发展（科学素养、实践能力和创新精神等各个方面）上有一定程度的提高。要让物理教师参与整个评价方案的制订过程，使他们了解评价的意义及评价方案的依据所在。当物理教师了解了评价方案的科学依据时，他们在心理上就会容易接受方案，从而在行动上积极配合评价人员进行评价工作，通过评价促进教师教学水平的不断提高，促进课程的不断发展。初中物理教师能力评价的标准如下：

（1）进行物理教学的能力，包括具备深厚的基础物理和现代物理知识、活跃的物理思维能力及熟练的物理实验能力等。

（2）与学生良好相处的能力，包括能与学生进行良好的沟通，了解班上每一位学生的发展情况，并以此为基础制订学生物理学习的方案，能敏锐地感受学生个人的特殊需要，并能据此调整教学工作等。

（3）激励学生积极参与教学活动的能力，包括善于鼓励学生在各种场合（包括课堂、课后等）发表自己意见，善于组织学生参加课堂讨论等各种活动。

（4）最大限度利用相关资源的能力，包括能有效地利用各种信息资源及时了解物理科学和教育科学的最新进展，能有效地利用各种现代化教学设备（如电脑、投影仪、幻灯机等），能有效地利用各种人际关系的资源，以帮助学生开展社会调研等。

（5）形象生动又富于逻辑的表达能力，包括能用准确、简练的物理语言进行表达，思维清晰，逻辑性强，语言深入浅出，形象生动，能激发学生的求知欲等。

（6）面对新情况的自我调节和适应能力，包括在教学过程中能够根据工作的变化自我调节，及时发现不足，及时调整自己的知识和能力架构；能够根据课程改革调整自己的教学方案；能够在发展中进步，在进步中发展，在指导学生学习的过程中不断提高自己的教学水平，并且能够快速实现自己的目标等。

（7）教师专业发展的规划能力，包括培养学生核心素养所需的专业理论基础和教学实践能力,课题研究和教学改革创新能力。通过校本研修、区域教研、远程研修和工作室培养等形式参与教研交流、课题研究、项目实验，提升自身及团队教师的专业发展水平。

第五章　策略创新

　　策略创新，不仅可以保障学生的物理学习质量，还可以提高初中物理教学工作开展的有效性。2022 年版新课标的最大变化在于将"实验探究"和"跨学科实践"作为课程内容纳入了一级主题，基于核心素养发展要求，遴选重要观念、主题内容和基础知识，设计课程内容，优化内容组织形式，设立跨学科主题学习活动、强化实践性要求，带动课程综合化实施。鉴于此，本章重点探讨物理教学情境创设对策、物理的科学探究式教学、物理教学中基于项目学习的教学。

第一节　物理教学情境创设对策

　　初中物理教学情境创设是教师在一定原则的指导下，运用形象化的手段，如语言、实物、多媒体等，深入分析和处理物理知识，将原本抽象的知识具体化，在一定的情境中让学生获得更好的情感体验，以此提高学生的学习积极性，引发学生思考，帮助他们建立自己的知识框架，提高学生的学习能力。物理教学情境创设有以下几点要求：第一，要能够激发学生学习的动力，因为物理学科本身比较抽象，只有让学生有学习的兴趣，才能更好地完成学习任务；第二，情境创设要能够让学生产生思维冲突，学生能够从中发现问题，培养学生的思考能力；第三，帮助学生答疑解惑，通过发现问题和解决问题，掌握物理学科的知识和探究方法，培养学生的创新思维和能力，在学习过程中树立正确的价值观。

一、物理情境教学的一般环节

对于初中生来说，他们的抽象思维能力比较弱，无法应对一些抽象的物理知识，这也是初中物理教学的难点，但是物理学是关于自然的学科，它研究的对象是生活中常见的物理现象，如光、电、力等，因此物理知识是有情境性的。在物理教学中，教师应该创设相应的情境，将抽象的物理知识形象化，让学生运用物理知识解决生活实际问题，解释生活中的常见现象，提高他们解决问题的能力，同时培养学生对科学的兴趣和创新能力，这些都是初中物理教学的重点。创设情境以加强师生之间的沟通和交流，让学生对物理学科的知识有更深入的了解，让学生在探究中学习，在认知过程中拥有情感体验，这样会让学生更有兴趣学习和探究物理，同时在创设的情境中掌握物理知识，从而培养学生的创新思维和能力。

由此可见，根据初中物理教学的实际情况，按照教学目标，物理教师应创设与教学内容相关的具体情境或思维情境，让学生在认知过程中拥有良好的情感体验，激发学生的学习兴趣，有意识地培养学生的好奇心、愉悦感等有助于物理学习的情绪，从而对物理教学活动产生积极的作用，这就是初中物理情境教学，它能有效促进学生对知识的理解，培养学生的创新意识和实践能力，同时激发学生对科学的兴趣，帮助学生全面发展。

初中物理情境教学包括多个环节，是一种不断循环的教学模式，各个环节都以情境为中心，每次的循环也为下一次的情境创设奠定了基础，提供改进意见。下面以"阿基米德原理"教学为例，根据情境教学的过程，阐述初中物理情境教学的环节。

（一）创设物理情境——激发学习动机

如果学生在学习过程中没有动力，无法坚持下去，学习比较被动，就会失去对物理的兴趣，不利于学生思考能力和创新能力的培养，无法养成物理学科知识素养。物理知识具有情境性，所以应该创设相关的物理教学情境。创设的物理教学情境要与学生的日常生活相近，符合学生的认知特点，以激发学生对物理学习的兴趣，使其主动学习，培养其独立思考的能力和探究能力，这也是物理教学的重点。心理学认为，促使学生学习的内在动力就是学习动机，它激励学生自主学习，指导学生学习的方向。有认知方面的需要，才会产生学习动机，认知需要通常表现为好奇心、兴趣、爱好等，情境教学的第一个环节就是通过创设物理情境激发学生的学习动机。

本节课导入环节可播放"阿基米德与皇冠"的故事视频，创新问题情境，引导学生提出"物体受到的浮力与排开液体的重力之间有何关系"的问题。

（二）体验物理情境——学会发现问题

引导学生发现问题比教会学生解决问题更有价值，也更有教育意义。传统的物理教学模式主要是通过练习让学生解决相应的问题，导致学生不会主动发现问题。只有提出新的问题，才能有新的观点产生，也才能够进行创新。而要让学生主动提出问题，必须要让学生产生疑惑，只有在相应的物理情境中，学生才能产生问题，进而解决问题，这就是发现问题的过程。《论语》中孔子也强调让学生自己产生疑问，"不愤不启"，也就是让学生在认知过程中产生疑惑。创设问题情境能有效激发学生探究和学习物理的兴趣，让他们有学习动力，主动发现问题，提出自己的看法，进行创新。

导入新课后让学生慢慢用手把一皮球按入水中，感受用力大小变化和观察容器内水面变化，进一步体验浮力和排开液体重力的关系，提出猜想假设。

（三）物理情境学习——参与合作探究

进行探究的根本是要发现并解决问题，创造新的知识。物理学探究的过程就是在未知的情境中进行探索，用所学知识解释物理现象，发现物理规律。由此可见，学生应该在相应的物理情境中学习物理，因为只有在具体的情境中，学生才能进行物理探究。课堂时间和空间是有限的，学生进行科学探究，必须要彼此合作，在合作过程中可以激发更多的灵感，才更有可能创新。在探究中要以学生为主体，教师要予以指导，培养学生探究和解决问题的能力，也让学生在探究中学会合作，提高创新能力。科学合理的物理情境，能够调动学生多种感官参与物理学习，体验发现和创新的过程，同时让学生学习如何解决问题，与他人进行合作和创新。

通过小组合作形式进行实验设计，优化实验进程，进行实验探究并记录数据，在合作探究小组展示的基础上验证提出的问题。

（四）情境教学强化——建构物理素养

物理素养具有综合性，既包括学生的物理知识和技能、思维能力，也包括创新能力、物理相关的情感态度和价值观等。只有创设合适的物理情境，才能帮助学生建构物理素养。建构主义理论认为，从根本上来看，学习是学习主体——学生主动构建知识框架的过程。学生学习不应该是被动地接受知识，而应该是主动学习知识，对各种知识进行选择，不断学习新知识，完善旧知识，丰富自身的知识储备。情境教学的强化环节是让学生在情境中发现并解决问题，由此获得物理知识，提高物理能力，然后学生通过建构形成物理素养。

通过对多组数据的分析论证，引导学生分析部分浸入时，特别是漂浮时浮力和排开液体重力的关系，强化情境，建构素养，最终形成严谨科学的物理思维，分组总结得出阿基米德原理。

（五）物理情境评价——促进教学优化

物理情境评价具有两个方面的含义：一是评价教学效果，也就是学生的学习效果；二是评价物理情境教学。初中物理教学效果评价的标准是学生能否运用所学知识。检验教学效果最好的方法是观察学生能否运用物理素养发现并解决问题，在实际中进行运用。教师创设的情境通常要考虑学生现有的知识能力、调动学生的认知冲突、帮助学生建构物理素养。所以，教学效果很大程度上取决于情境，应该认真总结情境创设的优劣，为情境教学提供借鉴，使其不断优化。此外，情境教学离不开情境评价，它在形式上是对过程进行评价，也是对学生整体素质的评价，在评价目的方面是评价学生的整体发展情况。

在讲"能量守恒定律"时，由于球与空气摩擦，一部分机械能转化为内能，机械能不守恒，最终停在最低处。如果罩上真空罩，抽出空气，摆球升高的高度不再变化，机械能守恒。为激发学生思维，可引导学生讨论在太空中单摆会怎样摆动。

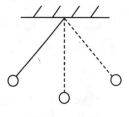

图 5-1 单摆

综上所述，物理情境教学始终围绕情境展开，课堂教学的有效性在很大程度上取决于情境，也影响着学生对知识体系的建构。物理情境教学是在情境创设的基础上形成的，在合理的情境中开展教学，进而激发学生的学习兴趣，培养学生的思维能力，帮助学生将知识内化为能力。所以，情境的效果就取决于情境创设，情境在物理情境教学中具有重要的作用，它影响着物理教学的效果，在物理情境教学中，最关键的是要创设良好的、合理的情境，而且情境教学的具体开展也需要选择合适的情境创设方法和较高的创设水平，因为这些对物理课堂情境教学的效果和效率都产生了很大的影响。由此可见，要保证情境教学的顺利开展，实现情境教学的目标，达到预期效果，离不开合理有效的情境创设。

二、物理教学情境创设的策略

（一）创设满足学生发展诉求的情境

"以学生为中心"的教学观指的是尊重人的主体地位，从整体上考虑人的自然特征、社会特征和精神特征，将三者视为一个整体，以人为中心，研究人的特点，将满足人的生存和发展需求、维护人的尊严、保护人的安全作为第一要务。因此，"以学生为中心"的教育思想指的是一切为了人的发展，将此作为最终目标，促进人的个性发展和全面发展，以此作为价值判断的依据，反思教育问题，尊重人的主体地位并认识到人在教育中的作用，在创设课堂教学情境时首先要确立平等的师生关系，让学生在情境中不断完善自我，实现全面发展。

1. 构建民主平等的师生关系

传统教学中的师生关系强调尊师重道，教师是课堂的主体，也是学生获取知识的主要来源，对学生的行为实施监管；学生在教学中是客体。正因如此，学生经常受到教师价值观念的影响，被动地接受教师传授的知识和观念，导致师生关系不平等。教师向学生传递知识，而学生一味地接受，师生之间教师作为支配者和主导者，而学生是服从者和被指导者。正是因为这种传统的师生关系，导致在初中物理教学情境创设过程中，教师更注重向学生传递知识的数量和效率，这就让情境创设变得程序化和形式化，学生被动地听从教师的安排，这种方式无法真正地满足学生的学习要求，反而实现的是教师自身的发展。

所以，物理教学要尊重学生的主体地位，以学生为中心，并建立平等的师生关系。只有平等的师生关系，才能让教师和学生形成一个整体，在地位平等的情况下交流，在自由民主的氛围中相互学习。平等的师生关系并不意味着教师和学生是对立的，一方为主体，一方为客体，而是彼此相互学习，共同发展，以学生为中心，形成良好的师生关系。这种平等的师生关系让学生主动探索外在世界，通过自身体验、领悟构建新的知识体系，实现自身全面发展和个性化发展。课堂教学活动的最终目的都是要促进学生的全面发展。学生和教师应该互为主体，相互尊重、相互理解，具体表现为教师能够理解和尊重不同学生的差异和性格特征，正确看待学生的缺点，学生也能够充分理解老师，积极配合课堂教学。在平等的师生关系基础上，初中物理课堂中教师创设的教学情境都应该充分考虑学生的需求，有利于学生的发展；与此同时，学生也应该积极配合老师，主动参与经济活动，在课堂上多与教师互动，促使自身不断发展[1]。

2. 凸显学生的主体地位

初中物理课堂教学中，以学生为中心具体表现为教师要以学生的全面发展为出发点来创设教学情境。学生的全面发展，一方面是所有学生都能不断发展，另一方面是个体学生在知识、能力等方面的协调发展。具体来说，初中物理教学情境创设有以下方面需要注意：

（1）学生的全面发展指的是所有学生都能得到发展，每一个学生在学习过程中都能获得相应的发展。目前，受到传统教学思想的影响，教师在情境创设过程中更多关注优秀的学生，关注他们的学习情况，却忽略了其他学生。这和促进学生全面发展的教学目标是背道而驰的。由此可见，情境创设应该关注所有学生的发展，从整体出发。

（2）学生的全面发展还包括学生的知识、能力、情感等方面都能得到发展。学生全面发展是要满足学生的多种发展需求，充分挖掘学生的潜能，具体来看主要有学生的基本知识和能力、学生学习的过程和方法、情感和价值观等。传

---

[1]　张路. 初中物理教学情境创设的问题及对策研究 [D]. 开封：河南大学，2013：40–53.

统的初中物理教学方法中，更看重的是实现知识目标，但是却忽略了对学生思想品德和交流能力的培养，不利于学生创新能力、探究能力等方面的发展。所以，很多教师将帮助学生掌握知识作为情境创设的出发点是错误的，这样不利于学生的全面发展，将来无法更好地适应社会。教师在情境创设过程中需要考虑：学生的身体、心理素质、适应能力、道德素养和科学素养等，培养学生各种素质综合发展。

（3）学生的全面发展和个性发展并不冲突，个体在观念、性格、情感、态度等方面存在很大差异，导致不同个体形成不同的个性。人的个性化发展，使人类社会变得多元化，不断创新发展。所以，学生的全面发展并不意味着所有学生的发展趋同，而是在全面发展的基础上促进个性化发展。当学生的全面发展到一定时期时，学生的个性发展就会逐渐凸显出来。在全面发展的基础上，学生才能实现个性化发展，而个性化发展又是全面发展的终极目标。由此可见，初中物理教学创设的情境应该促进学生个性的形成和发展，让学生发挥充分自己的潜能，尊重学生的不同特点、兴趣爱好等，根据学生的特点进行教学。

（二）提高教师教学创设情境的积极性

初中物理课堂教学过程中，教师明确情境创设对新课改和物理教学的必要性，是解决初中物理教学情境创设问题的思想保证。

1. 明确情境创设对教学目标达成意义

教学是有目的性的，实现教学活动的组织形式是教学情境创设，组织教学活动的目的就是实现教学目标。新课改理念在初中物理学科的主要展现形式是实现初中物理的三维教学目标。在初中物理教学活动中，三维教学目标是进行一切活动的基本目标，所以，要想更好地理解初中物理教学情境创设的教学意义，就要充分理解初中物理中三维教学目标与情境创设之间的内在联系。过程与方法、技能与知识、情感态度和价值观是三个存在内在联系的整体，能够立体地展现初中学生在学习物理知识中应当具备的科学文化素养。

在进行物理教学时，要密切联系物理世界，全面发展学生的知识、能力和情感，将学生培养成具有全面知识、突出能力、情感完整、真实的"人"。如果只是依靠既定的教育资源进行死板的知识传授，则很难实现新课改的标准和要求，所以需要教师营造一个接近真实、完整的物理教学环境，依据科学家的探索求知过程，带领学生发现和解决问题，使学生从中获取新的知识，不断提高能力和培养情感，从而达到情境创设的效果。物理教学运用创设情境能够引起学生的求知欲和好奇心，增加学生学习物理的兴趣；学生通过情境创设不断进行科学探索，真切感受和学习科学探究的知识和技能，由此能够培养学生解决困难的坚定意志；教师应该走在学科新知识发现和传授的最前沿，引领学生学习和掌握新的物理科学的最新发展和应用，继而能够更好地将物理学科和生活、社会有机整合，形成正确的价值观和科学的认知态度。所以，在初中物理的教学过程中，情境创设是至关重要的，能够促进初中物理三维目标的实现。

2. 明确情境创设对初中物理教学意义

初中物理课堂教学进行情境创设主要是根据物理学科本身的学科特点和初中学生的思维特点进行创设的。教师在进行情境创设过程中，需要明确其中的物理教学意义，充分发挥情境创设的重要意义。

（1）教学创设情境在物理学科特点中的展现。在物理的学习过程中，物理教学的情境创设具有特殊的作用和意义。物理学科是一门以实验为基础的研究物质运动规律的自然科学，在物理学习时，实验和观察是始终贯穿于整个学科的，既是研究物理学的基本方法，又是学习物理知识的基本方法和手段，许多经典的物理定律都是建立在日常生活的现象观察上，再经过抽象的归纳和概括得出的。对于物理学习来说，物理观察和实验是不可或缺的部分，是根据物理学的内在本质特点的需求进行的，这也是区别于其他教学环境的重要特点，很大程度上，物理学科本身的概念和规律是抽象的，展现的是人们认知自然界的高度，对于初学者来说是比较困难的。创设合理的物理教学环境能够加强学生的认识基础和扩展认识的途径，可以扬长避短。同时，物理学科又是一门具有极强实践性的课程，不仅在实际操作能力方面具有较高的要求，在运用知识能力方面也有较高的要求，其目的就是能够运用相关的物理知识解释或解决日常生活中和工农业生产中的问题，这对于物理学习环境来说是至关重要的。所以，学习物理知识离不开丰富多彩的情境创设，这不仅是物理教学的基本要求，也是不断提高学生科学素养和教学质量的目的。

（2）教学情境创设能够提高初中学生的认知水平。在初中生抽象思维能力不足的情况下，往往会用形象思维进行思考，但物理学科的特点是抽象性，这就需要给学生创造一个能够更好理解的学习情境才能让学生更好地接受知识。并且，人的情感的产生都来自具体的情境，初中生需要通过感受生动形象和饱含情感的氛围才能感受到学习环境的感召力。教学情境创设就是在给学生营造一种强烈的外部刺激，从而引起学生的注意力和唤醒学生的情感变化，进而刺激大脑皮层形成认知和记忆。

（三）确保教师创设"形神兼备"的情境

理解教学情境创设的内涵，掌握情境创设的基本特征是教师能够驾驭情境教学、正确进行教学情境创设的必要保证。真正的教学情境创设应该是"形神兼备"，教师可以通过以下方面把握情境创设的本质特征：

1. 理解物理教学情境创设的阶段特征

初中物理的教学情境创设的素材、表现形式和目的主要取决于教师如何理解情境创设。如果教师认为物理现象的情境创设来源于生活，那么就会从日常生活中搜集情境教学的素材；如果认为现象来源于多媒体网络，则情境创设的素材多来源于多媒体图片、视频和模拟实验等；如果教师很注重情境创设的作用，认为其目的就是帮助学生更好地理解物理知识，那么就会着重将情境创设做到具象化，让学生能够更好地理解和掌握物理知识。随着教师教学经验的不断丰富，教师对物理课程标准的理解也会随之加深，因此，在不同的教学阶段，教师对情境创设的展现能力也各不相同，当理解程度足够深刻，教师对教学创设的过程也将更加轻松自如，教学氛围也将更加自然丰富，教学地位的彰显也会更加明显。简言之，就是教学创设的阶段性变化是跟随教师的阶段性情境创设变化而变化的。教师在面对不同阶段的教学时，应该充分理解不同阶段的不同特点，不断改进和发展。通过情境创设对学生的影响程度和范围，可以将初中物理教学情境创设分为以下三个阶段：

（1）"雏形"阶段——还原知识场景。初中物理的教学情境创设在初级阶段多是教师通过实验、实物或者多媒体等方法帮助学生理解物理学中概念性、抽象性的知识点，能够让学生初步地感知和理解部分形象事物，从而促进学生学习知识和掌握知识的能力。情境创设的初级阶段是教师不经意间的教学产物，因为在初中阶段，学生的想象能力和抽象思维能力都还不够理解抽象性较强的知识点，初中阶段的教学任务就是为学生和学科之间搭建相通的桥梁，一方面能够被学生认可接受，另一方面还能够更好地诠释物理知识的情境。情境创设的主要目的是帮助学生更加清晰、真实地理解和掌握物理知识点，是一种传统的教学产物，在新课改的背景下，这种发展阶段是会被摒弃的。教学的情境创设目的是促进学生的学习能力和情感发展，其中，情境创设只是一小步，在整个教学情境创设中是初步阶段，并且这个阶段也是教师在教学时会本能地产生情境教学习惯的阶段。

（2）常态阶段——实现三维目标。在新课改的大背景下，初中物理的教学情境创设发展成为常态阶段，这是当下教师应该努力实现的。常态阶段的教学创设以新课改为指导，其目的是实现新课改提出的三维教学目标，通过对物理相关的生活、社会、科技等进行选取，营造一种积极向上的学习氛围和情感氛围，让学生能够在有理论知识为基础的同时，还能结合新的知识和经验，进行思想碰撞，从而引发认知的冲突，继而产生对未知知识的渴求和对问题解决方法的探索，最终提高学生的综合运用能力。与初级阶段相比，常态阶段能够多方位地调动学生的感官和情境变化，进而得到更加全面、深刻的感受和认知，另外，情境创设不可能是平面的，而是多维度结合立体的，不是将场景和情感简单相加，而是将情和景相互交融为一体，丰富学生的内心世界。

（3）理想阶段——创设开放情境。在当下，初中物理的情境创设处于标准阶段，对于传统教学而言，已是翻天覆地的变化，教学方式得到了很大的改进，然而，教学预设性的问题始终没有能够得到充分的解决。即使情境创设创造了良好的情境氛围，不断引导学生参与活动和探索科学，但是所有的活动设计仍然是在预设之中的——知识预设、能力预设和情感预设。学生是发展的人，且发展具有不确定性和复杂性，在面对同一个刺激时，并不都是同一种反应，因此，在进行情境活动时，面对不同的刺激，每一个学生的反应都是不同的，也正是这些差异性促进了学生的发展，对于他们来说也是最宝贵的。因此，理想的情境创设应该营造开放的教学氛围，积极调动每一个学生参与活动，融入情境活动中，并重视和珍重学生产生的新观点和想法，不断提高学生的创新能力。

2. 理解物理教学情境创设的基本要求

初中物理教学情境创设是教学活动的一种，在进行物理教学创设时，教师应该做到"神""形"具备，遵循教学要求的同时，依照物理学和物理教学的独特性，将初中学生学习物理的学习规律和学习心态相结合，达到物理教学的基本要求，保证教学有效进行。具体来说，就是需要初中物理教学情境创设满足以下四点要求：

（1）将教学的科学性、教育性、艺术性相结合。初中物理情境教学之所以需要先注重科学性，是因为这种特性需要根据学科的本质及学生的学习特点来决定。无论是哪一种学科素材，都应该保证准确性，都应该符合科学事实。教育性是指充分关注学生的情感变化、态度变化和价值观，不断挖掘关于物理情境素材的教学因素，再通过情境创设将物理知识渗透其中，进而促进学生对物理学科的热爱。

艺术性是指在教学的过程中，除了考虑科学方法之外的因素，还需要注重人的心理、情感的变化，因为教学活动是人与人之间的，不能只是简单地机械化操作。在物理教学情境创设过程中，艺术性对于提高教学质量来说起到了至关重要的作用，其艺术性表现在将教育学和科学性有机整合，简言之就是，情境创设在教学中并不突兀，而是与教学紧密结合，起到相辅相成的作用。

（2）引导学生知识碰撞，激发学习兴趣。在各科中，物理是相对比较难教、难掌握的一门学科，其原因是学习物理的过程是枯燥而抽象的，所以很多学生都对其失去了学习动机。学习动机又可分为内在动机和外在动机。教学过程中，应该着重激发学生的内在动机，只有发动内在驱动才能让学生在学习的过程中更加积极主动。初中学生在已有的知识和经验上，对物理学科的认知已经有了初步了解，这就导致学生对物理学科的世界更加好奇和更加想要探索。通过引发学生的认知冲突，能够引导学生更加主动积极地投入物理学科的学习，从而激发学生探索未知、解决问题。所以，教师在进行物理教学时，应该将初中学生的心理特点和学科的特点有机整合，充分发现和运用学科的魅力，创设能够激发学生兴趣和引发认知冲突的情境，促进教学的有效进行。

（3）教学中融入观察、实验和探究。因为在初中阶段，学生对物理知识的认知还相对薄弱，所以在进行物理教学情境创设时，需要教师充分考虑学生的学习情况，创设形象化、具体化的物理问题和现象，让学生能够更加准确地观察和理解。通过情境创设让学生生动、感性地认知和掌握物理知识，能够进一步扩充学生的知识架构和活跃学生的思维。根据实验观察所获取的线索和依据能够为学生研究、分析、联想、概括学科知识提供依据，进而促进物理概念和规律的形成。因此，物理学作为一门自然学科，需要以实验和观察为基础，才能充分地研究这门学科。物理学科是一门实践操作性很强的学科，如果不进行观察和实验，物理学科就是一门乏味、僵死的学科，学科中的知识就是难懂乏味的符号，学生只能得出一些无用的结论。所以，初中物理教学情境创设一定要将观察、实验和研究贯彻始终。

（4）情境创设，授人以渔。"授人以鱼不如授人以渔"，所以"授人以渔"就要求教师在培养学生获取知识的同时，还需要重视培养学生获取知识和提高能力的方法。只有掌握了物理学的研究方法，才能理解和掌握物理学科的基础知识。对于初中生来说，物理是新学科，学生会习惯用学习数学、语文的方法学习物理，这不利于物理的教学，并且会让学生更不适应物理的学习。所以，教会学生学习物理的方法对学生理解物理和学好物理更有意义。物理学科有一种既定的物理研究方法，这种方法对探索、发现和解决问题来说已经是一种既定的物理思维方式了，所以，通过创设物理教学情境，能够很好地引导学生发现和解决问题，在进行物理学科研究的同时也是对物理研究方法的不断精进。

物理学习更注重应用，物理学科在社会发展和人类生存发展过程中起着至关重要的作用，物理学科的不断发展，使人类的生产和发展更便利；另外，通过对物理的应用，对物理学科知识的理解也不断加强。但是，在初中物理的教学过程中往往会出现这样的现象：学生对物理知识点的学习相对简单，但是对知识点的实际运用却捉襟见肘。分析其原因，主要有两个方面：第一，学生只是死板地记住了知识点，并没有真正地理解；第二，教学方面只注重突出重点知识，过分强调教学结果，却对学生掌握物理知识的过程选择性忽略，让学生学到的知识只是一串符号。所以，在进行教学过程中，教师应该着重培养学生发现问题、分析问题、解决问题的综合能力，以此达到灵活运用物理知识的教学效果，因此，教师在情境创设时应该精心准备，通过多渠道获取知识，引导学生掌握学习物理知识的方法，提高学生的知识应用能力。

以上几点是教师在进行创设物理情境时应该遵循的基本要求，并且以上几点不是独立存在的，是相互联系的，因此，教师在进行创设的过程中，应该合理规划，准确把握。

（四）提升教师教学情境创设的素养

教师教学情境创设素养是指教师的修养，也就是教师为了完成教学任务应该具备的各项教学技能和各类知识储备。初中物理教学情境创设是一种巧妙的教学手段，要求教师具备物理学科的专业知识、文化修养、理论知识和实践操作技能。在教学实践中，如果教师不能完成教学情境创设的教学任务或者存在某些纰漏，这就说明教师的教学素养还有所欠缺。所以，要想解决教学情境创设中存在问题就需要不断提高教师的教学素养。对于教师来说，提高教学素养不是一蹴而就的事情，需要教师通过不断的有针对性的训练才能找到适合自己的教学路径，从而提高自身的教学修养。

1. 改进教学情境创设

提高教学能力的重要途径是学习和借鉴优秀教师的教学经验。所谓的优秀课堂教案是指具有良好教学效果的实际教学课堂，能够从中获取很实用的教学方法和研究意义。观摩优秀的教学案例是在各项内容设计中截取相关的片段进行反复学习和揣摩，取长补短，具体如何学习如下几点：

（1）获取优秀的课堂教学案例。主要有三个途径可以参考：一是通过身边优秀教师提供的常规课程；二是通过国家教研部门组织的优质课、达标课等公开课；三是通过教材编写组提供的新课标视频。每一种途径都有其优缺点——优秀教师的教案的优点在于其中的教案都是教师通过实际情况进行创设的，具有较高的实用性和高效性，并且比较容易学会，见效也比较明显，其缺点是过于强调实效性造成教学设计存在瑕疵或者比较粗糙。公开课的优点在于其具有较精细的教学设计，教学课堂"完美无瑕"，其缺点在于过度追求完美，在设计中加入了一些"虚"的元素，不太适合常规的课堂。新课标课堂则紧贴新课改的理念，过于理论化和机械化，与实际情况脱轨。所以，综上所述，三种课堂都各有利弊，需要进行筛选和分析，取长补短。

（2）制订观摩的目标。在进行教学情境创设观摩时，应该明确特定的问题，有目标地进行学习观摩。观摩目标主要从四个维度出发：选取"情境"、达成目标、统筹"情境"、评价情境。情境创设是来源于物理学史、科学技术还是生活现象；教学三维目标如何全面实现，不同的知识目标又是如何实现；情境的创设如何才能贯穿课堂，并如何让物理知识融入情境创设中；如何让学生积极参与到创设的情境中，并给予准确的评价；如何调整创设情境中出现的问题；如何实现情境的高效教学和评价体系等。

（3）实施观摩的活动。在条件允许情况下，可以运用有效方法将优秀教师的常规课进行录制或整理成详细的教学记录，方便之后可以反复观看，慢慢揣摩和学习。对情境创设好的课堂进行筛选并重点研究。在选择情境时，一定要制订观摩目标，分析其中的教学目标。再根据结果的分析与相应的教师进行交流和学习，在交流中互换想法、激发灵感。

（4）总结观摩的活动。对三类课堂进行优缺点分析和总结。分析自己的课堂在这三类课堂情境创设中能够运用哪些部分。并不是完美的课堂就无懈可击，在不同情形下，总会存在一些瑕疵，因此，教师应该仔细分析和学习不同类型课堂的优缺点，将其中的优缺点对照自己的课堂，反复研究，避免同类失误的产生。

2. 提升情境创设的实效

随着课程改革创新的不断深入，为持续激发学生学习兴趣，促进学生全面发展等优点，创设情境已成为受欢迎的教学方式之一，"公开课"也成为一个不可或缺的教学手段。我国《教育大辞典》中对"公开课"的定义为："公开课即公开教学，又称观摩教学，是教学的一种特殊形式，为供教师与有关人员观看、聆听并进行评析的教学活动，其目的为探讨教学规律、研究教学内容、形式、方法和评价，或推广教学经验，进行教学改革试验。"通过"公开课"，教师可以发现问题，交流互动，探讨问题的解决方法，对纠正教师教学中的问题、促进教师专业素质与能力的提升具有重要意义。具体表现为：

第一，自曝"问题"，深入交流。一般情况下，教师总是希望呈现一节"完美"的课程，即使在准备过程中发现一些容易忽略且短时间内无法克服的问题，也只能加以掩饰，加之授课过程中突发问题，按照一般做法，在课堂之后的交流环节，授课教师对自己的教学"行为"进行辩解，评课教师、专家也只是谈一些优点和不足，无法触及问题的本质，发挥不出"公开课"应有的效用。其实，教师要有意识地"自曝"问题，主动提出在情境创设的准备、实施中遇到的问题，以及采取的"补救"措施等，请教师、专家共同探讨，引导问题讨论深入进行。教师在一次公开课中的收获是在普通教学中难以获得的，虽然讨论不出标准答案，但随着讨论不断深入，经过思维的碰撞总会产生一些新观点、新思路和新方法，从而在情境创设方面产生一些启发，这是教师专业水平不断发展的必由之路。

第二，变"公开课"为"常规课"。"常规课"是教师展现真实教学行为的课堂。在新课标下，如何改变传统教学模式，在"常规课"中体现"公开课"的成果，把创设情境的实效运用到"常规课"中，让"常规课"不断升华与沉淀，也成了教师思考的重要课题之一。只有让"常规课"接受检验和评审，认真分析"公开课"对"常规课"的启发与借鉴，或是把"常规课"的教学按照"公开课"的标准进行，将"常规课"公开化以此提高课堂教学艺术，才能真正提高教学情境创设的实效。

3. 提高教学情境创设的技能

教学情景的创设贯穿于一堂课的始终，其可综合运用多种教学方法和途径，营造一种学习氛围，使学生形成良好的求知心理。创设教学情景虽然不是目的，但是没有情景的课堂很难激发学生的创造思维。提升教师教学情境创设技能需做到以下两点：

第一，有针对性进行教学情境创设训练。教师可通过反复训练，进而逐步提升教学情境创设技能的熟练程度。为使训练高效进行，训练必须有针对性，针对不同问题，采取相应的方法，紧扣教学内容，凸显学习重点。例如，针对物理现象情境素材的选取、本单元教学目标的融入情境、情境的配置、物理知识的提取、情境性评价等问题，制订相应的训练方案，有的放矢，真正提高教师情境创设技能。

第二，教师教学情境创设技能的提升，还需要进行有效的教学反思。教师的教学反思是教师教育、教学认知活动的重要组成部分，它贯穿于教育、教学活动的始终。不同教师由于个体知识、能力等方面的差异，在情境创设训练的过程中必然会遇到不同的问题，而教师通过教学情境创设活动的反思，可以发现这些问题，然后调整训练方案，这样就形成了训练—反思—改进训练—反思的循环，从而促使教师情境创设技能逐步提升。

4. 破解实践和理论中的困惑

教学情景创设具有创新性，教师在创设过程中往往会遇到瓶颈，主要表现有两大问题：一是情境创设脱离物理课程内容，授课实施时达不到理想效果；二是教师已有理论知识无法支撑情境创设，没有思维价值，并且对教学实践的指导意义不大。教师要想突破这些问题，就要借助其他教师、教研员、专家等意见建议，通过与他们的互动，获得思想上的启迪。教师在寻求借鉴与帮助之前需明确以下诉求：

第一，明确任务，细化问题。在向其他教师、教研员、专家请教问题时，首先要明确任务，这样才能有针对性地解决问题，进而通过细化问题得出具有操作性的解决问题的方式方法。在明确细化的问题驱动下，教师有着强烈的获取答案的愿望，而理论专家根据问题做出有效的解答，实现了理论对实践的价值，使教学理论获得认可。

第二，创造条件，积极主动。教师只有创设各种条件，主动向其他教师、教研员、专家请教问题，才有可能获得相应的帮助。一是教学问题的展示和解决最好是在课堂上。通过"公开课"的方式邀请同行教师、教研员、教学专家来到课堂，帮助自己诊断情境创设中的问题，共同商讨解决办法。二是教师要充分利用各种教研活动。教师要积极主动地通过年级、校级或各级教育行政部门的教研活动主动提出自己在情境创设中的困惑，引导其他教师参与讨论，集思广益，促进整体教学水平的提升。

第二节 物理的科学探究式教学

一、科学探究与探究式教学

（一）科学探究的本质

所有的科学探究活动都是在一定的假设指导下进行的，并且具有非常丰富的内涵。其可以是在科学领域之中开展的探究活动，如科学家针对自然界的变化发展提出一定的问题，然后针对这一问题进行深入分析与寻找答案的过程；此外，学生在科学课堂教学活动中开展的探究活动也属于科学探究，如学生在获取科学知识的时候树立起来的思想观念、学习和掌握科学家研究活动中使用的方法手段而开展的各种活动等也是科学探究的重要内容。所谓探究学习，其实就是学生积极主动地参与到知识获取过程之中，学习和掌握探究自然必备的能力，形成科学概念这一认知自然基础，从而形成对未知世界进行探索和感知的积极态度。科学探究形式具有多样性，要素主要涉及提出问题、假设猜想、计划制订、设计实验、进行实验和收集证据、分析论证及评估交流等诸多方面。对于学生群体而言，其开展的科学探究活动可能会涉及上述全部要素，也可能只会涵盖其中部分要素。科学探究式教学的本质就是在课堂教学活动中引入科学领域的探究环节和手段，让学生模仿科学家对相关知识进行自主探究，从中更加深刻地理解与把握相关概念与本质，从而培养和提升学生的科学探究能力。

（二）探究式教学特点

探究式教学是现代教育变革和发展的过程中，对传统教学手段的优势进行借鉴，并融合现代化教学手段的长处并得以发展的，是一种现代化教学模式。和其他教学模式相比，探究式教学模式有以下特点：

1. 探究是一种能动过程

探究式教学将学生置于中心位置，注重学生主体作用的发挥，归根结底，是学生在课堂教学活动中开展科学探究活动，强调使学生亲身参与到知识形成与发展的过程当中。探究式教学强调学生自觉主动地投入学习活动中并获得发展，强调通过探究式学习完成预先设定的教学任务和目标，在探究式课堂教学活动中，教师单方面地向学生灌输知识不再是重点，其更多地扮演学生学习活动的引导者和辅导者角色。从这一角度来看，探究式教学和传统的灌输式教学是有着本质区别的。

2. 探究是一项多侧面活动

所谓探究，就是人们对未知事物和领域进行探索，从而获得正确认知和深入了解的手段与方法，也是学生丰富自身知识储备、增长见识、拓宽视野的一种重要学习模式。在课堂教学活动中，学生进行科学探究的时候会涉及诸多方面的内容，例如，学生需要对探究对象进行全面和深入的观察，从而发现并提出问题；需要充分利用自己已经掌握的知识内容对问题进行深入思考和推测，并提出自己的假设和观点；需要查阅各方面的相关信息和资料，以此为基础来推断和验证自己提出的观点与假设；需要结合主要教学内容和教学目标设计适当的实验方案，并从中找出变量，并对其进行控制和实验；需要收集、整理和分析实验活动中获得的数据，并利用逻辑和证据等得出答案或者进行更为深入的解释；需要通过各种图表交流获得科学结论，并对不同观点或者批评意见做出恰当的反应。

由此可见，科学探究作为一项多侧面的活动是毋庸置疑的。但是需要特别指出一点，即活动虽然是探究开展的依托载体和实施渠道，但是二者之间的区别也是非常明显的。发现和提出问题是科学探究的主要切入点与出发点，而问题又是从学生的动机与对未知事物的好奇心当中出现的，如此课堂活动中学生的探究行为就涉及疑惑、自主意识、方法论及反思等诸多要素。活动是指学习者对学习对象的内部操作，其含义是对这些对象所采取的行动，而不是这些对象本身。

3. 探究旨在获取知识与认识世界

引导学生正确认识和理解自然是科学教育的宗旨。在科学教学和学习过程中，之所以要将探究作为其中的核心，一个非常重要的原因就是探究是学生获取科学知识和掌握相关技能非常重要且行之有效的手段。开展科学教育的一个重要目的就是让学生学习和掌握一定的科学知识。究其原因，科学概念是组成知识的单元，能够推动人们的思维发展，是人们正确认识和理解自然的重要基础与依托条件，因此，学生想要丰富自己的知识结构、增长自己的见识和提升自己的能力，就必须掌握足够的科学概念。

在学习和掌握科学概念的时候，一般是符合初级—中级—高级—抽象这一认识层级递进的，最终会在学习者大脑中形成一个完整的概念体系。对于初中学生群体而言，其正好处于形象思维向抽象思维进行转变的一个特殊时期，在学习和掌握科学概念的时候主要是从其形成与同化两个方面进行的，然后再将之进行实际应用从而使之得以巩固与扩展。探究学习要求学生在新的问题情境中应用自己已经掌握的概念，在此基础之上通过概念形成来获取新的概念。因此，从一定意义上而言，探究学习更加符合学生的学习与思维活动规律，是学生进行科学概念学习和掌握的一种行之有效的手段，尤其是对于较为复杂和抽象的内容与概念，利用探究学习往往能够收到更好的效果。

4. 探究要求师生参与教学过程

和传统灌输式教学活动不同，探究式教学将学生作为主体，要求充分发挥学生的主体作用。换言之，在探究教学中，学生的探究态度是否积极主动、探究热情是否能够始终保持在一个高水平、在对新领域或者未知事物进行探究的时候是否能够主动参与其中，都会直接影响到最终效果和预期目标的完成度。但是，在教育活动中，教师同样是核心部分，因此在探究式教学活动中教师也应该处于主导地位，要能够为学生创设科学合理且协调的探究环境，以学习者的身份和学生共同参与其中，实现教学相长。

（三）探究式教学类型

教师的主要工作都是引导和鼓励学生积极主动地投入科学探究活动中，从而使探究活动顺利开展和发展。在教学实践中，教师和学生的作用程度不同，学生进行自主探究的程度也会存在差异，探究式教学可以分为以下方面：

1. 部分探究式教学

在部分探究教学中，学生开展的各种活动都是在教师大量指导和辅助下进行与完成的，如教师将具体的事例或者教学程序提供给学生，让学生据此再进行自主探究去获得答案；或者将需要学习和掌握的原理或者概念提供给学生，让学生自己去寻找和发现其与具体事例之间的联系。在部分探究当中，教师虽然会给予学生较多帮助，但是具体观察分析数据、提出假设和进行推理论断，以及得出最终结论的时候，教师应该引导学生而不是直接将结论等灌输给学生。换言之，在开展部分探究式教学的时候，教师并不是直接对学生进行教育，而是充分尊重学生的主体地位，以其自身的判断和创见为基础，引导学生自主探索和寻找解决问题的途径。对于学生而言，教师在部分探究中并没有直接给其铺设一条直达答案的通道，因此，学生自己必须充分发挥自己的能动性，尽最大可能去解决问题。

一般而言，学生刚开始参与探究活动的时候，由于缺乏经验，因此通常都需要教师为其提供必要的指导意见，这个时候采取部分探究比较合适。至于在教学活动中为学生提供多少帮助较为合适并没有一个统一标准，需要教师依据预设的教学任务和具体的教学内容确定。总体而言，为学生提供指导的时候应该确保学生可以在此基础上成功完成探究活动，以避免学生遭遇较大挫折而导致信心崩溃。此外，教师在给学生提供帮助与指导的时候，如果条件允许，应尽可能地通过提问的方式进行，如此可以推动学生对可能的调查研究程序进行主动思考。换言之，教师在向学生进行提问的时候应该注重问题的导向性，而不是直接告诉学生如何去做。只有在适当的时候向学生提出适当的问题，学生参与探究的积极性和兴趣才能够被激发出来，从而推动探究活动取得成功。

2. 完全探究式教学

在进行部分探究学习之后，学生通常就会掌握一定的知识，具备一定的探究能力，在这一基础之上，教师就可以引导学生进行完全探究。所谓完全探究，简言之，就是学生自主完成探究活动，在探究过程中，教师几乎不会给予学生指导和帮助。探究活动的整个流程，从提出问题、明确探究对象开始，一直到得出最终结论，都需要学生自主完成。概括来讲，就是学生自己提出问题，然后针对问题开展探究活动自主解决问题。

在完全探究式教学的整个过程之中，教师主要扮演组织者角色，主要作用就是提供给学生其所需的资料。从这一方面来看，完全探究和部分探究是存在很大区别的。相较于部分探究而言，完全探究需要学生具备更高的综合素质，也为学生证明自己、充分发挥自身作用和价值提供了更好的机会。因此，学生在通过部分探究，掌握一定的解决问题的知识和技能之后，教师就应该引导和鼓励学生进行完全探究。

从水平视角来看，对于探究活动而言，部分探究应该属于初级阶段，而完全探究应该是高级阶段，二者相互联系，呈递进程序。部分探究是开展和实施完全探究的基础条件，可以说，不经过部分探究，完全探究就无从谈及，从更大的角度而言，如果缺少学生时代的部分探究，那么就没有未来科学家对未知事物和领域开展的完全探究。完全探究是作为部分探究的延伸与拓展而存在的，同样是其归宿和最终要达到的目标。部分探究到完全探究的发展过程中，教师的作用是呈逐渐递减的趋势，学生的独立性和探究能力呈逐渐增强的趋势。因此，对于初中学生而言，其进行的探究性学习严格意义上而言就是不断向前发展的过程，是部分探究不断向完全探究进步和发展的过程。

（四）探究性学习策略

1. 探究性学习策略的选择

第一，教师应该把教学目标和任务当作学习策略选择的重要依据。教学策略有很多种，不同的策略适合不同的目标和任务，相应地，当目标或教学任务不同时，教学策略的选择也需要发生变化，教学目标必须定位清晰准确，如果过低或过高，就会对教学实用时间质量产生不良影响。如果教学目标的定位偏低，那么对于优等生来说，他们的教学实用时间质量就会变差；如果教学目标的定位过高，那么对于基础较差的学生来说，他们没有办法在学习中进行更深入的探究。

第二，根据实际情形选择教学策略。教师在使用教学策略的时候，需要考虑到学生的认知程度和学生当前的知识应用水平，需要关注学生的具体反映，使用可以激起学生学习兴趣的教学策略。

第三，根据教师本身的教学情况选择教学策略。想要达到理想的教学效果，教师需要选择合适的教学策略，合理设计教学内容，充分发挥自身优势，尽量避免自己的不足之处对课堂产生不良影响。

第四，根据适用对象进行策略的选择。教学策略的使用能够达到哪种程度的效果没有办法一概而论，每个教学策略都有自己的突出特点，也就是说，它的适用范围是相对固定的，或者相对明确的，如果在适合的范围之内进行教学策略的运用，那么能够获得的教学效果就会好一些，相反，获得的教学效果可能就会不好。所以，要充分考虑教学策略的适用对象，然后进行策略的应用。

2. 探究性学习策略的提升

教师在教学时，应该把探究性学习策略的提升当作教学准则，不断地激发学生的探究欲望，让学生主动学习，教师应该丰富教学形式，让教学气氛更活跃。具体来讲，探究性学习策略提升涉及的内容有：

第一，教师要对学生当前的情况进行全面的了解，在了解的基础上因材施教，可以为学生制订个性化的学习方案，教师应该以服务学生学习的态度进行教学。

第二，教师应该改变自己在课堂中的定位，不再将自己当作课堂主体，而是将主体地位还给学生，让学生自发地进行思考和学习，让学生掌握学习的能力，从根本上提高学习效率。

第三，教师应该转变自身角色，把自己当作学生学习的参与者、学习活动的组织者，然后参与教学。

第四，教师应该关注学生学习的全过程。如关注学生的学习态度、学习方法、学习能力、学习心理。也就是说，除了关注和学生学科学习有关的内容之外，还应该关注学生的个人成长、情感变化。从当前的现状来讲，如果教师想要将探究性学习策略更好地应用在教学过程中，那么教师就必须关心学生，和学生建立和谐的关系，在课堂上和学生进行良好的互动。

与此同时，教师应该关注一些学习存在困难的学生，应该主动、积极地为学生提供帮助，鼓励学习遇到问题的学生，积极寻求教师帮助，积极提出问题，只有双方都愿意主动地交流，才能建立起信任、融洽的关系。

二、物理科学探究能力培养

（一）科学探究能力的表现特征

一般而言，初中生科学探究能力表现出以下几个方面的特征：

1. 善于提出科学问题的特征

科学问题指的是运用科学理念或科学原理结合自然中的事件和物体而形成的能够充分激发学生探究欲望的问题。提出科学问题可以让学生的探究活动更丰富，可以刺激学生有更高的兴趣、更大的主动性，参与物理学科的探究。教师需要引导学生提出科学问题，教师可以运用带有一定启发性的教学方式，这样学生就会形成一种意识：物理原理也并不是那么难以理解。在教师的引导和启发下，学生可以利用之前学习过的知识去解决当前遇到的科学问题，科学问题的解决需要学生掌握解决问题的基本步骤和解决问题需要的知识，有了知识、掌握步骤之后，学生可以更好地解决问题。在提出科学问题时，可以从多个途径、多个角度入手，比如，学生可以自己提出问题，教师也可以提出问题，让学生解答。除此之外，教材或其他的资料中也会有各种各样的科学问题。

提出科学问题需要考虑到学生当前的能力水平、知识结构水平，不可以为了追求问题的难度，而忽略学生的实际情况。教育心理学指出：兴趣是一个人想要进行研究并且想要获得某种知识的心理状态，它是人们求知路上的助力提供者。在兴趣的指引下，学生会产生追求和探究心理，也自然会对事物有更深刻的认识。为学生学习创设情境主要是为了让新旧知识发生激烈的冲突，让学生形成认知矛盾，这样学生就会有兴趣去寻找问题、解决问题，也就是说，学生能够形成问题意识，在这样的意识下，学生会提出更多有价值的科学问题。作为教师，应该为学生提供有利于科学问题提出的环境，教师可以通过生活实例引出问题，也可以利用实验探究的方式引出问题，以此来为学生创建问题提供情境，启发学生自主提出问题，让学生形成更强烈的物理学习动机。

在传统教学模式中，教师更注重由自己来提出问题，让学生进行解答，而不重视对学生自主提出问题能力的培养，在这样的模式下，学生认为教师说的都是真理，教材中的都是正确的知识，所以，学生几乎不提出任何质疑，但是，素质教育要求教师应该为学生创设问题情境，让学生大胆地提出问题，让学生勇敢地进行质疑，教师可以在教学中引入日常生活中和知识有关的情境，然后让学生在情境中进行问题的探究、讨论及解决。在日常生活中真实问题的指引下，学生会形成更强烈的探究欲望，如果学生积极地提出了问题，那么教师应该先给予肯定和表扬，这样才能维持学生勇于提出问题的积极性，也有利于使课堂气氛更加活跃。

教师可以借助于问题培养学生的感知能力和思维，学生在不断提出问题的过程中，能力会得到提高，学生也会慢慢地掌握更高的提出问题的能力，教师可以引导学生说出他是如何发现问题的，然后教师可以根据学生发现问题的认知过程引导学生对自己提出的问题进行进一步的加工，让问题变成更有价值的问题。教师也可以鼓励学生把问题转化成书面语言，当学生对物理实验问题进行描述的时候，教师应该首先对学生描述当中正确的表述部分给予肯定，对于表述当中存在的不恰当之处，教师可以引导学生进行改正。当学生做过多次物理实验掌握一定的经验之后，他们对物理这门科学的认识也会更深入，他们也会提出更多具有更高价值的物理科学问题。教师在不断鼓励学生进行提问的时候，教师可以从学生的认知结构、认知思维角度出发，按照他们的思维习惯去引导学生提出存在彼此关联的物理问题，在教师不断地引导性提问当中，学生会发现更多的问题，会对问题进行更加深入的思考，而且在教师提出的问题的指引下，学生可以带着问题去投入接下来的学习生活中，学生也会有更强的探究欲望。

2. 善于动手解决问题的特征

所有的科学学科都需要动手操作，都离不开实验环节，学生可以通过物理实验的方式、根据物理资料进行科学性的探究，以此来解释一些物理科学现象。动手能力指的是在实验中获取实证材料的相关能力，具体来讲，它包括以下方面：首先，观察能力，如需要学生对事物的外部特征进行观察和描述；其次，测量能力，如需要学生测量当前的温度、测量发展时间、测量距离等，除此之外，观察和测量还涉及实验中的各项反应、变化或者反射等过程。在实验当中获得的数据应该清晰地记录、保存下来，与此同时，应该在实验报告实验表格当中清晰地记录所有数据的变化过程，所以，在物理探究性学习过程当中，实验材料的收集可以让学生更加积极主动地参与到实验过程，对实验过程有更详细的了解，学生也可以从参与实验当中获得更多的知识。

3. 善于解释科学问题的特征

在做完实验之后，学生可以利用自己的逻辑去推理分析事件的因果，对问题做出解释，对于物理学科的发展来讲，这种利用逻辑推理进行因果分析和解释的能力也是非常重要的，在遵循严谨的实验操作步骤的前提下，学生获得的实验数据可以为他们提供解释科学问题的依据，而且在进行实验的过程中，他们也会在材料分类、数据分析、结果推测、结果预测的过程当中，掌握学科研究需要使用的逻辑思维、逻辑方法。所谓的科学问题的解释指的是在接触新知识的时候用自己已经掌握的知识去联系实验过程当中观察到的结果，并且通过联系的建立实现知识水平的提升，对实验当中获得的结果产生全新的理解。

科学知识和日常生活之间有千丝万缕的联系，如果可以在物理教学当中将这些联系进行充分的利用，那么学生将会有更多的机会去应用知识。学生在应用知识的体验过程当中，知识也会变得更加牢固，对物理学习的兴趣也会有明显的提升，最为重要的一点是学生可以运用物理知识解决生活问题，提高解决问题的能力。

4. 善于评价学习结果的特征

探究式学习非常注重学生从自我的角度对学习结果作出评价，学生通过对自我探究学习的评价可以不断地检查当前使用的学习方法是否正确，可以判断当前的解释是否科学，通过这样反复检查和判断，学生的学习效率有一定的保证，更容易完成学习目标。除此之外，也可以通过学生对学习结果的评价来衡量学生的科学探究能力水平，如果学生可以做出逻辑关系比较强的实验结果评价，那么就可以表示学生在科学探究方面的能力水平是比较高的。学生可以通过交流、对比、辩论的方式，讨论彼此的研究结果，学生还可以和教师一起进行结论的探讨、分析结论和教材当中的结论有何不同，这种探究性学习和科学探究是有差别的，对于学生来讲，他们只要能够把实验获得的结果和他们当前的科学知识进行融合即可，这是针对学生阶段探究性学习设置的主要目的。[①]

学生在进行评价的时候，会主要针对探究过程中那些仍然没有解决的问题，而且在探究的过程中也会产生新的想法，可以对之前的探究方案进行优化。与此同时，也可以总结这次探究活动当中有哪些问题，通过这样的评价过程，学生可以养成更加严谨的探究态度，与此同时，也有利于学生批判性思维的养成。

5. 善于交流学习经验的特征

科学实验中获得的结果需要进行验证，在验证的时候必须进行大量的交流，因此科学探究能力也涉及交流能力，对于初中生来讲，他们还不具备撰写物理论文的能力，但是他们可以针对物理实验进行经验交流，可以讲述他们的心得体会。交流和心得体会主要针对整个探究过程，如问题的提出、解决问题的步骤、对问题做出的解释等方面，在这个过程中，学生可以大胆地进行质疑，也可以根据自己的实验过程对问题做出科学的解释，在交流过程中，学生可以针对其他人的结论提出问题，也可以对其他人获得的实证材料进行检验，可以寻找他人的推理是否存在错误。通过学生的交流合作，通过彼此经验的分享，学生可以对探究式学习有更深入的认知。在这样的情况下，学生可以更好地进行物理知识的建构，也会更愿意承担自己在小组学习中的责任，有助于小组探究目标更好地实现。

在学生自主探究的过程会中，学生和同伴之间的交流更加深入，学生会根据其他人的做法对自己的方案进行反思和优化，小组合作探究活动结束之后，小组应该选出代表，向其他的小组展示自己的实验结果，展示自己观察到的实验现象、获得的实验数据及最终获得的结果，除此之外，也可以分享在此次探究活动中有哪些收获和感受、掌握了哪些方法等，可以说在这种体验式学习模式下，学生不仅进行了更好的知识建构，还和同学进行了更好的交流，和同学之间形成了更和谐的伙伴关系。

总而言之，培养学生的科学探究能力是非常复杂的一个过程，教师可以按照探究性学习具有的五个特征对学生的学习能力和学科探究能力进行培养。当

---

① 江定仁. 浅谈初中物理教学中科学探究能力的培养 [J]. 中学物理（初中版），2013，31（6）：7.

然并不是说这些特征是一成不变的，也可以根据实际情况进行改变，举例来说，在探究过程中，学生需要提出科学问题，但是并不是所有的情况下问题都是由学生提出的，如果教学有需要也可以是教师为学生提供诸多的科学问题，然后由学生进行选择。除此之外，学生也可以在别人提出问题之后，对问题做出修改，然后进行问题的分析和研究。

探究性学习非常强调学生主体性的发挥，所以，教师应该尽量为学生提供可以自主发现问题、自主研究问题的空间，因为学生的成长环境不同，生活经历不同，所以学生掌握的经验知识、形成的学习习惯都是有差异的，他们在提出科学问题时的角度不一样，对问题做出的假设也不一样。教师在进行探究性学习的时候，可以将学生分成不同的小组，然后让每一个同学在小组内积极发言，为他们提供表达自己猜想的机会，也让他们积极地参与到别人的猜想讨论中。事实证明，小组形式的讨论和交流非常有助于学生猜测能力、建设能力的养成，在小组交流的时候，学生可以将自己的观点清晰地表达出来，而且学生也可以参与到别人想法的讨论中，这样和谐友好的沟通有助于学生汲取别人的优秀之处，也有助于学生在交流的过程中优化自己的方案，而且还能培养学生的合作精神。

（二）科学探究能力培养的策略

1. 转变物理教育观念与教学模式

要想培养学生的科学探究能力，首先要做的是使用新的教育观念，社会在不断发展，教育也正在进行全面改革，无论是教育领域还是社会都要求学校更注重人文精神在教学中的体现，教育呼吁以学生为中心，激发学生的主体意识，在这些时代发展提出的要求下，教师必须转变之前的教育观念，也就是说，教师只有从根本上改变知识的传授方式，才能实现学生能力培养方向的转变，才能实现学生知识学习和身心发展的同步，进而实现学生的全面发展。其次教学模式应该创新，新的教育观念要求教师应该引导学生的学习，引导学生进行思考、动手、表达，也就是让学生主动地进行科学探究。举例来说，在学习"哪些因素会影响到物体振动频率"的时候，教师应该鼓励学生使用身边的素材进行实验，如使用橡皮筋、直尺测试振动频率的影响因素；再如，学习"摩擦力"

的时，教师可以让学生自由讨论在生活中有哪些情况会遇到摩擦力，这些开放性的提问可以让学生更细心地观察生活，也可以让一些抽象的物理原理理解起来更容易。教师邀请学生加入可以激发学生的主体性，课堂不再是教师的主宰，学生开始从"观众"变成"表演者"。总而言之，应该从教师的传授和学生的听讲两个方面进行转变，这样才能使学生的主动性更好地发挥出来。

2. 在提问中培养学生科学探究能力

第一，大自然中存在很多物理现象，教师可以通过这些自然现象引发学生的思考，利用自然现象作为提问契机，引导学生去思考原因。这种方式可以有效地培养学生的科学探究能力，当教师从生活角度进行提问的时候，学生就会联系自己过往的生活经历，然后和物理知识之间建构联系，学生可以利用自己之前的生活实践去感悟蕴含的物理道理。除此之外，学生对物理知识的学习兴趣也会被激发，会更想要学习物理知识，解决生活实际问题。至此，也就实现了培养学生探究能力的目的。

第二，可以从物理实验中的实验现象出发对学生进行引导，让学生提出科学问题。教师的引导有的时候可以事半功倍，比如，在学习"导体热量的产生涉及哪些因素"时，学生可能会提出这样的问题：电流和热量之间成正比例关系，当电流增大的时候热量是否也会变得更多？这时，教师可以引导学生做电炉子实验，当学生连接好电炉之后，会发现导线并没有什么热量，但是，电炉丝却非常热，这样学生就可以总结出观点，那就是：电阻和热量之间是成正比例关系，当电阻比较大的时候才能产生较多的热量。

因此，教师的作用是激发学生学习的积极性，引导学生进行提问，让学生形成提出问题的能力，而且在学生提出问题之后，教师应该引导学生了解问题本质，进而解决问题。除此之外，教师应该注意物理科学探究方法的传授，在一些主要的环节应该对学生的行为给予更多的关注，避免学生出现过多的错误。此外，教师还应该注意学生的观察能力的培养，让学生有序地观察，而且提高观察的灵敏度，让学生对更多的现象更快地做出反应。与此同时，从更多的角度进行问题的观察现象的思考。

总而言之，当下教育理念强调学生创新意识、探究能力、科学精神及学习习惯的养成等方面的培养都需要以探究能力的培养为基础，因此，初中物理学科需要加大力度培养学生的探究能力，让学生真正了解知识是如何产生的、知识是如何运用的，在培养学生探究能力的时候，学生对物理的兴趣也更容易养成。长久的培养下去，学生也会形成正确的思维习惯，这对物理教学成绩效果的稳定和提升有良好的助益。

三、物理科学探究学习评价

基础教育课程进行改革需要教学评价体系的支持，适合当前教育改革的教学评价体系必须是从学生全面发展的角度出发建设而成的，对于学生学习来讲，评价是不可或缺的，教学评价体系的建设需要考虑到科学探究学习多元化的特征，教学评价体系应该以促进学生知识学习、技能掌握、方法学习、价值观念养成为目的，对教学实践、学生发展、教师教学产生综合性的影响。

（一）探究式学习评价的新理念

1. 评价目的注重学生的全面发展

传统学习模式中对学生的评价主要是以学生的考试成绩和学生作业的完成情况作为标准，这种模式会受到教材中知识的限制，而且只能测试学生的智力，却不能测试学生的高级心智技能。也就是说，学生能够学习到的课程内容范围变窄，所以，评价机制应该进行改进和创新，应该注重学习激励、学习反馈等功能的体现。评价应该全方位地关注学生的学习细节，以便于实现学生的全面持续发展。

探究学习的评价体系要求教师以更加开放的胸怀为学生提供支持，鼓励学生，通过和学生进行友好的沟通让学生更好地面对学习中的成败。除此之外，评价体系还要求应该有多元化的人员参与评价，除了教师要参与之外，学生也应该对自己的表现进行评价，学校还可以邀请学生家长参与学生评价，这样获得的结果将更加公平，也更具有人性化的特点，同时，学校不应该公布学生的成绩排名，而应该关注学生多方面的成长。

2. 评价方式注重以质性评价统整量化评价

在传统教学模式中，评价大多使用的是量化评价方式，这种评价方式足够客观，而且操作简单，有严格的标准可以遵照，所以，这种评价在传统教学模式中应用是很广的，但是在科学探究中，因为要衡量一些非智力因素，所以，这种评价方式明显不适合，这时就需要引入质性的评价方式。这种方式可以更全面、真实地对学生的学习过程和学习结果做出评价。通常情况下，使用的质性评价方法主要有档案袋评价、调查评价、活动表现评价、概念图评价等。举例来说，教师可以对学生在科学探究活动中的具体表现进行记录，对学生在活动中的参与性、积极性、合作精神等方面做出评价。但是，质性评价方式也不是完美的，它需要教师花费更多的时间、更多的精力，所以，在实际的教学评价过程中，可以同时综合运用质性评价和量化评价，并以质性评价为主、量化评价为辅。

3. 评价内容注重探究学习结果与学习过程

在传统教学中，主要使用书面测验的形式进行评价，测试的氛围非常严肃，这很容易让学生形成焦虑情感。除此之外，这种模式的最大缺点是和生活实际相差得太远，学生必须死记硬背很多知识才能完成考试，这种模式没有关注到学生的知识学习过程，没有考虑到学生对知识的学习态度，也就是说，这种测验方式很难对学生进行全面的评价，所以，探究学习评价中强调应该从知识运用、知识理解、实验技能掌握、资料分析、资料收集、资料处理等方面进行评价，将学生的学习过程纳入评价范围，注重学生学习态度、学习方法的养成，让评价更多地发生在动态化、活动化或情境化的环境中，对学生的情感态度、学习精神进行多方面的评价。

（二）探究式学习评价的方式

1. 纸笔测验方式

纸笔测验需要教师考虑试题中的题型和试题内容，通过纸笔测验的方式对科学探究进行评价最主要的是要利用试题内容进行评价，而不是要利用试题的呈现方式进行评价，所以，最好不要在一份试卷中同时设置好几种科学探究题。

科学探究问题不属于试题类型，科学探究最重要的还是科学知识，所以，在题型选择上可以使用很多种题型，如选择题、填空题、简答题、论述题、计算题等。对于科学探究来讲，最重要的是考查知识，可以通过题目的设计实现知识和能力的同时测试，所以试卷的设计应该以科学探究维度和科学内容维度为切入点，而不应该将科学探究和科学内容分隔开。在具体的课程设计中，可以从学生的科学探究能力和科学探究知识理解两个方面入手。

首先，对学生科学探究知识理解的考查。可以从具体的案例出发，考查学生的知识理解程度，试题中不应该出现有关知识的概念，而应该从案例的角度为学生提供他们需要理解的内容。

其次，对学生科学探究能力的考查。能力考查注重的是学生科学探究学习的过程，所以科学探究能力的试题和其他试题有明显的不同，在考查能力的时候，应该涉及学生提出问题的能力、提出猜想的能力、方案的设计能力、数据的收集能力、数据的论证能力，以及结果的表达能力、表述能力等。

试题的设计应该引导学生在答题的时候展现出探究行为，要实现对学生科学探究能力考查的目的，要让学生在完成试题的时候经历一个探究过程，而不是将过去掌握的学习经验、学习知识重新复述出来。这里提到的经历一个探究过程指的是要让学生通过答题的方式展现他的科学探究行为，举例来说，教师可以为学生设置有关数据比较、数据推理的试题，然后考查学生对数据的分析能力、论证能力，让学生经历一次有关数据分析的科学探究过程。在这个过程当中，学生应该总结他们之前没有学习获得的新知识，也就是说，知识的获得必须经过学生的分析和论证才可以，也只有新的知识才能考查学生在分析论证方面的实际水平。如果学生不经过探究思考就可以根据之前的学习经验获得这道题的答案，那么就没有办法真正地考查学生是否具备科学探究能力，试题也就无法发挥它的考查功能。

2. 实验操作考查方式

实验操作考查，是指在规定的时间内学生在指定地点依照试卷独立进行实验操作并完成答卷、教师根据学生答卷和现场观察按评分标准评分的评价方式。实验操作考查方式，可以用来对科学探究考查。

（1）实验操作考查方式的功能。通过实验操作对科学探究考查，并不是专门考查学生的实验技能，而是为了达到更广泛意义下与纸笔测验功能互补的目的，纸笔测验对实验能力的考查，是通过具体知识的应用案例，从理论上考查学生的应用意识和能力的，而实验操作考查则是让学生解决活生生的实践问题，进行从应用原理到动手操作的全方位考查；纸笔测验对学生科学态度的考查，一般是看学生答卷的结果是不是符合试题所要求的严谨程度，如作图，看学生是不是在已知原理和作图方法的情况下能使自己的作图控制在试题所要求的误差范围内。而实验操作考查，不仅可以从实验数据处理的结果来衡量学生的严谨程度，还可以通过对学生操作过程的观察来评价学生的科学态度，因此比纸笔测验更直观、更可靠和富有说服力。

纸笔测验对一些高层次认知能力的测量（如创造能力）有一定的困难，而实验操作考查为学生提供了一个实实在在的科学探究环境，学生能从中获得真实的、有价值的发现，从而能够区分不同学生在这些高层次认知能力方面的差别，这是纸笔测验方式所无能为力的。因此，对科学探究进行实验操作考查，应该从功能互补的视角来构思考查的目标和完成对试题的设计。

（2）科学探究实验操作考查试题的编写要求。

第一，实施的可行性。实验操作考查，是在同一场所、用统一的器材同时进行的，为了使器材能重复使用，可以将学生分成几批，集中在一个时间段内分批考查实验操作。为了考查某些高层次能力，每批考查的时间又不能太短，这就限制了全校分批考查的批数，导致每批同时考查的人数很多，需要准备许多套实验器材。倘若试题所要求的实验装置比较复杂，将造成器材装备方面的巨大压力，因而实际上是不可行的。所以，试题的编写先要考虑的就是人力和器材在操作上的可行性。

第二，结果的有效性。一次实验操作考查有可能涉及多个具体目标，除知识外，还有技能、能力和其他科学素养。命题者除了编制一份书面试卷、设计一套相关器材外，还要制定一份评分标准。评分标准要对学生所填写的答卷作出评分规定，还要对主考老师所观察到的学生实验操作行为做出评分规定。纸笔测验对知识目标的考查比较容易把握，效度也比较高，但实验操作考查所涉及的目标比较多，评分的主观性增大，如何界定实验操作考查的具体目标、如何制定评价的标准，从而提高考查结果的有效性，这是实验操作考查试卷命题特别需要思考的。

3. 成长记录方式

成长记录和表现性评价，属于过程性评价，不仅评价学习的结果，而且对学生的学习过程（包括方法、习惯、态度、动机等智力和非智力因素）进行评价。过程性评价使学生本人成了评价的主体。学生经历了评价的实践，不仅了解了评价，而且学会了评价，形成了自己终身学习中实现可持续发展不可缺少的一种能力。因此，过程性评价是发展性评价的重要方式，是用成长记录来评价学生的科学探究，有意识地将学生的作品及有关资料收集起来，反映学生在科学探究学习中的优势和不足，反映学生在科学探究过程中付出的努力和取得的进步，并通过学生的自我反思，激励学生取得更高的成就。

科学探究成长记录所收集的，主要是学生在探究过程中所形成的作品，例如论文科学探究报告、创造发明作品、学生表演录像等，它不是用来只装成绩单、排名表、奖状等反映学生学习结果的结论性文档。因为成长记录的重要作用是提供给自己的作品进行自我评价和反思的机会，学生依据标准和要求，欣赏、评价自己的作品，反思自己的探究过程，形成追求进步的愿望和信心，明确改进的目标和途径，进一步学会科学探究、学会学习。

创建成长记录一般有两种用途：一是描述学生学习与发展的过程；二是对学生学习与发展的水平进行评估。创建科学探究的成长记录的用途，同样是上述两个方面。当成长记录用来描述学生学习与发展的过程时，不需要对学生的成长记录做出等级评定。学生把自己认为满意的作品放入成长记录，这是学生阶段性学习的最优成果，经过一段时期的积累，也就呈现了学生成长的过程。为描述学生在科学探究方面的发展历程，应该把学生不同时期科学探究作品收入成长记录。这样不但可以让他人了解该成长历程，而且重要的是学生通过对自己这些过程性资料的回顾、反思和小结，获得对科学探究过程的重新认识。

基于这种目的的成长记录一般都用于某一单项的学习活动，物理课的科学探究成长记录，就属于这种情况。在这些科学探究活动中，不同的学生所创建的描述自己科学探究的资料、作品的成长记录会不同。评分者在充分阅读这些记录后根据评分标准进行评分。要使评分能客观、公正，制定一个科学、合理、操作性强的评分标准是关键。评分标准的内容框架应包括若干个维度，既要对科学探究作品的最终成就做出评价，也要评价成长记录所描述的学习过程，还要评价成长记录所体现的学习态度、习惯和精神。它是结果、过程、态度的统一体现。评价者可以是科学探究者本人和教师，也可以包括其他同学和家长；等级可以设 A、B、C、D 等若干级别，也可以通过一、二、三等奖的激励方式体现评价的等级。

4. 表现性评价方式

表现性评价是让学生通过完成实际任务来表现学习目标掌握情况的评价方式。教师提出一个真实或模拟的情境，学生在这个情境下完成一个具体的任务，例如，设计一个方案，或者创制某件作品，或者进行某项实践活动，根据学生所完成任务的效果和观察学生完成任务的过程，考查学生运用所学知识和技能解决问题的能力、实践能力、交流合作能力等多种能力的发展情况。因此，表现性评价非常适合于科学探究的学习评价。在新课程情况下，传统测验方式也注重提供具有实践意义的问题情境，也注重考查学生解决实际问题的能力。在这一方面，表现性评价跟传统评价并没有绝对的差别。只不过表现性评价的任务更真实，需解决的问题更复杂，学生完成任务所花的时间更长，学生在完成任务中更具有个性化特征，更能对学生探究的过程进行评价。

在设计科学探究的表现性评价任务时，通常需要考虑：第一，科学探究的任务，应该跟物理课程的目标紧密联系，跟教科书相结合，能体现物理课程的教学内容；第二，科学探究的任务应具有真实性，让学生做一件具有实际意义的、有价值的事；第三，探究任务的内容对学生而言具有可行性，任务完成的时间、任务的复杂水平、完成任务所需要的物质条件等，都应该在大多数学生可以接受的前提下进行设计；第四，科学探究的任务应有利于制定一个合理的评价标准作为一种过程性评价，科学探究表现性评价特点包括：①能有效地评价学生的实践能力；②能对创造能力等高层次的心智技能作出评价；③能使每一个学生充分地表现出自己的成就和水平，使学生充分展示自己的才华和个性；④能激发学生的学习热情，有助于学生的终身发展等。

当然，表现性评价也有不足的地方，它评价的知识范围比较窄，评价的过

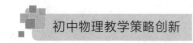

程比较烦琐，评价成本较大，评价结论具有一定的主观性。因此，应该从各种评价方式的优势互补来思考这种评价方式在发展性评价体系中的地位和作用。

第三节　物理教学中基于项目学习的教学

项目学习（project-based learning）能有效促进核心素养的发展，已成为当今世界教育领域的共识。项目学习对学生的科学概念建构和学业成就有着显著的积极影响，特别是对常规课堂教学难以兼顾的创造性思维、科学问题解决能力和学习动机具有良好的促进作用，而这些无疑都是核心素养的重要成分。因此，进入21世纪以来，项目学习在科学教育领域受到了越来越多的关注。

近年来，很多学校都开展了项目学习的课外实践活动，也有一些教育研究者和物理教师在教学中融入了项目学习的教学方式。总体来看，我国的项目学习仍停留在少数教师对个别教学内容进行尝试的阶段，面临着难以全面融入物理常规课堂的困境。项目学习涉及的内容远超出物理课程的范围和要求，是阻碍项目学习融入初中物理课堂的重要原因。因此，针对项目学习如何有效地融入物理教学进行深入探讨，对物理教学发展具有深远意义。

一、项目学习的教学理论

物理学是一门逻辑性和系统性很强的自然学科，同时对学生的实践操作能力、科学探究能力及创新能力都有一定的要求，它具有很强的实践性和创造性。初中物理课的开设很大程度上可以培养学生的创新思维和动手能力，以此提升学生的综合素质。项目学习目前在理论研究上比较丰富，大多在于教学模式或是项目流程的研究，没有做到与学科的有效融合。对此，要以学科内的关键概念或能力为载体开展项目设计并加强学科知识构建与项目学习的细化程度，做到每一个点都有依据，不再浮于理论的整体教学设计流程。项目的进行是服务于教学的，必须坚持课程标准作为教学展开的指导主体地位，这样才符合学生学习发展认知规律。物理教学倡导自主、合作、探究的学习模式，项目学习也具有实践性、开放性、自主性、生成性等特点，与物理教学相契合，为研究提供可能性。项目学习能使学生通过具体的教学项目，对项目进行自主思考和问题解决，学生不再只停留在知识点的学习上，学生的自主能力、科学思维、创新能力等都得到了培养，还能构建自己的物理知识结构体系。当然还可以在这个过程中激发学生对物理这门学科的兴趣，吸引其为成为物理学家而奋斗，为国家培养科技人才。

（一）项目学习的基本要素

内容、活动、情境和成果是项目学习的要素，也是开展项目学习的基础。

内容是现实生活中能引起学生兴趣的真实的问题或是需要完成的任务，内容是项目开展的基础，学生在项目内容中习得知识，并在这个过程中培养其他方面能力。项目内容选择的要求：首先，项目内容不能脱离教学实际，项目学习是服务于教学的；其次，项目内容要联系实际，根据学生兴趣选择，这样才能吸引学生主动学习；最后，项目内容要难度适中，让学生既经历思考又习得相关知识和技能。

活动主要是指学生在项目中的一系列行为，如实验操作、探究行为、观察行为等，活动是学生学习项目内容的途径和方式，学生通过某个活动取得一定的学习效果。在项目学习中，学生通过不同的活动对不同项目内容进行探索，达到项目目标。

情境是学生展开项目活动的环境，这个环境可以是真实具体的生活环境，也可是创设出来的教学情境，是服务于项目活动开展而建立的。情境让学生有一种身临其境之感，项目思考变得不抽象，促进项目活动开展。

成果在学习过程中或学习结束时，学生在项目情境中通过对项目内容展开活动习得的知识技能，它可以是具体的知识点，如对某个学科具体概念和规律的理解和学习，也可以是不具学科色彩通用的技能，比如合作交流能力、动手操作能力、探究能力等。

（二）项目学习的教学特征

项目学习教学是立足于学科而又进一步升华的。项目学习开展的重点就是学生对核心知识的学习，这里的核心知识从学科出发，是与学科内容相关的关键学科概念、学科能力，以及学科中与人类成长、社会发展息息相关的知识，它不是单一的知识点或技能，它是能体现学科本质，是能促进人类理解和发展世界的关键知识与能力。这要求我们在项目学习教学中，不仅要从课标和教学内容入手对其进行细化和分解，要梳理知识与知识之间的联系，从中进行联系、提炼、升华，还要构建知识于具体情境中，在具体的情境中用项目活动把知识生活化，便于学生学科核心知识的理解和学习，每一个项目活动的设计都是从学科核心知识上得出的。在教学中，学生素养的培养和项目学习的进行都离不开核心知识的建构与转化，而且这三者互相依赖、互相成就、不可分割，核心知识是基础，项目学习是媒介，素养培养是结果呈现。

在教学中开展项目学习的关键指向核心知识的再构建。知识的再构建，不仅仅是知道知识点或者是能够举出例子就可以了，不是记得公式和概念就行了，是学习者在经历了相关学习过程后，对情境中所习得的经验自己进行理解并内化为属于自己的知识和感悟，并且还能迁移到新的情境中进行碰撞，能够在行动中体现出来，能够解决实际问题，并且在这个过程中不断产生新的知识有新的感悟。在项目学习中，学习者运用以往的经验或者当下的体验有新的认识，产生新的知识，知识发生再构建。

二、基于项目的教学要素

（一）项目载体

项目载体是指为实现课程目标而设计的、符合教学要求的项目背景。借助项目载体，学生展开问题驱动的合作探究活动，在项目实施过程中建构物理概念与规律，实现由隐性到显性、由被动到主动的认知过程。

（二）项目支架

项目支架是指对项目起限制与支撑作用的框架，可将项目限定在课程标准规定的内容与认知水平之内，确保项目能够聚焦初中物理课程。项目支架既是保障基于项目的教学适合物理教学实际的关键，也是破解项目学习难以融入常规教学困境的重要手段。

项目支架的具体内容包括教学分析、认知状态分析和学情分析三部分。教学分析和学情分析遵循物理常规教学设计的要求。其中，教学分析应确定项目要完成的教学任务，进而设定项目完成后的目标状态；学情分析应确定学习的初始状态。认知状态分析需要确定初始状态与目标状态之间存在的多个中间认知状态。这些状态是学生在项目学习过程中需要经历的，这里采用学习表现加以描述。学习表现要根据两方面研究综合确定：一是对教材和习题中与项目相关的教学内容进行深入挖掘；二是广泛参考国内外物理教育研究成果，如与教学内容相关的学习进阶、迷思概念、前概念等研究成果。

可见，这样的项目支架不但能精准地确定项目学习的教学目标与教学起点、标记学生在项目学习过程中的认知状态变化，更能从教学内容与认知要求两个方面将基于项目的教学限定在课程要求的范围之内，确保项目学习聚焦物理课程，真正融入物理日常教学。

（三）项目成果

项目成果是指在项目学习过程中形成的系列的、可表征的学习结果。与课外实践活动中的项目学习通常将制作产品认定为项目成果不同，基于项目的教学成果多种多样，既包括项目结束时制作的产品、生成的设计方案、排演的话剧、举行的辩论赛等，也包括在项目实施过程中基于知识建构和能力发展形成的概念图与能力树，或学生对自身观点进行论证的报告等。这些项目成果不仅能展示学生对物理概念的理解状态、物理学科能力发展的状态，更能将学生的学习成果全面外显，全方位、可视化地展示学生在思考与探究过程中的思维发展变化。[①]

对学生而言，项目成果是物理课程学习过程中个人成果的重要标志。将这些具有个人印记的成果在班级中加以展示，会让学生真正感受到成功的喜悦，激发他们的进取心和对物理学科的兴趣。对教师而言，项目成果是学生知识学习、认知发展和能力提升过程的表现，是检测教学目标是否达成的重要标志。与常规的纸笔测验不同，教师可利用项目成果从多方面对学生的知识掌握与能

---

① 罗莹，谢晓雨，韩思思，等．中学物理教学新模式：基于项目的教学 [J]．课程．教材．教法，2021，41（6）：103–109.

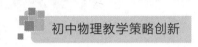

力发展情况进行综合评价，全面把握学生物理学科核心素养的发展状况。

三、基于项目的教学程序

基于项目的教学始终围绕项目，从解读项目目标出发，将项目拆分成需要解决的系列驱动问题，通过解决具体问题逐步完成项目，最后对项目成果进行展示和评定，整个教学程序主要包括以下阶段：

（一）项目解读拆分

教学程序的第一阶段是项目解读拆分，包含项目解读和项目拆分两个环节。以真实的生活情境为背景，以核心概念为中心，涵盖一个单元教学容量的项目目标，无疑具有一定难度。因此，在教学之初，教师必须引导与帮助学生认识项目、对项目进行解读，和学生一起寻求达成项目目标的路径方法。

项目解读包括阐明项目要求完成的任务和明确项目完成的标志，即项目成果的具体形式。复杂问题通常是一系列简单问题的糅合，只有将其拆分为多个全面且周密的最小因子，才能提出精准、有效的解决方案。项目拆分即规划项目实施的方案。在项目解读的基础上，分析确定完成项目所需的关键步骤，据此将项目拆分为数个具体任务。再将任务逐个分解为适应学生基础的、符合学生认知和能力水平的具体问题，使学生通过小组合作探究学习解决这些问题，达到教学目标要求。

在项目解读拆分这一阶段，教师既要帮助学生构建对项目的整体认识，明确学习过程中的任务和需要解决的具体问题，又要让学生学习解决复杂问题的方法，发展其解决现实生活中复杂问题的能力。

（二）项目问题解决

项目拆分将项目目标的完成转化为对一系列问题的解决。这些问题构成了基于项目的教学的驱动问题，为问题解决阶段的教学奠定了基础。物理教学内容一般包括物理概念、物理规律及其实践应用三类。根据解决问题所需的核心物理内容，可将驱动问题对应地分为理解物理概念、探究物理规律、应用物理知识实践三类。解决这三类问题所实施的教学课型分别称为概念学习课、实验探究课和实践应用课。

问题解决阶段的教学不但要教授物理知识，更要让学生像科学家一样解决问题。课前，学生小组合作观察物理现象，进行简单的实验或生活调查，收集信息，基于自身知识进行分析讨论，共同学习解决驱动问题所需的新知识；课上，以小组为单位进行师生、生生间的交流与研讨，对物理概念和规律及其应用进行深入讨论，由教师对研讨进行总结、归纳，帮助学生提升对物理概念和规律的理解，共同确定问题的解决方案；课后，学生小组合作解决问题并梳理形成过程性成果，完成作业。

综上所述，问题解决阶段可以概括为四个环节：一是课前小组合作自学获取碎片知识，积累事实经验，通过组内交流初步建立自然界和生活中的物理现象与物理概念、规律的映射与关联；二是课上生生交流，深入学习物理概念、规律，进行实践应用；三是课上师生交流，教师进行点拨提升，使学生获得正确的物理知识与技能；四是课后学生对所学知识进行拓展应用，解决问题并形成过程性的项目成果。

总之，问题解决阶段以问题为切入点，从观察、实验、调查获得的事实出发，让学生将所学物理知识内化，发展其问题解决能力。教学进程由系列问题链驱动，通过合作探究的学习方式形成系列项目成果。

（三）项目成果展示

成果展示是项目学习的典型特征。成果展示阶段包括展示交流、项目评价两个环节，不仅要促进知识整合、构建知识体系，更要进一步发展学生的物理学科核心素养。在这一阶段，学生在课下以小组合作的方式对项目实施过程进行回顾，对项目解读拆分与问题解决阶段的学习进行归纳概括，分析物理概念规律间的联系，梳理项目实施过程中生成的一系列成果，整理总结为项目成果总报告。课上，学生以小组为单位进行展示，教师和其他学生参与讨论交流并对项目进行评价。

基于项目的教学改变了学生仅用是非、对错回答问题的方式，他们能借助新闻、网络等手段多方收集数据，并将其作为证据，论证自己的主张。这一过程给学生搭建了展示论证与表达能力的平台。与传统教学中学生羞于在人前演讲、难以用语言描述学习结果不同，经过基于项目的教学实践，学生能够面带微笑、自信地站在讲台上，有条理地展示小组的项目成果，借助图表、数据等工具表达自己的观点。

基于项目学习的教学具有很强的实践性和针对性，是对传统教学模式的变革与对未来先进教育模式的探索。基于项目的教学解决了项目学习不易融入初中物理教学的难题，其教学效果更在推动学生对物理概念深度理解的同时，促进了其交流、展示与合作等多种能力的显著发展，激发了学生对物理学习的兴趣与认同，实现学生物理学科的全面发展。

四、项目教学的问题驱动

问题驱动的合作探究学习即在系列问题驱动的项目实施过程中，以小组合作的方式通过观察、研讨、实践等科学探究活动进行物理概念建构和能力发展的学习方式。这里的系列驱动问题是完成项目必须解决的，它们具有内在逻辑，不但能驱动项目的实施进程，还能覆盖项目支架限定的范围。在解决驱动问题的过程中，学生经历观察思考、交流研讨、团队合作等学习活动，实现物理概念学习和能力的同步发展。

在基于项目的教学中，学生不再是单纯的聆听者，而是物理知识的发现者、问题解决的具体实施者、具有不同观点的交流者与辩论者；教师也不再是单纯的知识传授者，而是密切关注探究学习过程的导演、随时准备解答疑问的咨询师、适当引导讨论走向的领航员。显然，基于项目的教学能为学生学习提供持续有效的驱动力，能充分体现他们的主体性，促进学生物理学科核心素养的全面发展。

五、项目教学的案例分析

让学生通过设计和实施项目主动参与物理学习，提出问题，实验探究，激发创造力，在此过程中，锻炼独立思考和协同合作的能力，增强学习过程体验，进而达到深层次的认知目标，最终形成了以学生发展为中心、以课程活动为任务、以问题驱动为手段的教学策略，促进学生全面发展和教师专业成长。以下是以《磁现象与磁场》为例，基于项目式学习的"活动引领、问题导学"

设计。

项目式学习：指南针的工作原理

一、情景引入：项目式学习

指南针是中国古代四大发明之一，古代叫司南，由司南、罗盘和磁针构成。磁针的南极指向地理南极（磁场北极），利用这一性能可以辨别方向，常用于航海、大地测量等方面。你知道指南针的工作原理吗？

二、课堂探究

活动一

用一块磁铁的不同部位去接触或靠近大头针、钢片、铜片、硬币、塑料片、纸片，观察现象。

问题：

1.具有磁性的物体都能吸引哪些物质呢？能吸引铝和铜吗？

图 5-2　磁铁

2.磁体上的磁性强弱处处一样吗？你是根据什么现象判断磁性强弱的？

3.磁体上的磁性强的部分有几处，分别在哪里？我们把它叫什么？

4.你会确定条形磁体上的两极吗？你是如何做的？

活动二

将一根条形磁铁甲用细线悬挂起来，另一根条形磁铁乙的 N 极分别去靠近甲的 N 极和 S 极，再用乙的 S 极分别去靠近甲的 N 极和 S 极，观察现象。

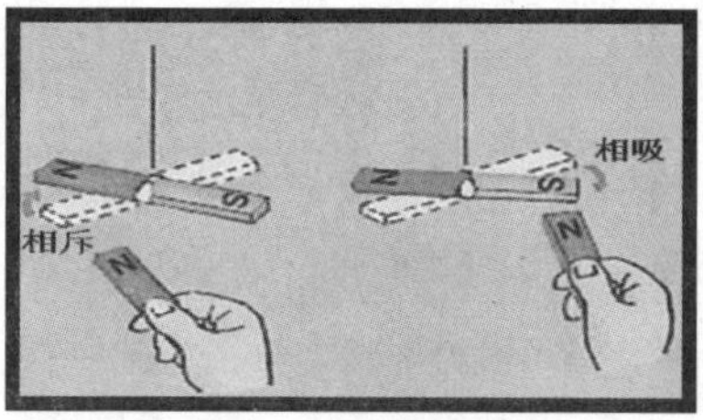

图 5-3　N 极与 S 极

问题：

1.磁体间相互作用的规律是什么？

2.小组讨论现在一个条形钢棒，如何判断它是否具有磁性，你有几种方法？如何判断？

跟踪练习

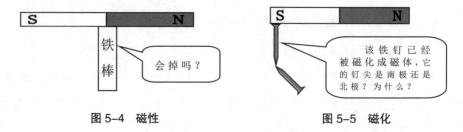

图5-4　磁性　　　　　　　　　图5-5　磁化

活动三

把磁针放到磁体附近，它会发生偏转。观察并思考。

问题：

1.条形磁体没有接触小磁针的情况下，什么原因使得小磁针转动？

2.观察小磁针N极的指向，思考小磁针受到的力方向相同吗？这种现象反映了磁场有什么性质？

3.磁场中各处磁场方向不同，如何规定某一点磁场方向？如何描述磁体外部磁场的方向？

4.磁体外部的磁感线方向如何？

跟踪练习

标出磁极和AB点小磁针N极指向。

活动四

让一个小磁针在水平面内自由转动，观察静止后小磁针南极和北极指向；再施加一个力，让小磁针在东西方向静止后放手，观察静止后小磁针指向。

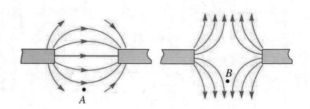

图5-6　磁针

问题：

为什么指南针能指南北呢？

跟踪练习

地球周围存在着_____。地球是一个巨大的磁体，它有两个磁极，称为_____和_____。地磁的两极与地理的两极并不重合，地磁的南极在地理的_____附近，地磁的北极在地理的_____附近；因此小磁针所指的南北方向与正南、正北有一个偏差角度，称之为_____，世界上最早记述这一现象的是我国学者_____。

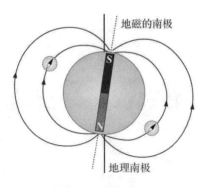

图 5-7　地球的磁极

三、回顾与整理：本节课你学了哪些知识？

本节教学设计时首先整合本节课内容分磁现象、磁场、地磁场三部分，提炼出研究指南针的原理这个核心概念，然后设计了 4 个活动引领概念的研究学习，通过 11 个问题 3 个跟踪链接导学本节课学习内容。活动一：用一块磁铁的不同部位去接触或靠近大头针、钢片、铜片、硬币、塑料片、纸片，观察现象。出示 4 个问题分小组探究形成磁体、磁性、磁极等概念，并通过问题 4 "你会确定条形磁体上的两极吗？你是如何做的？"自然引出对活动二的探究。活动二：将磁体靠近指南针两端，观察有什么现象？通过分析得出磁体间相互作用的规律，问题 2 让学生讨论思考规律的应用，通过跟踪练习一总结磁化、磁极作用规律。活动三：通过增加指南针（小磁针）个数和玻璃铁屑磁化，观察小磁针指向变化，引入磁场、磁感线概念，设计问题，层层推进，探究磁场方向、磁感线方向、小磁针静止时北极指向关系，通过跟踪练习二突破磁感线描述磁场这个难点。活动四再次指出地磁场就相当于条形磁场，让学生讨论为什么指南针静止时南极指南、北极指北？这样不但应用了本节课知识，学以致用，还前后呼应，系统严谨，整体体现了项目式学习的全过程，培养了学生格物究理的能力，提升了物理学科素养。本节课还通过介绍中国古代对磁体的发现，对司南、罗盘、磁偏角的发现，以及磁体在中国历史上的地位和对世界航海事业的重大贡献，激发学生的爱国主义情感，促进形成正确的人生观和价值观，最大限度提升学生的核心素养。

第六章 "活动引领、问题导学"策略

《义务教育物理课程标准（2022版）》课程理念的重大变化就是提出以主题为线索，构建课程结构，强调主题内分级呈现，层层递进，主题间相互关联，各有侧重。这就要求我们优化课程实施，创新教学组织，构建以"学生为中心、活动为载体、问题为导向"的单元整体课堂教学模式。

初中物理教学要借助"活动引领"让学生主动、积极地探索物理知识的真谛，要借助"问题导学"启迪学生的物理思维，以促进物理教学的高质量发展。本章重点探讨物理教学中的活动任务设计、物理教学中的问题导学法、物理课堂的问题情境导学策略、"活动引领、问题导学"策略、单元整体课程在初中物理教学中的应用。

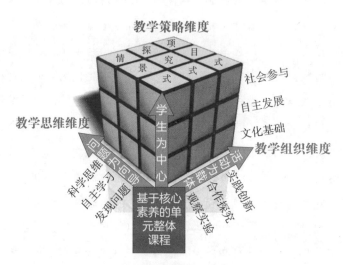

图 6-1 单元整体课堂教学模式

第一节 物理教学中的活动任务设计

一、物理教学中活动内容设计

活动任务设计要充分结合学生的生活经验，有目的地创设生动具体的教学情境，引导学生从经验和实验中概括、提炼事物的本质规律，实现从经验常识到物理概念的转变、通过认知冲突引发学生思考，进而引导学生从生活走向物理，从自然走向物理。根据不同课型的特点活动设计有以下类型：

首先，物理教学过程中课堂活动部分的相关设计。通常情况下，物理教学授课主要遵照的步骤有六个：确定主题、设立实验、展示交流、分析实验数据、归纳总结实验结果、集体评价和反思。在物理教学中，教师应该注重师生之间的互动和合作，在彼此的交流过程中完成物理内容的学习。举例来说，牛顿定律的学习，教师可以事先引导学生了解牛顿定律涉及哪些因素，然后让学生展开想象细心观察，通过实验当中的观察、分析、交流，教师可以让学生进行自主的交流活动、进行探究式学习，以此提高学生的学习兴趣。

其次，物理实验教学过程中课堂活动部分的相关设计。在物理实验教学过程当中，教师可以先提出具体的问题，然后允许学生合理地进行猜测，最后通过实验验证的方式获得结果。举例来说，欧姆定律的研究，在进行这部分内容的学习时，教师可以先向学生提问他们是如何理解欧姆定律的有关概念的，然后让学生提出自己的合理猜想，并且设计实验方案来证明自己的观点。学生在教师的指导下，学生可以选择相关的实验器材设计相关的实验方案，然后通过伙伴之间的交流和探究开始动手实验，在实验的过程中，教师应该强调学生要遵守实验事项，结束之后，教师可以组织所有的学生进行交流分析，分享彼此的结论，验证之前的合理猜想。

最后，物理复习教学过程当中课堂活动部分的相关设计。复习课教师可以按照以下步骤进行：确定主题、让学生自主设计复习计划、展示复习结果、总结复习收获。概括地说，就是教师可以为学生树立整体的复习目标、复习提纲，然后让学生自主进行知识要点的归纳总结，最后，让学生和其他的同学分享自己的复习结果。举例来说，浮力一章的复习重点在于实验和计算。教师可出示一铁块，学生自主设计与铁块有关的浮力问题，形成小组内的核心问题并在班内展示交流，很容易得出一些问题如"浮力产生原因、影响因素、浮沉条件"等，引导学生设计活动进行验证如"水中压力、阿基米德原理、怎么样让铁块浮起来"，不但能将实验串起来复习，还可设定数值进行有关浮力的计算。

二、物理教学中活动要点的设计

首先，教学活动设计要注重发展性的体现。这里提到的发展性主要涉及两个方面：一是教师的发展；二是学生的发展。作为教师，应该根据当下教学理念的要求，改变之前使用的方式和观念，关注学生潜力的培养，从学生潜力养成的角度进行教学活动的设计，让学生更好地掌握知识学习要使用的方法，而不是单纯的知识灌输，也就是激发学生的主体性，让学生在亲自体验、亲自感受的过程中探索新的观点。从学生角度来讲，注重发展性主要体现在可以让学生亲自动手，参与实验可以让学生获得更多学习物理的新方法，这样有助于学生学习能力和学习习惯的养成，为学生之后的终身学习和终身技能的掌握奠定基础，也只有做到了这几点，学生才可能适应当今社会的发展，才可能跟上时代的步伐。

其次，教师要注重不同学生之间的差异性，应该因材施教。学生的个人情感、个人智力水平、学生的性格特点、心理特征都存在差异，所以，在活动中学生的表现也是完全不同的，在这样的情况下，教师就需要根据学生的特性使用不同的方法对学生进行教育和引导，鼓励学生，激发学生的潜力。教师在因材施教的过程中，可以充分利用学校准备的多种设备，借助于设备开展活动可以为学生的学习提供更多的助力。在因材施教的过程中，学生更容易获得成功的喜悦，更容易激发对物理学习的兴趣，也会更有信心加入到物理学习中[①]。

再次，教师应该注重多样性在课堂活动中的体现。对于物理教学活动来讲，无论是课堂教学还是课外教学，都应该注意多样性的展现，活动可以以教材为中心，也可以是其他的拓展性内容。具体来讲，多样性指的是教师要根据所参考的教学内容的不同为学生选择合适的活动方式，除此之外，教师还应该注重活动中学生的情感和态度变化、学生对活动做出的评价，以此来衡量教学方式是否适合当前的教学活动。

最后，教师应该注重创新性在物理课堂活动中的体现。物理课堂教学的主体始终是学生，而教师是课堂教学的主导者，教师可以为学生提供帮助，让学生的思维变得更加开放，让学生展现出更多的物理学习创新性，培养学生形成物理学习的创新意识。

第二节　物理教学中的问题导学法

在初中物理教学中，问题导学法是一种有效的教学方法，这种方法以问题为基础，问题的提出可以极大地激发学生的好奇心，可以让学生产生更强烈的欲望去学习物理课堂知识。对于初中学习来讲，物理学科是至关重要的，教师如果可以运用问题提问的方式展开物理教学，让学生在问题提出的情况下进行更加积极的思考，激发学生更多的求知欲望，让学生养成兴趣，那么物理教学能够获得的效果必然是可观的。问题导学法的应用需要按照新课程标准当中提出的要求开展，教师在使用问题导学法的时候，学生可以更高效的吸收物理知识，可以实现物理知识的融会贯通。

① 刘爱娣.略谈初中物理课堂教学中活动设计及生活化 [J].成功（教育），2012（11）：20.

一、物理教学中问题导学法的重要性

问题导学法的学习的核心始终是物理问题，通过问题引导，学生可以通过答案寻找的方式获取知识、获取方法，而且通过问题导学法，学生可以养成更强的自主学习能力。问题导学法需要教师逐层地、渐进式地进行提问，教师可以设置一系列的问题，让学生在问题的指引下发现物理学习的兴趣，获得更好的物理学习体验。

对于初中物理教学来讲，问题导学法的应用可以在激发学生兴趣的同时又激发学生的思考，而且从教师的角度来讲，问题的手法在一定程度上促进了教学的顺利开展，可以提高学生对物理知识的掌握程度。提问的方式可以让学生以更快的速度调整学习状态，更好地进入教师设置的情境中。初中的物理知识相比于其他学科会更加抽象一些，所以很多学生在最开始学习的时候很容易迷路，没有办法掌握物理学习的正确思路，所以，教师可以充分利用问题导学法的方式给学生提出一系列的由简单到难的问题，让学生不迷失方向，正确地掌握物理学习方法，形成物理学习兴趣和物理学习的主动意识，慢慢地学生会进行独立思考，而不再依赖老师。而且这种方式也尊重了学生在课堂中的主体地位，因为学生是在问题的引导下进行自主学习的，所以，也更容易养成学生的物理学科素养。

二、物理教学中问题导学法的重点

首先，问题应该做到科学合理。教学改革在全面推进，改革为教师的教学带来了全新的挑战，改革要求教师要灵活使用问题导学法，要根据学生当前的学习水平设置问题，要在遵守教师要求的前提下，为学生提供更好的学习体验，创造更融洽的学习氛围。问题除了要符合学生学习水平之外，也要有层次性，也要让问题发挥它的驱动性，不断地推动学生去学习物理知识，问题就好比学生学习的牵引力，始终在前面引导学生进行深入的探索。当然，实现这些的前提都是问题是合理的，问题是符合学生学习水平的，这样才能发挥出问题的真正作用。

其次，给予学生更多的思考时间。问题除了做到科学合理，教师也应该为学生提供足够的思考时间。问题导学法可以培养学生的探究能力，可以让学生主动的探索物理知识，有助于学生物理探究意识的养成，因为探究和探索的过程本身就是比较复杂的，比学习单纯的知识需要的时间更长一些，所以，教师应该给学生足够的时间，让学生找到适合自己的方法。

三、物理教学中问题导学法的应用策略

（一）在课前预习中培养学生探究精神

初中学生的理解能力虽然有所提升，但是，过于抽象的事物的理解也是存在困难的。如果教师设置的问题是合理的，那么可以在一定程度上将学生的注意力集中起来，可以引发学生的思考，所以，教师必须了解学生当前的学习状况，了解学生的兴趣，了解学生的学习水平，只有这样才能设计出合适的方案，提出合理的问题，也只有这样才能引发学生正向积极的思考，才能培养学生形成良好的物理学习意识。在真正开始物理教学之前，教师可以让学生进行课前预习，这样学生可以对要学习的知识有一个大致的了解，遇到不懂的地方学生也可以标记出来，在老师的讲解过程当中，学生也会重点学习这一部分的内容。在课前预习的时候，教师应该提前预留出合适的、可以引导学生思考的课堂问题。

（二）在课中及时提问引导学生深入思考

在物理课堂学习过程当中，教师可以灵活地使用问题导学法，问题的出现可以吸引学生的注意力，通常情况下，教师如果单纯地进行物理知识的灌输和讲解，学生就非常容易分心，面对这样的情况，教师可以灵活地提出学生比较感兴趣的问题，将学生的注意力吸引回来，让学生参与课堂思考，所以，教师可以提出一些能够吸引学生的问题，如和实际生活联系比较紧密的物理问题，这样可以让学生注意力集中。举例来说，在学习电学的时候，除了让学生做实验之外，也可以引导学生思考"如果将电学知识应用在生活当中，生活当中哪些现象可以运用知识解决"，通过这样的问题引导，学生可以更好地将物理知识应用在现实生活当中。需要注意一点，教师应该把握问题的难度，如果问题

过难，那么问题不仅没有办法激起学生的兴趣，还有可能打击学生的学习信心。举例来说，在学习速度这一概念的时候，教师可以使用小组讨论的方式，组织学生结合物理现象，理解速度的有关公式，并且应用速度的有关公式去解决问题。教师应该为学生提供难度适当的问题，并且监督学生的小组讨论，除了老师提问之外，教师也可以引导学生自主提出问题，让学生表达自己的想法，学生自主提出问题有利于学生问题意识的养成，也在一定程度上能够提高学生物理学习的效率。[1]

（三）在课后复习中应用好问题导学法

在课堂学习结束之后，教师也应该为学生留下具有悬念的问题，让学生在课后也进行物理问题的思考，更好地完成物理学习目标。课后问题的设置可以适当地提高难度，让学生通过自主查阅资料的方式了解相关知识，进而解决教师留的高难度问题。学生在解决难度更高的问题过程当中，对问题的总结能力、分析能力会有更好的提升。除此之外，教师还应该注意问题和生活之间的关联程度，教师最好是结合日常生活给学生留下思考问题，让学生在联系生活实际的过程当中思考问题、解决问题。举例来说，学习电功率的知识之后，教师可以提问在日常生活当中在哪些地方可以看到电功率，这样的问题会促使学生观察生活当中的现象，也会促使学生了解更多有关电功率的知识，教师预留复习问题之后也应该及时地检查、评价学生对问题的处理结果，让学生有更强的学习物理的动力和信心。

总而言之，在初中物理教学过程中，问题导学法必须适当地运用，在课前预习、课堂当中的教学及复习都可以应用问题导学版，但是问题导学法的运用必须是灵活的，必须能够指引学生的方向，问题难度也要适中。总的来说，就是问题的设计需要有效，只有这样才能够提升学生的兴趣，养成学生的物理素养，提高学生解决物理问题的能力。

---

① 刘桂林.问题导学模式在初中物理教学中的有效应用[J].数理化学习，2013（9）：60.

第三节 物理课堂的问题情境导学策略

一、物理课堂中问题情境导向创设

物理科学素养当中最核心的部分是解决物理问题的能力。新课程标准指出，当下最主要的培养任务是让学生掌握探究物理问题的能力和解决物理问题的能力。这对于物理教学实践来讲是一项重大的挑战，想要实现物理问题导向教学，必须要解决所有的影响因素，比如，学生个体之间的差异、教师的知识水平、授课水平、教材内容等。物理学习的主体是学生，学生也是物理教学当中最重要的参与者，物理导向教学当中离不开学生，所以对于物理问题导向性教学效果来讲，学生的学习动机、学习兴趣、学生对物理知识的预习程度、学生的物理思维、物理素养等都是影响因素。

物理问题导向情境是否有效涉及很多因素，比如说情境是否符合学生当前的学习需要、是否激发学生的兴趣、是否符合学生当前的心理认知程度等。学生通过物理材料或者物理教材的学习可以掌握一些方法、技能及知识，也可以形成一定的物理科学素养，在进行问题情境导向教学的时候，教师需要以物理教学内容作为媒介和载体，在问题情境导向教学当中最关键的一点是教师的物理专业水平是否足够高，如果教师的物理专业水平不高，那么就很难引导学生在问题情境导向教学当中正确地探索物理知识，进而会影响到学生对物理知识的理解和吸收。

问题情境创设主要是利用问题的激发让学习主体内心产生矛盾或冲突，打破学习主体之前构造的知识平衡状态，让学习主体使用新的思维去思考，将学习主体内部的动力调动起来，让学生不断地去探索，然后构建出一个新的物理知识结构，更新之前的认知结构水平，以此实现思维能力的提升、知识掌握数量的增多、科学素养水平的提升。通过问题，学生对物理学习产生了兴趣，在探究过程中，学生也掌握了物理学习的方法，通过学生的主动质疑、主动分析、主动判断，学生自身的知识结构就会实现更新。一般情况下，教师想要提出有效问题，需要遵循以下原则：首先，问题之间要有一定的关联，体现出整体性，但是不同的问题又要有一定的离散性；其次，问题的提出必须精准，而且还要联系现实生活，除此之外，最好做到问题的有趣性，这样才能激发学生的兴趣；最后，问题应该在适当的前提下做到深刻，对学生的学习带来一定的启迪。

二、物理教学的有效问题情境导向策略

第一，为学生提供故事性比较强的趣味性情境，让学生可以积极主动地参与到物理学习中。兴趣是学生学习过程中最好的指引者，教师在设置物理问题的时候，需要考虑到学生当前的年龄特点，为学生提供能够激发起他们兴趣的问题情境，比如，可以选择学生当前感兴趣的生活情境，并且让情境和物理知识联系起来，以此提高学生对物理学习的兴趣。

第二，问题情境的设置应该联系生活实际，让学生感受到生活中的物理知识。科学和艺术都来源于生活，最终也要重新应用到生活中，也就是说，科学和生活是分不开的，物理也一样，教师可以用生活中或自然中存在的物理现象让学生理解不同现象背后蕴藏的道理，然后再让学生将他们学会的物理原理应用到生活问题的解决中。经过这样的引导之后，学生对生活中的物理现象会更加细心地观察，也会认真地体验，学生也会主动地思考生活现象背后隐藏着的物理知识。

第三，通过新旧知识之间关联的建立为学生创造具有探索性的问题情境，让学生物理探究意识有所提高。教师可以利用与生活有关联的问题为学生搭建新旧知识之间的桥梁，让学生在感兴趣的情况下去探索新知识，实现学生的探索性学习。概括来说，探索性问题课堂教学情境指的是教师根据教学目的，以及学生当前的学习水平、心理认知结构，为学生提出具有探索性的新问题，引导学生在探索性情境中进行自主性学习的一种教学方式。在这种教学方式下，学生愿意主动去分析问题，主动探究物理问题的本质，进而解决问题。

第四，为学生提供具有一定挑战性的问题情境，让学生从知识的被动接

受变成知识的主动探究。学习和思考之间有着千丝万缕的关联，如果教师可以为学生提供有挑战性的或者有悬念的问题情境，那么学生将会形成更强烈的认知矛盾，在这样的情况下，学生更愿意进行主动探究。在传统的物理教学中，很少出现这样的情境，学生很少产生冲突，所以，学生很少进行自主知识的建构。

第五，教师应该为学生提供开放性较强的连续问题。在开放性的问题中，教师和学生会进行更多的交流，更容易在融洽的交流过程中实现彼此的成长。举例来说，在学习压强这一概念的时候，教师可以让所有的学生亲自试验去猜测有哪些因素会影响到压强大小，在教师的引导下，学生会大胆地进行各种尝试。通过学生和教师的共同分析，他们可以通过控制变量法来探究压强大小受到哪些因素的影响，最终获得和压强有关的定义和公式。这样的探究过程可以让学生更好地掌握知识，开放性较强的连续问题可以加强学生在物理知识学习当中的主动性，可以让学生全程参与知识提出、知识猜想、知识验证、知识总结，而且这样全程主动积极参与也有助于学生学习效果的提升。

第四节 "活动引领、问题导学"策略

物理是一门提升学生对外界物体构成与运动原理认知的课程。在教学过程当中，利用实践活动来帮助学生理解物理规律和原理，会起到事半功倍的效果。物理知识都是科学家们通过多次实验探究而得出的，没有探究活动的支撑，就不会有如此缜密庞大的物理体系。所以，实践活动对于物理研究和学习是十分重要的。初中生的抽象思维能力有待提升，物理教学开展丰富的实践活动，让学生亲历科学家的探究过程，还原物理的本质，有利于加深学生对知识的理解与认识，提高学生的创新能力。

初中物理课程的实用性强。教师在讲授知识时，需要让学生开展实践活动，让学生在探究中学习和思考，深化对物理知识的认识。物理实验是验证物理知识最基本的方法。利用问题引导学生是学习过程当中不可或缺的环节，只有通过不断思考和实践，才能充分提升学生的物理实践能力，让学生的物理成绩更进一步。所以，初中物理教师在开展实践教学的过程当中，不但需要严格要求自己，还需要正确引导学生去树立科学观念，让学生在学习物理知识的同时提高自身的科学素养，进而将实践活动和问题分析的价值充分发挥出来。

一、"活动引领、问题导学"策略的应用现状

第一，初中物理课堂教学中的活动探究相对不足。很多学生对物理知识和物理思维的理解都不够透彻，因此教师不但需要改变教学的模式，还需要通过趣味活动让课堂变得更加生动，但是很多教师特别是部分从教时间较长的教师，可能认为放手学生等于浪费时间，不相信学生的探究能力，也懒于设置课堂活动，毕竟设置课堂探究活动需要准备相关器材，还要做好分工与启发引导。各地学校的教师在优质课活动中展示的课堂，都是利用活动引领教学、用问题引导探究的，但在日常教学中，应用探究活动教学的教师还是占少数。

第二，学校对物理探究活动所需资源缺乏完善。教师要想实行探究活动的教学模式，首先需要学校的充分支持。学校需要提供资金和资源方面的支持。师生互动或者学生之间的交流探究模式，从根本上而言还是教学模式的转变，因此学校需要投入一部分资金来购买教学设备和工具，建造适合的实验室或者特定的场地，通过不同的教学方式来调动学生的学习积极性，进而为物理课堂注入新鲜的血液。有部分学校虽然在形式上已经开展了活动引导和问题探究的教学模式，但是在实际中投入的资源却不够充足，所以学校还需要进一步重视物理课堂的改进，提供更多的资源支持。

第三，物理教师活动指导及问题设置的能力有待提高。在课堂探究活动中，如果教师的课堂指导能力不高，就无法真正改变教学效果。所以，教师要积极参与学习和培训，参加相关听课、评课活动，让自身的课堂指导能力不断提高。如果教师的指导水平欠缺，在课堂上无法灵活处理活动中出现的问题，也就不能及时恰当地将问题分解成"问题链"，一步步引导学生通过现象发现事物的

本质。教师缺乏对学生的针对性指导，不利于学生操作能力的培养和思考能力的提升。[①]

第四，学生对活动教学模式适应缓慢。活动教学的课堂模式还需要学生进一步适应。以讲授为主的课堂模式，学生主要是进行听、思、记、练、答，不需要自己设计实验和操作，课堂活动中学生就是一个观众，而"活动引领、问题导学"的教学策略与之完全不同，知识与规律都是学生亲自参与活动并思考获得的，如果学生不主动参与实验探究就会没有收获。所以，当下教师不但需要自身做出转变，还需要时常为学生讲述操作和思考的优势，让学生适应这种频繁训练的课堂模式。

二、"活动引领、问题导学"策略的优化对策

（一）加强物理探究活动的设计与资源开发

初中物理教师要加强物理课堂探究活动的设计与资源开发。同样的课堂、同样的知识点，不同的课堂探究活动，会使学生有不同的感受，学生对知识的理解和把握程度也有所差别。因此，教师在教学中一定要加强活动设计的合理性、科学性与趣味性。首先，物理教师可以多学习其他教师的活动设计，通过旁听其他教师的课堂设计活动，学习优秀教师的课堂活动设计；其次，教师可以上网搜索相关资料，下载修改为符合自己的活动设计；教师还可以从日常生活中挖掘课堂活动素材，让活动更符合学生的认知水平。

初中物理教师自己拥有好的活动设计，也可以加工成电子资源在教师之间分享。资源共享是一个时代话题，作为教师一定要善于分享，使每个人都是获益者。现在提倡的集体备课，就是为了集思广益，使我们的教学变得相对轻松，减少不必要的重复，节省大量的时间。同时，资源的开发也会给教师带来很大的益处，提高教师本身的学科素养与魅力，对教师的课堂教学起到很好的促进作用。

（二）提高物理活动探究中设置问题的能力

[①]　姚继梅.初中物理"活动引领、问题导学"模式的应用探究[J].考试周刊，2021（56）：143–144.

初中物理教师要提高活动探究中设置问题的能力。物理现象与本质之间存在着紧密的联系，但是通过物理现象探究出物理本质并不是一件简单的事情。学生虽然参与课堂探究活动，却不一定能从活动中抽象出物理知识与规律。如何培养学生的思考能力、质疑能力、总结能力，让学生能够去伪存真，教师必须加以研究。初中物理教师应设置相关问题链，让学生顺着问题链，先动手再动脑，层层递进，一步步接近真理。"参与活动"与"玩"不是一个概念，要让学生"玩"出知识、"玩"出能力。那么如何设置问题链，如何在活动与知识之间架起一座桥梁，便是教师自身需考虑的问题。问题的设置要符合学生的认知，太简单没有挑战性，太难会打击学生的积极性。因此，问题设置要难易适度，另外，问题的设置要有递进性、有因果关系，从而在问题中锻炼学生的物理思维。

例如，教师在讲授电磁感应现象时，物理教师可以设置这样的问题链：①你认为磁能不能产生电？②怎样证明磁生了电？③怎样才能做到磁生电？④导体棒运动就一定能产生电流吗？⑤导体棒运动的方向不同，产生的电流一样吗？教师在教学的设计过程当中一定要做到让学生以思考为主，教师在讲述知识时要时刻保证学生注意力集中，鼓励学生去沉浸和发散思考，不要压抑学生的个性。

（三）探究活动教学中建立良好的互动关系

初中物理教师在探究活动教学中，要与学生建立良好的互动关系，物理教学中的探究活动在于探究。初中学生的逻辑思维能力正在形成中，所以教师要与学生相互协作和交流，在课堂上充分发动学生间及师生之间进行沟通。教师需要提前精心地设计课堂来展开合理的教学活动。例如，提出符合情景的问题，引发学生对某一知识点的认知冲突，并通过学生之间的探讨和辩论来获取真正的知识。教师不可以通过生搬硬套让学生理解，而是需要通过启发式教育让学生自主探索。只有学生探索欲望强烈，探索的结果才会更加准确。

（四）物理实践活动引导融入创新意识培养

初中物理教师在引导学生做物理实践活动时，要融入创新意识的培养。初中物理实践活动是验证物理知识的一种方式。例如，杠杆定理的应用，教师让学生探讨"一根杠杆是否可以撬动地球"。通过这种趣味思考和论证便可以让学生进一步理解知识的应用。教师还可以让学生自行去选择或者提出更多的方法来进行物理知识的判断。通过培养学生的创新意识，进一步提升学生的科学素养。

培养学生物理理解能力和逻辑思维能力已经受到了越来越多的人们的重视。在物理知识的学习和练习过程中会应用到大量的抽象思维和转化思维，所以物理实践在当下教学过程中起着越来越重要的作用。由于物理课程和知识的难度，导致学生在学习物理时会产生较大的障碍，这会使学生在学习物理时更为被动。所以，要将实践教学的培育工作落实到物理课堂中，让学生主动地去思考和研究。总体而言，初中物理实践活动教学可以让学生在学习过程中，学会创新并敬畏科学，这样才能全方位地培养学生，实现学生的全面发展。

三、"活动引领、问题导学"策略的应用案例

"活动引领、问题导学"策略能达到"随风潜入夜，润物细无声"的良好教育效果，在课堂教学中特别注重"理想信念价值观"的渗透，既调节了气氛，拉进了感情，还丰富了情怀。例如，在突破滑动变阻器这个难点时，以"滑动变阻器自述"让学生开展了物理小论文写作，学生通过收集资料、小组讨论、分类展示、学以致用几个环节，通过设计活动和解决问题，不但掌握了滑动变阻器的使用知识，还提高了自主探究、合作学习、知行合一的能力。下面列举一同学的课堂展示内容，他以第一人称的形式用幽默诙谐的语言从变阻器的材质、作用、使用规则、注意事项等方面详细地展示，寓教于乐，富有哲理。

滑动变阻器自我介绍

我叫滑动变阻器，我可是电学世界里的"老大"，在电学仪器和设备中经常有我的身影，比如：在收音机、电视机的音量开关中，调节台灯明亮程度的旋钮中，舞台的调光灯和调音台中等，想知道我有多大的能耐，那就和我交个朋友，好好了解我吧！

一、我的个头最大——为实效我疯狂瘦身

在整个实验室器材中，我鹤立鸡群，我虽然个头大，但为了缩小体积，我也是绞尽脑汁。我是金属镍和铬的"混血儿"，我的导电性能不是很好，这正是我神通广大的原因，大家想必在"探究影响电阻因素"实验中领略了我与铜线不同的个性。为了让我的威力更大，我还采用了缠绕法尽可能地"瘦身"，以实现尽可能小的移动带来更大的阻值的变化。

二、我的品质最好——为使命我鞠躬尽瘁

电虽然给我们生活带来很多方便，但稍有不慎也会引起"机毁人亡"的事件。所以在连接好电路后，一定记得把我的阻值调到最大，从而起到保护电路的作用。虽然我分担更多的压力，但我非常喜欢这项工作。因为我不但保护了别人，我还能通过自身的改变，弘扬正能量，来改变我所在的电路中的电流，从而让和我串联的用电器工作得更舒服些，这是多么有意义的事业呀！

三、我的作用很强——为工作我团结协作

我躯体的各部位都是我不可或缺的一部分，我的双手和双脚各有一个接线柱，它们是我对外工作的接口，电阻丝、金属杆和滑片共同联通了我的神经传导系统，滑片更是起到了调节接入电路的阻值的作用。大家想必还对我在"探究电流与电压、电阻关系"实验中的不菲表现记忆犹新吧，当我和其他电路元件协同工作时，当我融入电学这个大家庭中时，正是团结协作才实现了我在格物究理历程上的人生价值。

四、我的脾气很坏——为驾驭我请多多用心

在我的背上贴着我的"名牌"，它标着我的秘密，就是我的规格和型号，你可要认真选择，电流太大我会"死给你看的"，电阻太小我会"罢工不干的"。还有我喜欢自由，如果把导线都接在我手上就好比手铐，我会生气变成导线不起作用，如果都接在脚上就好比脚镣，我也会生气让阻值最大，让你不能调节。还有一个秘密悄

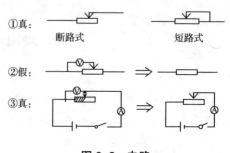

图6-2　电路

悄悄地告诉你，其实我本领的大小主要看滑片到下端接线柱间那部分电阻丝的长短，太靠下端我的阻值就变小了，电路的电流就会变大，你可要当心用电器承受不了过大的电压。随着我名气的增大，最近也有一些假滑动变阻器出现，请大家一定擦亮眼睛，不要上当受骗呀。

我把我的一切告诉了你们，希望你们在学习中进一步熟悉我，和我成为好朋友。祝你学习进步。

随着"以学生为中心"教学理念的形成，"活动引领、问题导学"策略使课堂更具有"生活品味"了，更有"人情味"了，学生慢慢地爱上了物理，形成了物理思维，教师也逐渐形成了个人的教学风格，教师的教学生活在与学生的融合交织中更加轻松自然，增添了对教师这个崇高伟大的事业的认同感和获得感，最终实现教学相长。

第五节 "学生为中心、活动为载体、问题为导向"单元整体课程

一、问题的提出

习近平在全国教育大会上提出：办好人民满意的教育，必须系统回答和解决"培养什么人、怎样培养人、为谁培养人"这一根本问题。[①] 随着教育部"中国学生发展核心素养"的提出和中共中央"双减"政策、山东省"五项管理"措施的落实，基础教育改革已经进入了一个新时代。随着基础教育体制机制改革的深化，项目式学习、翻转课堂、小组合作学习、研究性学习、社会综合实践等各种教学模式在学校教育中被广泛应用。这些教学模式在给学生带来多样化学习资源的同时，也隐藏着教学形式化、课时冗余化、内容零散化、学习浅层化等种种问题。如何高效地在课堂教学中筑牢知识、激发思维、培养能力、

---

① 办好人民满意的教育 [N] 人民日报，2020–11–11.

形成品格、提升素养是每一个教育人的初心和使命，也是单元整体教学解决的主要问题。

（一）针对如何落实核心素养进行改革与实践

1. 教学理念过分强调"以课程为中心"，忽视人的全面发展

随着课改的深入，大多数课堂只注重了对课程标准和教材的解读，过度强调知识本位，严格按章节设计组织教学，没有关注知识的系统性和教育功能，不利于学生的终身发展。"以学生为中心"体现了以人为本的教学理念，基于"学生应该具备哪些素养才能面对未来"设计教学，系统地整合了章节课程，有利于实现全面发展的核心素养要求。

2. 教学组织过度关注"教为主导，学为主体"，活动引领缺少实践创新

过度关注教法设计，教师成为课堂教学的主角，教师照本宣科，学生死记硬背。缺少学生的动手操作和主动的探究，学生的自主学习成了形式，课堂生成少，预设多。"以活动为载体"强调活动引领的教学组织，基于"学生应该怎样学习才能具备核心素养"组织教学，让学生在活动中观察实验、合作探究、实践创新。

3. 教学思维偏重"题海战术，死记硬背"，问题导学缺失科学思维训练

过度注重知识的传授，缺少方法的训练，特别是思维的引导，不会举一反三，割裂知识的前后联系，更不会用已学的知识解决实际问题。"以问题为导向"训练了问题导学的教学思维，基于"教师教学应该如何帮助学生具备核心素养"拓展思维，让学生在解决问题中发现问题、自主学习、培养科学思维。

（二）针对如何落实新课程标准进行改革与实践

1. 强化了课程育人导向

各课程标准基于义务教育培养目标，将党的教育方针具体化，细化为本课程应着力培养的核心素养，体现正确价值观、必备品格和关键能力的培养要求。过于割裂的教学组织不利于形成强大的育人合力，更不利于形成学生良好的素养品质。

2. 优化了课程内容结构

以习近平新时代中国特色社会主义思想为统领，基于核心素养发展要求，遴选重要观念、主题内容和基础知识，设计课程内容，增强内容与育人目标的联系，优化内容组织形式。设立跨学科主题学习活动，加强学科间相互关联，带动课程综合化实施，强化实践性要求。这种整合看似增加了课时，实质是减少了课时，整合了解决问题的方法，打通了认知壁垒，提高了教学效率。

3. 打通了教学评一致性

各课程标准针对"内容要求"提出"学业要求""教学提示"，细化了评价与考试命题建议，注重实现"教—学—评"一致性，增加了教学、评价案例，不仅明确了"为什么教""教什么""教到什么程度"，还强化了"怎么教"的具体指导，做到好用、管用。依据学生从小学到初中在认知、情感、社会性等方面的发展，合理安排不同学段内容，体现学习目标的连续性和进阶性。了解高中阶段学生特点和学科特点，为学生进一步学习做好准备。

二、"学生为中心、活动为载体、问题为导向"初中物理单元整体课程的提出

（一）基于生本理念研究提出了有效课堂教学的活动组织策略，形成了"活动为载体"的教学活动维度

图 6-3　"三维互动，五步导学"课堂教学生本策略

2016 年 12 月，市教育教学研究课题《生本教育理念下构建有效课堂教学研究》结题，通过"生本理念课堂教学模式的研究"，课堂教学基本出现了"五

个转变"和"三个重组"。五个转变即由"教师权威"转变为"共同探索"，由"教师本位"转变为"学生主体"，由"单纯说教"转变为"合作交流"，由"批评指责"转变为"激励表扬"，由"埋头苦学"转变为"自主乐学"。三个重组即学生学习、师生关系重组；学生学习、教学时间重组；促进学生学习、教学手段、方法、内容重组，使学生成为学习的主人。最终形成"三维互动，五步导学"的课堂教学生本策略，即知识与技能，过程与方法，情感态度与价值观三维学习目标的学习培养过程，导入学习目标—自主前置探究—合作探究与多维展示—高效点评与答疑总结—当堂自测与反馈的五大基本流程（模块）。

（二）基于学友互助研究提出了小组合作学习的问题研究策略，形成了"问题为导向"的教学思维维度

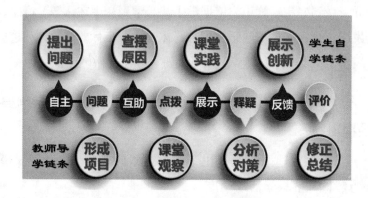

图6-4　教育研究评价机制

2019年8月，山东物理学会教学研究课题《初中学友互助合作学习的实践研究》结题，结合开展学友合作学习的问题研究为内容，以学友合作学习的组织形式和反馈评价为研究重点，提出了"基于问题的专项研究策略"，具体为"提出问题—形成项目—查摆原因—课堂观察—课堂实践—分析对策—展示创新—修正总结"，建立了教学研究评价机制。研究小组合作的分组方法、任务分工安排、发言展示策略、合作激励机制。通过创设和谐、民主的课堂氛围，搭建"合作学习"的合作探究平台，让学生在自主、合作学习中，掌握学科基本原理、基本技能，形成课堂教学的"自主—互助—展示—反馈"学生学友互助的自学链条和"问题—点拨—释疑—评价"教师参与引领的导学链条。

（三）基于核心素养研究提出了单元整体课程，形成了"学生为中心"的教学理念维度

2019 年 12 月，日照市基础教育项目《基于核心素养的初中教学落实立德树人的实践研究》立项，现已近结项，围绕立德树人总体要求，通过教师和学生双主体的角色的教与学活动，开始了对学科本质的反思，提出了"以学生为中心"的设计课程理念，形成了"活动引领、问题导学"单元整体教学实施策略，研发以活动为载体、问题为导向的课程与教学资源，设计单元教学活动，活动丰富多样，问题层层深入，逐步引领培养学生创新思维训练的能力，引发知识、思维的融合运用，提高合作和学习能力，培养自己的社会交往沟通技能。活动与问题围绕学生的重组，创新性地弥补了单一教学策略的不足，开创了以学生为中心"形神"兼备的单元整体课程的策略，即教学组织形式和教学思维方法围绕学生发展的单元课程实施策略，促进了学生学科核心素养的形成，同时也提升了教师的教育教学专业素养，实现了教学相长。

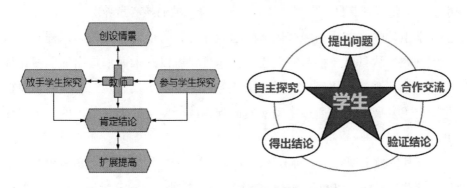

图 6-5 单元整体课程策略

三、"学生为中心、活动为载体、问题为导向"单元整体课程的主要内容

《教育大辞典》对于单元教学的定义是："将教材、活动等划分为完整单元进行教学的一种教学法。每个单元均有规定的学习目标和内容，时间长短因

学习内容和学生个人情况而异。其目的在于改变偏重零碎知识和记忆文字符号的教学，强调学生手脑并用获得完整的知识和经验。"钟启泉提出："教学中的单元是基于一定的目标与主题所构成的教材与经验的模块或单位。"[①]崔允漷指出："单元就是将素养目标、课时、情境、任务、知识点等要素按某种需求和规范组织起来，形成一个有结构的整体。"[②]郭华认为："单元是指学科课程实施的单元，选择有利于培养学科核心素养的教学内容和情景素材进行教学，通常以主题为中心。"[③]

（一）主要观点

"学生为中心、活动为载体、问题为导向"单元整体课程是指核心素养的基础教育课堂教学中，整合教材单元内容，实施学生为本的教学设计理念、活动引领的教学组织形式、问题导学的教学思维方法，基于教学活动和教学思维，确定单元整体目标、叙写评价标准、创设真实情境、设计教学任务、评价逆反馈、作业分层设计等要素的一个结构化的具有多种课型的统筹规划和科学设计，形成"学生为中心、活动为载体、问题为导向"的单元整体教学课程，最终实现学生的文化基础、自主发展、社会参与三个领域的核心素养。

"学生为中心、活动为载体、问题为导向"的单元整体教学课程底层从活动到问题，从具体与抽象协同思维的角度，可以嵌入库伯提出的学习循环圈，是一个从激活具体经验开始（文化基础），经历反思观察，达到抽象概念化（自主发展），再通过主动实验回到具体经验（社会参与）的一个立体模型。

单元整体教学课程是一种具体的课程落实形式，它要求教师以发展学生学科核心素养为导向，以教材单元的编写意图为基础，对单元学习目标、内容和活动进行系统规划，整体设计，确保学生在整体性的学习体验中有层次地内化相关知识，习得具体技能，抵达深度理解，提升物理学科素养。实施单元整体

---

① 钟启泉.从"知识本位"转向"素养本位"——课程改革的挑战性课题[J].基础教育课程，2021（11）：5-20.
② 崔允漷.素养本位的单元设计，助力各国进入"素养时代"[J].上海教育，2021（32）：22-25.
③ 郭华.深度学习的关键是真正落实学生的主体地位[J].人民教育，2019（Z2）：55-58.

教学，就是把一个单元看成一个相对自足的学习整体，在明确的学习目标统领下对单元的学习内容和活动进行系统规划，整合设计，提出了"单元—课时—单元"的想法，综合利用各种教学形式和教学策略，在问题驱动下，课时体现单元意识，关注联系，关注发展，充分发挥和落实单元学习价值，以清晰的路径促进学生核心素养的提升。根据课程标准为基础设计单元教学活动，逐步引领培养学生创新思维训练的能力，形成以学生为中心的"活动引领、问题导学"单元整体教学资源，引发知识、思维的融合运用，学生与他人分享学习经历，提高合作和学习能力，培养自己的社会交往沟通技能，活动丰富多样，问题层层深入。

单元整体教学课程是融合了"课程"和"教学"的教学整体，结合单元内容创设贴近学生经验的、承载育人价值的真实情境，在真实情景中，引导学生开展基于问题的、基于项目的学习。学生在做的过程中要有反思和探究，从过去简单地运用知识、操练技能，转变为将对文化的认识、感悟和语言文字技能整合在一起，把整个学习过程变成一种探究和认知世界的体验过程。同时，通过社会性互动，认识到问题解决过程也是不断改进的，如学生知道了用什么样的方法能更好地收集到资料等。知识不是老师讲给学生听的，而是学生在解决问题的过程中形成的。原本的各种知识、技能、方法，在问题面前被组织起来，形成一个合理的问题解决方案，这个建构的过程就是学生核心素养形成过程。

（二）实践模型

开展单元整体教学，首先需要有一个整体规划，明确单元教学的重点。可以从3个方面入手：单元解读，制订目标；知识梳理，确定重点；聚焦主干，设置任务。在单元整体教学时，务必重视学生对深度学习的体验。可以从创设问题情境入手，以发展学生的高阶思维为目标，进而引发认知冲突，在新知识的建构过程中，可以以建构（平衡）—解构（不平衡）—建构（新平衡）等方式开展教学，借助思维可视，来达到教学目的。在这个过程中，还倡导老师们多进行变式运用，培养学生归纳分析、质疑创新的能力，要遵循知识的形成过程，发展学生的思维认知水平，优化课堂的教学顺序，建构物理思维发展性课堂。

这就要求我们优化课程实施、创新教学组织管理，通过活动的设计，创设教学情景,在"活动引领、问题导学"中得出规律,建构单元整体教学课程的组织、思维和策略,积极探索基于核心素养的"活动引领、问题导学"的单元整体课程。基于课堂教学的"观察实验、合作探究、实践创新"教学组织维度和"发现问题、自主学习、科学思维"教学思维维度,逐步形成"情景式、探究式、项目式"教学策略维度,实现课堂教学"三个重组",提炼出基于核心素养的"学生为中心、活动为载体、问题为导向"的单元整体课程。

1. 单元主题的确定原则

在遵循一般课程逻辑的同时,单元整体教学设计还需要遵循这些基本原则:目标统领原则、系统设计原则、任务驱动原则、学教评一致性原则、创造性原则,下面按教材内容进行分解。

(1)教材的章节确定单元学习主题(以情景式教学为主)。根据学生实际情况,确定以学生为中心的教学理念指导。了解、分析学生需求、尽量联系学生的生活与社会实际,并结合其他相关信息,依据单元核心内容生成若干学习主题,辨析、比较主题的价值,筛选出单元学习主题。

(2)跨章节相关内容整合形成的单元学习主题(以探究式教学为主)。根据课标主题和教材内容,确定以活动为引领的教学组织形式,找出单元内容蕴含的关键性的学科知识、学科思想方法、核心价值观念等,参照结构化的学科知识体系,明确体现学科本质的核心内容。

(3)跨学科相关内容整合产生的单元学习内容(以项目式教学为主)。根据学科思想与方法,确定以问题为导向的教学思维方法。学科研究方法如理想模型法、理想实验法、控制变量法、等效替代法、转换法模拟法、观察法、类比法、归纳法、图像法、比值定义法等都可以运用到学科知识的教学中。综合考虑学科知识、学科方法能够更有效地确定单元学习主题。

2. "活动引领、问题导学"的教学设计模型(依机械效率为例)

单元整体课程框架主要围绕"是什么""为什么""如何实施"三个方面展开。"是什么",主要说明单元整体是由哪些内容构成的;"为什么",主要说明单元整体构成的依据和基本设想;如何实施侧重于如何划分模块和实验验证,指向的是单元整体课程的具体实施和方法应用。课程的最终目标是提升核心素养，实现人的全面发展。

在讲授"机械效率"这个大概念时，首先引发学生结合学习效率提出为什么要提高机械效率，生活中有关"机械效率"的情境得出"机械效率"的定义、受哪些因素影响，以及如何提高机械效率等知识技能目标，然后设计师生实验进行探究，最终测出滑轮组、斜面等简单机械的机械效率，提高实验操作技能，再基于问题或任务驱动分析论证实验结论，最后结合生活中的实际问题提出解决方案，提出提高效率带给生活的变化，培养学生的理解迁移能力，最终在"为什么提高机械效率"这个大概念统领下达成学习目标，提升核心素养，实现了学生的自我全面发展。

（1）教师列举并讲解。

（2）学生列举并讲解。

（3）联系生活、社会的情景。

（4）教师演示实验。

（5）学生操作体验。

（6）基于问题或任务的实验设计。

（7）解决实际问题的过程。

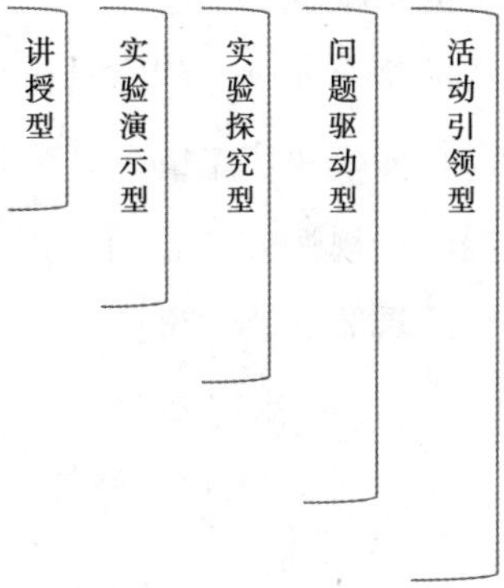

3. 成果创新

（1）理念创新：提出了基于核心素养的"学生为中心、活动为载体、问题为导向"单元整体课程，应用了"活动引领、问题导学"教学策略，"形神"兼备，注重"以学生为中心"教学理念与"以活动为载体"教学组织形式和"以问题为导向"教学思维的融合。

（2）体系创新：利用"魔方"模型建构了基于核心素养的三个维度、九大内容的单元整体课堂体系。教学策略维度指导教学组织维度，教学组织维度激活教学思维维度，教学思维维度构建教学策略维度，三者围绕"以学生为中心""以单元课程为整体"自成体系。观察实验活动为情景式教学载体，合作探究活动为探究式教学载体，实践创新活动为项目式教学载体，发现问题源于观察实验，自主学习对应合作探究，科学思维源于实践创新，从而提升学生的实践创新能力。

讲授型　实验演示型　实验探究型　问题驱动型　活动引领型

图 6-6　单元整体课程

（3）方式创新：采用"问题即课题""效果即成果"的研究方式，针对课堂教学中真实发生的问题提出改进策略，设计教学活动，采用"教学评"一体即时评价，通过听评课、协作教研、专题论坛、专家指导、师生沙龙等形式查摆问题、设计活动、形成方案、总结成果，将课题研究与教育教学活动有机融合，既不给老师增加负担，又即时指导反馈了教学。

（三）课程实施

单元整体课程实施是初中物理单元整体课程在课堂上的具体落实。我们在构建单元整体课程内容时，采用了多种方式构建新的单元整体。有的是增加，有的是减少，有的是扩展，有的是深入，有的是合并，有的是分类，有的是比同，有的是存异……但在具体单元整体课程实施中，都是按照单元整体教学的思路进行分模块实施的。在分模块具体实施中，按照"自主学习—合作交流—展示提升—规律方法总结—拓展延伸—达标测评"的课堂环节，以导学案的方式进行了具体的教学设计。

1. 具体实施流程

（1）依据单元整体课程目标，整合教学内容，确立单元整体。

（2）划分单元整体模块，确定分模块课程目标和内容。

（3）制订单元整体课程实施方案。

（4）讨论完善单元整体课程实施方案，制订分模块导学案。

（5）分模块组织实施，同步评估课程实施情况。

（6）集体教研，修订单元整体课程实施方案。

2. 实施保障

（1）研究保障在单元整体教学和单元整体课程研究过程中，由于研究涉及目标解读、教材整合、单元知识结构网络梳理、单元整体教学模块划分、单元整体课程设计、导学案编制等诸多问题，所以必须通过集体教研才能成功实施。为此，每周固定一个半天的时间进行教研活动，保证教研时间。

（2）评价保障对"单元整体课程"实施情况，定期进行学校层面的评估，评估学科"单元整体课程"开发、实施情况，评价结果与学科组及个人挂钩对"单元整体课程"实施学生层面的评价，采用过程性评价和终结性价，记入学习小组和个人成长档案。

四、基于"活动引领、问题导学"的单元整体教学评价策略

1. "以证据为中心"的教学评价

依据义务教育物理学科教学特点，将促进学习的课堂评价分为 3 个部分：学习目标、学习证据、学习反馈。"以证据为中心"就是指在活动引领、问题导学时，基于课程资源和课堂生成，围绕学习过程中的产出进行评价。

（1）学习目标细化：将教材内容根据课程标准要求给出的教学任务细化成具体的可执行目标。

（2）学习任务设计：细化的学习目标实现必须在具体的学习活动中体现，任务的终点是学习目标，过程是基于问题导学的科学方法及素质的培养。学习活动既包括听讲、作业、对话、操作等传统单元整体，也涵盖跨学科科研、设计工作，如指南针的工作原理、设计家庭电路、怎样"粘"起来等。

（3）学习证据收集：学习过程中体现学习目标完成的过程和结果，如完成的作业、讨论、操作、设计的过程等。

（4）学习证据使用：制订评价依据表，将取得的学习证据进行解读，判断学生完成学习目标的情况及学习中疑难发生的原因，为反馈提供依据。

（5）短时反馈：对知识性内容、技巧性方法等进行及时更正，有利于该类知识、技能等硬目标的掌握。

（6）长时反馈：对于一个时期的学习过程总结性的反馈，涵盖素质与方法等个人能力，还包含学生的学习方法、学习动机的反馈等认知能力。

在教学实践中总结了以下几条经验：

（1）学习目标既可以将一个知识点作为一个目标单元来设计实施，也可以针对某个单元整体技能来长期安排教学实践。

（2）学习证据的收集既要关注课堂表现、课后作业等传统信息来源，也要分析学生知识结构、学习状态、创新能力等技能建构领域。

（3）反馈信息应该基于单元整体目标及设定任务进行反馈，应该聚焦于教学初始所设定的教学任务，否则会弱化学习目标的达成。

2. "以学生为中心"的教学评价

一般情况下，我们在设计单元评价的时候，习惯于根据教材来设计，也就是学生学什么就评什么，这种评价方式往往会出现标准的缺失。而"以学生为中心"的教学评价则具有深厚的系统性和明显的向生性，评价内容贯穿整个单元教学进程，既包含课堂的教学实施，又包括课前准备和课后辅导，充分发挥学生的主体作用和教师的促进辅助作用。"以学生为中心"的教学评价特别关注学生参与学习活动的亲身感受，关注学生课程学习的兴趣与态度，关注学生在学习过程中的表现，以及课程结束后学生的学习效果。以能够观察到的学习行为事实、学生对课堂教学的各种感受、学生实际学习效果作为评价内容，评价问题的设计具体而全面，既贯穿于教师教学的整个过程，又关注学生学业的收获。

3. "教学评"一体评价

《义务教育物理课程标准（2022 版）》评价建议特别提出，物理学习评价应全面落实新时代教育评价改革要求，以学生发展为本，强化素养导向，着力推进评价观念、评价方式和评价方法的改革，促进学生学习和教师教学的改进。在设计教学课例时，要体现"活动引领、问题导学"的整体设计，强化评价与课程标准、教学的一致性，促进"教—学—评"有机衔接，提升评价质量，充分发挥评价的育人功能。单元整体教学的展开既是学习的展开，也是评价的展开，将"评价设计"这一步骤提前，紧随"目标设计"之后，评价是目标的具体化，从而保证目标更好地实现，形成"教—学—评"相互融合的有机整体，它的应用过程就是形成"教—学—评"一致性的过程。所有的评价任务采用逆向设计思想，融合在"以活动为引领，以问题为导学"的文化基础构建中，以便评价任务嵌入教学组织活动和教学问题思维的设计中，目标、评价与教学之间的一致性就得以体现，为单元整体教学的效果提供了根本保障。

（1）课堂评价。

课堂评价以过程性评价为主，要把握课堂评价的关键要素，重视评价目标的确立、评价内容的选择和评价指标的制订。

评价目标应依据核心素养内涵和学业质量标准确立，重视学生个体差异和课堂生成，关注学生在问题解决、讨论发言、动手操作等活动中表现出来的知识理解、技能掌握、能力发展和学习态度等情况。目标应具体明确、可测可评。

评价内容要注重选择课堂教学真实情境中学生的行为表现。这种真实情境应贴近学生经验，引导学生不断生成问题并经历问题解决过程。对探究式学习的评价，可从学生发现问题、提出问题、形成猜想与假设、设计实验与制订方案、获取与处理信息、得出结论并做出解释、反思评估交流等活动中，收集真实反映学生探究能力、科学态度等方面发展状况的证据，提高评价的真实性和准确性。

评价指标应围绕学生学习活动中的行为表现制订，反映学生核心素养典型特征。评价指标应具有层次性、生成性特点，能反映学生的优势与不足，能为学生进一步改进提供指导。

（2）作业评价。

注重发挥作业评价的诊断功能，指导学生改进学习；应以阶段性学业要求和学业质量标准为依据，设计层次分明、类型多样的作业，兼顾基础性作业和探究性、实践性作业，注重评价学生的学习态度和学习成果，充分发挥不同类型作业的育人功能。合理调控作业量，避免机械训练、简单重复，切实减轻课业负担。

（3）阶段性评价。

充分利用课堂评价、作业评价等的结果，设计好单元评价、期中期末评价、学业水平测试，及时了解学生阶段学习状况。

阶段性评价目标应与核心素养内涵、课程内容要求及学业质量标准相一致。试题命制要注重考查学生在真实问题情境中提取变量、分析综合、创造性地解决实际问题等能力。合理控制试题难度，注重保护学生学习积极性。要创设真实的问题情境，以便考查学生运用物理知识解释现象与解决问题的能力。考查内容方面，要清楚每道题目所考查的物理内容及其对应的认知水平；测试目标方面，要明确每道题目所考查的核心素养及其水平。试题应体现核心素养立意，确保准确考查学生对物理内容的理解程度和学生核心素养的发展状况。试题命制应反映物理学科本质，重视物理内容在真实情景中的应用；要设计能展示学生思维过程的问题；要设计便于探究和实践的任务，让学生运用所学的物理知识解决遇到的问题；要体现积极向上的价值追求和健康的审美情趣，反映中华优秀传统文化、我国科技发展的新成就等。

（4）跨学科实践评价。

应注重创设具有综合性、实践性和开放性的跨学科问题情境，收集学生在运用多学科知识和跨学科思维分析、解决问题中的行为表现和活动成果，评价学生提出问题能力、收集和处理信息能力、综合解决实际问题能力，以及团队合作能力。

五、效果与反思

（一）成果取得的实践效果

1. 学生发展成效

（1）学习主动性增强。单元整体课程之下，有了学生感兴趣的活动任务引领驱动，有了问题思维导学，学生学习主动性增强，学生学习成绩优异。

（2）综合运用知识能力增强。单元整体课程之下，核心问题和核心活动需要综合运用本单元的重点知识才能回答和完成。因此，学生综合运用知识的能力增强了，培养了良好的合作意识和团队协作能力。

（3）知识迁移运用能力增强。单元教学模式之下，有了核心素养的高位引领，单元之间的联系性增强了，带来的学生变化使知识迁移运用能力增强了，形成了较强的创新意识和科技制作水平，带动了教学质量的提升。

2. 教师专业成长

（1）教师角色的变化。教师由过去课堂的掌控者变为学生学习的引导者和助学者，教师的教育理念发生了变化。在不断地思考和讨论的过程中，加深了教师对于学科本质的理解和学科如何发挥育人功能的理解。

（2）教师的成长。教师积极参加课堂教学改革，教科研积极性高。通过骨干引领、集体备课、青蓝结对、工作室引领等极大促进了教师专业成长。学习交流课题研究成果，并取得了良好的效果，极大地带动了教研活动的开展，提升了教育教学质量。

学生德智体美全面提高，教学效果有明显提升，学风校风有显著改善，学生管理水平有明显进步，这得益于"小组合作，师友互助"策略的实施，将"小组合作"由课堂教学延伸到班级管理中，以"学生为中心"指导课堂教学和学校管理工作，激发了学生的自主管理意识，特别是成果的"教学评"一体评价激发了学生的学习热情，形成了"勤学善思、互帮互助"的良好学风。通过经验交流、讲评课、研讨会、工作室培训等多种方式，教师实践教学教改理论，做典型课例教学设计与案例分析，进行中考研究与试题分析，边研究、边实践、边反思，构建"研究—实践—反思"教师成长模式，极大地提升了教师的专业发展水平。

（二）不足之处

1. 理论建构不足

本成果的研究强调以实践为基本出发点并回归于课堂教学，研究团队理论素养积累不足等原因，使得成果在理论提炼上存在不足。对于研究课题涉及的核心概念、成果内容等难以触及问题的本质，在成果体系中，大量经验成果是以案例形式存在的，导致认识成果缺乏带规律的理性阐述,缺乏逻辑性与层次性。

2. 系统梳理不强

对三维模型阐述不清，关系理顺有待强化。一方面，成果的内在逻辑性不足。缺少对成果的顶层设计，使得成果之间缺少必需的逻辑性，"只见树木难见森林"。另一方面，成果的层次性不足，不能反映出课题研究在认识和实践上的差异性。

3. 成果形式单调

文字成为成果表达的唯一方式，缺少相应的研究数据对研究的过程、获得

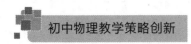

的结果作相应的定量描述，成果的内在逻辑没有以可视化的图表呈现出来。

4. 成果共享不足

成果的价值在于应用：在应用中发展，在应用中丰富，在应用中完善，成果的表述逻辑不清楚、缺少层次与特色，系统性、深刻性不够，辩证思考不够等。

（三）需要进一步探索的问题

1. 内容的逻辑化

成果的内容涉及基于课程标准和教材的课程资源，更涉及教学模式、策略、方法等多方面错综复杂的关系，成果将进一步聚焦于研究的核心问题，从认识逻辑和实践逻辑两方面展现研究的认识与实践，方便不同人群对课题成果准确理解和应用。

2. 序列的层次化

从时间、层次、研究主体等不同角度，成果应用上有待于进一步完善，特别是基础教育课程资源丰富，课程实施对象学生情况也是多样的，这就需要继续丰富和完善，特别是教学活动的设计和教学思维的训练有待强化。

3. 评价的逆向化

成果虽然提出了"教—学—评"一体化，但量规不够具体，方式不够灵活，可操作性不高，特别是作业和单元命题的设计不利于学生以终为始的逆向评价和自我调整，不利于完善基于核心素养的单元整体教学。

"学生为中心、活动为载体、问题为导向"初中物理单元整体课程，不仅唤醒教师要注重整册、整组教材内容的纵横联系，构建知识整合、联合的教学规律，明晰不断回扣主旨的构课思路，也能让学生在建构教学组织维度和教学思维维度的基础上，整合提升学生"文化基础、自主发展、社会参与"三个方面的核心素养，通过"建构主义"思想使学生得法课内，得利课外，受益终身！

结束语

初中物理课程是教育的重要组成部分。物理是学生学习的一门重点学科，也是大部分学生学习中的难点，对初中物理教学策略的研究，可以帮助教师更好的教学，促进学生物理学习的长足进步。本书以初中物理教学策略为主要研究对象，除了对物理教学的观念、教学的过程、教学的设计等基本内容进行了阐释以外，还重点探讨了初中物理教学的创新策略，尤其是对"活动引导问题导学"策略进行详细分析，最终提出了"学生为中心、活动为载体、问题为导向"的初中物理单元整体课程。

"水本无华，相荡乃生涟漪；石本无火，相击而发灵光。"在本书付梓之际，感谢各位教育同人的唤醒和鼓舞，特别是工作室成员的引领和指导。本书成书时间仓促，不当之处敬请指正，以期臻于至善。让我们一起做"传道、受业、解惑"的实干家，更要做"自我发展、协同进步、分享幸福"的引路人，以期实现教学相长，为办人民满意的教育贡献力量。

参考文献

一、著作类

［1］刘勇.初中物理教学策略及其创新研究［M］.北京：团结出版社，2020.

［2］隋荣家，李永成，王登虎.基础物理教学研究［M］.汕头：汕头大学出版社，2018.

［3］杨成.初中物理教学实践［M］.沈阳：东北大学出版社，2015.

［4］仲新元.初中物理习题情境设计探索［M］.上海：上海科学技术出版社，2018.

［5］朱铁成.物理课程与教学研究［M］.杭州：浙江大学出版社，2008.

二、期刊类

［1］曹继纲.初中物理教学中"教"的策略例谈［J］.中学物理（初中版），2020，38（2）：2-4.

［2］陈钰.赋值法在初中物理教学中的应用［J］.物理教师，2020，41（11）：42-45，49.

［3］胡彩霞.实验教学在初中物理教学中的妙用［J］.中学物理（初中版），2018，36（1）：37，50.

［4］黄滢毅，洪兹田.核心素养视域下的初中物理教学策略研究［J］.中学物理（初中版），2019，37（6）：57-59.

［5］江定仁.浅谈初中物理教学中科学探究能力的培养［J］.中学物理（初

中版），2013，31（6）：7.

［6］解荣青.浅谈基于核心素养导向的初中物理教学策略［J］.中学物理（初中版），2018，36（1）：8-9，62.

［7］林宪春.浅谈多媒体信息技术在初中物理教学中的作用［J］.中学物理（初中版），2018，36（7）：64-65.

［8］刘爱娣.略谈初中物理课堂教学中活动设计及生活化［J］.成功（教育），2012（11）：20.

［9］刘桂林.问题导学模式在初中物理教学中的有效应用［J］.数理化学习，2013（9）：60.

［10］陆军.论初中物理教学中的科学方法教育［J］.物理教师，2013，34（12）：11-13，15.

［11］罗莹，谢晓雨，韩思思，等.中学物理教学新模式：基于项目的教学［J］.课程.教材.教法，2021，41（6）：103-109.

［12］牛建平.如何把握中学物理教学中的特点［J］.学周刊，2013（28）：85.

［13］彭妙.指向分析与论证能力培养的初中物理教学策略研究［J］.中学物理（初中版），2019，37（12）：12-14.

［14］钱洪.基于创新教育探析初中物理教学的有效策略［J］.中学物理（初中版），2017，35（7）：3-4.

［15］屈宝峰，韩天凤.基于对分课堂的初中物理教学探讨［J］.中学物理（初中版），2021，39（4）：59-61.

［16］沈伟云.基于科学思维培养的初中物理教学策略［J］.物理教师，2018，39（10）：47-48.

［17］宋超.情景创设提升初中物理教学有效性分析［J］.中学物理（初中版），2017，35（6）：27-29.

［18］王宏岗.初中物理课堂有效教学的实施策略［J］.中学物理（初中版），2017，35（5）：7-8.

［19］吴用.试析在初中物理教学中如何实施创新教育［J］.中学物理（初

中版），2018，36（10）：8–9.

[20]徐翠凤.初中物理实验教学策略［J］.内蒙古师范大学学报（教育科学版），2011，24（10）：132–133.

[21]徐杲.初中物理课堂教学中活动设计及生活化研究［J］.数理化解题研究，2017（5）：53–54.

[22]徐祥，张晓勇.初中物理教学中渗透人文教育刍议［J］.学校党建与思想教育（中），2012（3）：42–43.

[23]姚继梅.初中物理"活动引领、问题导学"模式的应用探究［J］.考试周刊，2021（56）：143–144.

[24]易彬彬.初中物理课程资源的开发和利用［D］.武汉：华中师范大学，2017：8–13.

[25]翟燕.新课标理念下初中物理教学的几点思考［J］.中学物理（初中版），2017，35（1）：1–3.

[26]张菁.从"理论联系实践"看初中物理教学方法的创新［J］.中学物理（初中版），2018，36（3）：52–53.

[27]张路.初中物理教学情境创设的问题及对策研究［D］.开封：河南大学，2013：12–16，40–53.

[28]张雪琪，徐莹.初中物理教学中社会情绪学习渗透的策略［J］.中学物理（初中版），2019，37（12）：9–11.

[29]周伟波，潘仕恒.以体验式教学促进物理观念的构建［J］.课程.教材.教法，2021，41（6）：110–115.

[30]义务教育课程方案（2022年版）［J］.基础教育课程，2022（9）：72–80.